**페미니즘,
리더십을 디자인하다**

페미니즘, 리더십을 디자인하다
ⓒ이화여자대학교 리더십개발원, 2017

초판 1쇄 펴낸날 2017년 2월 27일
초판 3쇄 펴낸날 2018년 11월 10일

지은이 장필화 나임윤경 이상화 김찬호 김엘리 양민석 이명선 조성남
기획 이화여자대학교 리더십개발원
펴낸이 이건복
펴낸곳 도서출판 동녘

등록 제311-1980-01호 1980년 3월 25일
주소 (10881) 경기도 파주시 회동길 77-26
전화 영업 031-955-3000 편집 031-955-3005 **전송** 031-955-3009
블로그 www.dongnyok.com **전자우편** editor@dongnyok.com

ISBN 978-89-7297-861-9 93330

FEMINISM

이화여자대학교 리더십개발원 기획

LEADERSHIP

장필화 나임윤경 이상화 김찬호 김엘리 양민석 이명선 조성남 지음

DESIGN

페미니즘,
리더십을 디자인하다

동녘

차 례

일러두기

1. 단행본·보고서·학술지·신문 등은 《 》안에,
   논문·영화·강의·웹진 등은 〈 〉안에 넣어 표기하였다.
2. 본문에 나오는 단행본이 국내에서 번역 출간된 경우 국역본의
   제목을 따랐으며, 원서명의 병기를 생략하였다.
3. 각주와 미주는 모두 저자의 것이다.

세계적으로 여성 리더들의 활약은 이목을 끈다. 글로벌 시대의 도래와 함께 세계는 새로운 리더십 패러다임을 요구하며 여성 리더십의 등장을 주목한다. 21세기를 여성의 시대라고 말한다. 나눔·소통·섬김·수평 리더십이 대세라는 시대정신에 좀 더 부합하는 인간형이 여성이라고 진단하기도 한다. 여성은 미래의 자원으로 칭송되었다.

특히 최근 세계 정치 무대에서 여풍이 거세게 불고 있음을 목격한다. 앙겔라 메르켈Angela Merkel 독일 수상, 테레사 메이Theresa May 영국 수상, 차이잉원蔡英文 대만 총통 등이 세계의 주목을 받고 있다. 최근 미국에서도 힐러리 클린턴이 최초의 여성 대통령이 될 것인지가 세계의 이목을 집중하며 초미의 관심이 되었었다. 그뿐 아니라 글로벌 금융 질서의 파수꾼, 국제금융자본의 첨병이라는 국제통화기금IMF의 수장도 여성인 크리스틴 라가르드Christine Lagarde이고, 역시 여성인 재닛 옐런Janet Louise Yellen 미국 연방준비제도이사회FRS 의장 역시 전 세계 금융 시장과 경제계의 수장이다. 세계적으로 성공한 글로벌 기업에서도 여성 CEO들이 두드러진다. IBM의 지니 로메티Ginni Rometty, 페이스북의 셰릴 샌드버그Sheryl Sandberg를 비롯해, GM이나 뒤퐁·록히드 마틴 등, '남성 분야'라 여겨온 항공·화학·자동차 산업 등에서도 여성 CEO가 등장했다.

여성들의 사회 활동이 두드러지면서 자연히 여성 리더십을 향한 관심이 높아졌다. 더욱이 여성 대통령이나 글로벌 기업에서 일하는 여성 CEO를 배출하고 있는 사회에서 여성과 여성 리더십은 뜨거운 조명을 받고 있다.

그러나 여성이 사회적으로 새로운 리더로 부상하는 시대라고 해서 여성들에게 핑크빛 미래가 보장되는 것은 아니다. 여성들이 공적 영역으로 진출했다고 성평등이 다 이루어진 것처럼 운운하고, 외려 남성이 차별받는다며 여성혐오가 난무한다. 여성들은 여전히 여성들에게 불리한 제도적·물질적 조건들과 씨름하며 각 영역에서 고군분투하고 있는데도 말이다. 여성 리더가 여성이라는 이유로 여전히 어떤 특정한 리더십을 내재하거나 발휘할 것이라는 규범에서 자유롭지도 못하다.

여성들 사이에서도 일부 자원이 많은 여성들이 알파걸로 호명되며 새로운 리더로 부상하지만, 대부분은 능력만이 살 길이라며 자기계발에 집중하며 변화가 가능하리라는 희망을 품지 못한다. 이럴수록 사람들은 물질 지향의 단절된 관계를 넘어 진정한 친밀성을 갈구하지만, 견고한 위계질서와 개인화된 관계로 인해 모멸감을 느끼고 상처받기 일쑤다. 이럴수록 소통과 공감, 나눔이 오늘날 리더십의 핵심적인 요소로 설파되지만 당위적인 시대 언어로 겉돈다. 더욱이 여성 대통령 시대에 불통과 단절의 답답함을 여기저기에서 호소한다. 최근에는 여성대통령을 둘러싼 여성 리더십 담론이 얼마나 허상인지 드러났다.

　　　　　　　　　　　　　　　페미니즘, 리더십을 디자인하다

이를 보면 여성과 리더십을 연결하는 사회적 인식과 담론에 관해 다시 되묻게 된다. 여성 리더라고 해서 여성적 리더십을 수행하는가? 여성 리더는 여성주의 리더십을 행하는가? 여성만이 여성주의 리더가 되는가? 과연 여성들은 현장에서 어떤 리더십을 수행하는가?

이 책은 여성과 리더십 사이에서 일어날 수 있는 여러 물음들을 던지고 페미니즘의 관점으로 여성들의 리더십을 살펴보며, 무엇이 여성주의 리더십을 구성하는가를 모색한다. 여성이 대통령이 되는 시대, 리더십을 관계의 기술이자 스펙으로 여겨 온 신자유주의 시대에, 상식처럼 당연하게 여겨 온 전통적 리더십을 낯설게 만들며 좀 다르게 리더십에 접근하고자 했다.

리더십은 특출한 개인 영웅의 것이 아니라 평범한 사람들이 공동체나 조직의 비전을 함께 실현하기 위해 사람들과 사회와 관계를 맺는 방식에 관한 것임을 이 책은 논한다. 그에 따라 리더십을 개인 능력이나 자질로 국한할 수 없는, 사회적 관계 속에서 구성되며 '행하는' 것으로 말한다. 리더십이 관계를 맺는 방식에 관한 것이자 사회적 관계 속에서 구성되는 것이라면, 이 책은 권력을 새롭게 조명하고 권력의 행사가 다르게 나타날 수 있다는 점을 보여 준다. 마지막으로 리더십은 하나의 특정한 방식으로, 혹은 균질적으로 나타나기보다 사회적 관계에 따라 다양하다는 점도 강조한다. 이 책은 이렇게 리더십의 형상을 그러면서 여성주의 리더십을 구성하는 요소들은 무엇인지 하나둘씩 풀어낸다.

최근 여성혐오가 사회적 이슈가 되면서 페미니즘 서적 출판이 성황을 이루고, 사람들은 페미니즘을 현실에서 어떻게 적용하고 활용할 것인가에 관한 매뉴얼을 필요로 한다. 아쉽지만 이 책은 페미니스트를 위한 자기계발서이거나 매뉴얼은 아니다. 이 책은 페미니즘의 입장에서 리더십을 사유하며, 이런저런 현장의 여러 경험을 드러내며 리더십을 디자인해 본다. 그렇다고 해서 여성주의 리더십을 하나의 모델로 규범적으로 제시하려는 것은 아니다. 한국 사회에서 필요한 리더십을 그려 보자는 데 의의가 있다.

이 책의 본문은 여덟 편으로 구성되어 있다. 여덟 편의 글들이 이야기를 풀어 가는 결은 각자 개성 있게 다르다. 하지만 들여다보면 여덟 개의 글은 비슷한 이야기로 서로 연결되어 있다. 권력·나눔·소통·공감·감정·차이·연대·변화·공동체라는 말들은 각 글에서 변주하며 등장한다.

리더십을 논할 때 핵심적으로 거론되는 이 말들은 페미니즘을 만나면서 매우 다른 의미로 생성된다. 도대체 페미니즘과 리더십이 만나면 무슨 일이 일어나는 것일까? 이 책의 저자들은 여성주의와 리더

페미니즘, 리더십을 디자인하다

십이 만날 때 등장하는 새롭고 다양한 풍경들을 탐색하며, 페미니즘의 가치와 인식·실천은 리더십을 구성하는 데 필수적일 수밖에 없음을 논한다.

십여 년 전, 처음으로 여성주의 리더십의 개념을 정립하려 시도한 장필화는 여성들이 우수한 인력으로서 공적 영역으로 진출하는 상황을 보며 여성주의와 리더십을 연결하는 작업을 더 세밀하게 진전시킨다. 여성주의는 무엇인가, 그리고 리더십의 전통적 통념을 넘어서 무엇을 더 이야기해야 하는가를 짚으며 여성주의 리더십 개념을 모색한다. 저자는 여성주의가 지향하는 리더십은 자존감으로부터 출발하는 셀프리더십에서부터 공사 영역까지 모두 해당된다고 본다. 특히 공적 영역의 권력 구조를 변화시키기 위해서는 여성주의 의식을 가진 개인과 그 개인들의 팀워크가 필수적이라며, 공동의 목표를 향해 '협력하는 능력으로서 권력'과 '더불어 하는 권력'을 실천하는 과정에서 구성되는 팀워크 리더십을 논한다.

나임윤경은 여성이 대통령이 되는 시대, 리더십이 스펙이 되는 시대에 진정 여성주의 리더십이란 무엇인가를 도전적으로 묻는다. 여성주의는 신자유주의 시대에 매뉴얼을 통해 배우고 자기 관리의 일환으로 스펙을 쌓듯 이루어지는 것은 아니다. 여성주의는 몸의 경험과 이로부터 생기는 사회에 대한 통찰이 체화된 능력이다. 그러므로 저자는 여성이라고 해서 여성주의 리더십을 행하는 것도 아니고, 여성만이 여성주의 리더가 되는 것도 아님을 역설한다. 남성과의 경쟁에서 지지 않기 위해 스펙 경쟁을 치르는 똑똑한 고학력 일류 여성들은 '자기 하기 나름'이라며 여성주의 실천의 속도를 느리게 만들 때도 있다. 그러니 여성주의 리더십을 운운할 때 성별보다 중요한 것은 누군가를 타자화하며 이루어진 것들에 대한 진실을 드러내고 구성원들이 합의하는 방식의 정의로 변화를 이루는 일이다.

이상화는 여성주의 리더십이 과연 가능한가라는 회의적 물음에 대해, 권력 개념을 새롭게 재해석하면서 그 가능성을 긍정적으로 해명한다. 여성주의 정치학에서 여성 리더십은 어떤 권력을 추구하고, 무엇을 위하여 권력을 가지려 하며, 어떻게 권력을 행사하는가라는 문제와 연결되어 있다. 저자는 전통적으로 위계질서에서 나타나는 지배적 권력 개념을 여성주의의 관점에서 긍정적이고 생산적인 개념으로 재구성한다. 정의롭게 권력을 분배하고 평등하게 권력을 행사하는 방식은 리더십을 바라보는 여성주의의 지향이다. 또한 '힘을 주고 힘을 나누는 리더십'과 '변혁적 리더십'으로 리더십의 개념을 재해석하면서 여성 리더십의 계발이 여성주의 실천에 주요한 역할을 담당할 수 있는 근거들을 논한다.

위의 세 편의 글이 페미니즘과 리더십을 이론적으로 연결하며

페미니즘, 리더십을 디자인하다

그 의미와 현실적 필요성을 모색한다면, 이어지는 다섯 편은 각 현장에서 구성되고 수행되고 지향되는 리더십을 페미니즘 관점으로 들여다본다.

갑을관계와 경직된 서열의식, 치열한 생존경쟁 사회에서 부대끼는 사람들, 그 바탕에는 어떤 감정이 구조화되어 있을까? 김찬호는 사회조직 곳곳에 만연된 모욕과 경멸·위세·과시 이면에 통제된 조직문화가 있다고 지적한다. 권위주의와 위계적 권력 행사에는 두려움이 깊이 깔려 있음을 통찰하고, 그 두려움과 억압의 악순환에서 자유로워지기 위해서는 리더의 변화가 필수적이라고 말한다. 자신의 취약함을 인정하고 결함을 수정할 수 있는 리더는 조직을 긍정적으로 변화시킬 수 있다. 저자는 리더가 사람들의 맘을 움직이고 창의적 시너지를 북돋기 위해서는 어떤 리더십을 행해야 하는지 다양한 일화를 통해 조곤조곤 들려준다.

김엘리는 마을공동체를 기획하는 특정한 여성활동가들의 리더십에서 감정과 소통의 리더십을 읽는다. 마을만들기 여성활동가들은 경제성장 중심과 가족이기주의에서 벗어난 마을공동체를 만드는 과정에서 즐거움·재미·흥과 같은 공유감정을 통해 마을 사람들을 움직인다. 그들의 소통 리더십은 신자유주의 시대에 요구되는 성공을 향한 개인의 감정 기술과는 다르다. 사람들의 다양성을 연결하는 허브이자 공동체의 공론 공간을 추동한다. 이 과정에서 여성들은 여성주의를 통해 주부에서 시민 주체로, 여성 개인의 경험은 시민성과 공공성으로 변화한다. 여성들의 보살핌도 여성 특유의 감성 발휘가 아니라 생태주의·평화주의·공동체주의를 실천하는 정치적 행위로서 나타난다.

또한 김엘리는 기업에서 여성들이 관계 중심의 리더십을 더 잘 행하리라 칭송되면서 틀 지워지는 여성 리더십의 규격화를 문제화한다. 여성 개개인은 조직의 위치와 사회적 관계에 따라 다양한 리더십들을 행하지만, 여성이면 누구나 여성스러운 특성을 가진 리더십을 발휘할 것이라는 젠더 관습에서 자유롭지 못하다. 그러니 남성과 달리 여성성을 어떻게 관리하고 전략적으로 활용할 것인가는, 대기업에서 일하는 여성 중간 관리자들에게 필요한 자기 관리가 된다. 여성과 리더 사이의 경계에 있는 여성들에게 그 경계는 차별과 온정적 혜택이 일어나는 지대이기도 하지만, 다른 공간들을 횡단할 수 있는 가능성으로 충만한 입지이자 서로 이질적인 요소들을 취하는 융합리더십을 창출한 거점도 된다. 그 입지는 바로 페미니즘과 만나는 지점이다.

양민석은 신자유주의 시장경제의 확대로 사회적 불균형이 깊어진 반면 개인의 책임은 가중되는 상황에서 나눔은 시대적으로 매우 요청되는 가치라고 논한다. 경쟁의 원리와 효율성이 지배적인 사회에서 나눔은 상호 공존하는 관계를 형성하고 사람들의 삶을 새롭게 짜

는 일이다. 하지만 나눔은 사회적 자선이나 소비 행위를 통해 자기만
족으로 이루어지는 경향이 크다. 그러니 나눔도 성찰되어야 한다. 저자
는 진정한 나눔리더십이란 나눔의 가치와 의미를 살펴보고 어떻게 공
유할 것인지를 질문하는 과정에서 형성되며, 여성주의 인식과 매우 맞
닿아 있음을 강조한다. 일례로 청년 빈곤의 위기를 겪고 있는 여성 청
년 세대들이 만드는 나눔리더십의 실천 현장을 비춘다.

　　지구화 시대에 필요한 여성주의 리더십은 글로컬 여성주의 리
더십으로 확장된다. 이명선은 서구 중심적인 글로벌 리더라는 말 대신
에 지구적인 것과 지역적인 것은 상호작용하고 의존한다는 관점으로
글로컬 여성주의 리더십이라는 용어를 택하고, 그 의미를 정의한다. 글
로컬 여성주의 리더십이란 글로벌 사회에 경쟁력 있는 인재 혹은 국제
적 명망가를 지시하기보다 지구 지역의 맥락에서 여성 문제를 이해하
고 연대에 기반해 해결하고 변화시키려는 리더십이다. 그와 같은 리더
십에서는 차이에 대한 이해가 필수적이다. 저자는 이화글로벌임파워먼
트 프로그램에 참여한 아시아-아프리카 여성활동가들의 현장 경험을
통해 글로컬 여성주의 리더십을 구성하는 요소는 무엇인지 탐색한다.

　　글을 읽다보면 어떤 저자는 페미니즘이란 말을 쓰고, 어떤 저
자는 여성주의라고 표기한다. 이 말을 하나로 통일할까 하는 생각도
들었지만 저자들이 쓴 대로 놔두었다. 페미니즘이란 말은 한국 사회에

서 여성주의로 통용되니 같은 말로 이해해도 무방하다.

이 책을 쓴 저자들은 이화여자대학교 리더십개발원(이하 이화리더 십개발원)과 인연이 깊다. 오랫동안 개발원에서 리더십 강의를 하고, 리더십 교육의 비전을 함께 논의해 온 분들이다. 그뿐 아니라 각 대학에서 독보적으로 리더십 강의를 하면서 시대정신에 부합하는 리더십이란 무엇일까 학생들과 대화하며 연구해 온 분들이다.

특히 장필화 교수와 이상화 교수는 이화리더십개발원이 개원할 때부터 개발원의 리더십 교육 방향 논의에 깊이 관여하며 여성주의 리더십을 정립하기 위한 글쓰기에 힘써 왔다. 양민석 교수 또한 이화리더십개발원이 리더십 책을 출판할 때마다 연구자로서 합세하여 여성주의 리더십 이론 발전에 기여해 왔다. 이명선 교수와 김엘리 교수는 연구뿐 아니라 이화리더십개발원의 담임 교수로서 이론과 현장을 연결하는 여성주의 리더십 교육의 확산에 애써 왔다. 나임윤경 교수와 김찬호 교수는 이화리더십개발원의 교육 방향에 관한 자문도 하고 강의도 하면서 리더십 교육의 내용을 풍부하게 만드는 데 큰 힘을 주었다. 이 분들의 헌신과 기여가 이 책을 탄생시켰다.

이 책은 장필화 교수가 이화리더십개발원의 원장이었을 때 기획되고 준비해 온 작품이다. 장필화 교수를 이어 원장으로서 일하면서 이 책의 마무리를 맡게 되어 기쁘다. 저자들은 이 책의 기획에서부터 탄생까지 함께 지혜를 모으고 비판과 평가와 토론 과정의 설렘도 경험하며 이 책을 만들었다. 저자들의 창조적 작업은 페미니즘 사유의 리더들로서의 책임과 소명에서 시작할 수 있었고, 이를 공유하며 뜻을 모았다는 것이 무엇보다 뜻깊다.

기획에서부터 원고 조율, 출판사와의 연결 등 이 책이 완성되기까지 다역을 하면서 이 기획을 끝까지 추진한 김엘리 교수의 노고는 이 책을 더 빛나게 한다. 이화리더십개발원의 김호정 연구원과 노희섭 연구원의 행정적 지원 또한 큰 힘이 됐다. 이 모든 분들께 진심으로 고마움을 전한다. 무엇보다 이 책의 출판을 맡아 준 도서출판 동녘의 곽종구 주간님, 깊은 배려와 따뜻함으로 진행한 이환희 편집자님에게도 깊이 감사드린다.

이 책은 이화리더십개발원이 펴낸 또 하나의 리더십 도서이다. 이 책이 여성주의 리더십 논의의 물꼬를 다시 열고 각 교육 현장에서 다양하게 활용되기를 희망한다.

2017년 2월
이화여자대학교 리더십개발원 원장
사회학과 교수
조성남

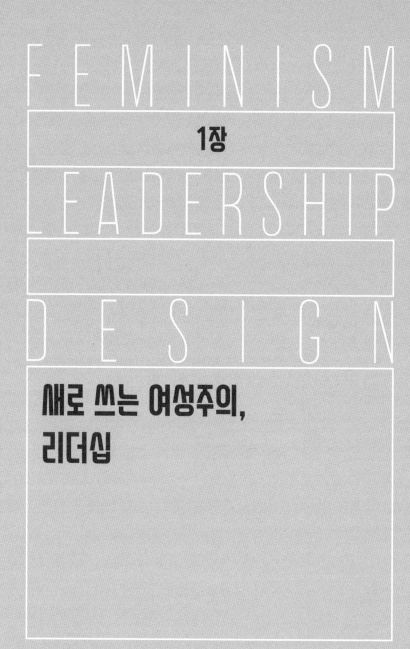

FEMINISM

1장

LEADERSHIP

DESIGN

새로 쓰는 여성주의,
리더십

장 필 화

이화여자대학교 여성학과 명예교수. 영국 서섹스대학교에서 박사 학위를 받았다.
30년 넘게 여성학을 가르쳐 왔으며, 이화여자대학교 리더십개발원 원장,
아시아여성학센터 소장, 이화여자대학교 대학원장, 한국여성연구원장,
한국여성학회장, 아시아여성학회장 등을 역임했다. 최근에는 자본주의적 가부장제의
대안 패러다임으로 나눔 경제와 모계·모성 연구에 관심을 갖고 있다. 지은 책으로는
《여성 몸 성》, 《나의 페미니즘 레시피》(공저), 《글로컬 시대 아시아여성학과 여성운동의
쟁점》(공저), 《우리들의 목소리》(공편) 1권과 2권 등이 있다.

1. 왜 여성주의를 말하는가?

21세기 문턱에 들어서면서 "여성의 세기"라는 담론이 퍼졌던 것을 독자들은 기억할 것이다. 그로부터 십수 년이 지난 오늘의 시점에서 여성주의는 어떤 의미를 가지고 있을까? 그리고 여성주의와 리더십과는 어떤 관련이 있을까? 실제로 이 기간 동안 성별 관계에 많은 변화가 일어났다고 할 수 있다. 생물학적 여성이 대통령이 되기도 했고, 단 한 명 선발한 우주인을 여성이 맡기도 했다. 국가고시에서 여성 합격 비율도 상승했다. 이들이 직업적 위치에서 어떤 성과를 내고 있는지, 그들의 삶은 어떠한지를 제대로 가늠하기에는 아직 시간이 충분히 지나지 않았다. 그보다 여성주의자가 질문해야 할 더 중요한 문제는 이들의 약진이 일반 여성 대중에게 어떤 의미를 부여하며, 어떻게 삶에 긍정적 변화를 가져왔는지일 것이다. 오늘날 심화되고 있는 저출산 현상이 웅변하고 있는 것은 무엇인가? 현실에서 당장 부딪치는 각박함 때문에 장기적으로 지속 가능성을 담보할 수 있는 여성과 남성이 함께 참여하는 재생산 활동에 대한 지원 제도가 없다는 것을 의미한다.

이 글은 '여성주의가 왜, 무엇을 위해 리더십에 관심을 가져야 하는가?'라는 근본적인 질문에서 출발해서 여성주의와 리더십을 결합할 때 등장하는 새로운 시각과 영역을 검토한다. 여성주의는 뿌리 깊은 가부장제의 폐해를 비판하고 그 대안을 모색하기 위해 등장한 이념으로서, 좀 더 질 높은 새로운 역사를 열기 위한 방향을 제시한다. '아직도 가부장제를 논의하는가?'라는 의아함을 가진 사람들도 있겠지만, 현시점에서 그 겉모습이 빠르게 쇠퇴하고 있다 하더라도 수천 년을 이어 내려온 가부장제 문화는 여전히 그 제도적·이념적 기반이 탄탄하다는 점을 간과해서는 안 된다. 소수의 출중한 개인들이 약진하는 것만으로 가부장제라는 구조적 밑그림이 변화하는 물꼬가 트이지는 않는다. 그보다는 다양한 모든 영역에서 새길을 만드는 개인들이 팀워크를 이루어 협동함으로써만 돌이킬 수 없는 변화가 가능할 것이다.

　여성이라는 이유만으로 진입을 금지당하는 영역은 이미 많이 축소되었다. 이제는 여성들이 여러 영역에 진입하여 기존 질서에 적응해서 일하며 남성들과 나란히 동등한 업적과 성과를 내고 있다는 점, 여성들이 성실하고 우수한 인력이라는 점이 인정받고 있다. 그럼에도 공사 영역의 각종 사회조직에서 정책 결정에 참여하고 새로운 방향을 제시할 만한 위치에 진출한 여성의 비율은 높지 않다. 기업의 경우 임원직의 여성 비율은 여전히 두 자리 숫자에 미치지 못하고 있다. 더욱이 공기업은 사기업보다 여성 임원 비율이 더 낮은 형편이다. 시민사회단체나 비영리 집단의 경우도 이와 크게 다르지 않다. 미디어를 이끌어 가는 사람들이나 재현되는 이미지를 보면 여전히 남성이 절대 우위에 있다는 점을 알 수 있다. 정부와 지방자치단체의 공무원이나 정치 영역에서의 현황은 어떠한가? 현재 국회 및 지자체 의원이나 후보·유권자들 모두를 통계로 보면 여성이 대표되고 있다고 할 수는 없다. 정책 결정 과정에 참여하는 것은 리더십을 위한 필요충분조건은 아니라 할지라도 사회 전체가 어떻게 성별로 분리되어 있는지를 조망해 보는 중요한 단서를 제공한다. 더욱이 점점 더 가속화되는 사회 변화 속에서 모든 차원, 즉 개인·가족생활·조직·국가·세계적 차원에서 여성들의 새로운 리더십에 대한 요구가 확대된다. 커뮤니케이션·정보 기술의 혁신이 일상생활에 깊이 파고들어 노동·여가·휴식·주거·조직 형태가 급변하는 상황에서 여성들이 함께 참여하는 것은 새로운 방향을 찾는 데 필수적이다.

필자가 여성주의 리더십을 논의하는 배경을 설명하는 것도 필요할 듯하다. 여성학 전공 교수로서 주로 여성들과 수업과 연구를 진행하면서 그동안 학계에서는 다루지 않았던 성별 문제, 섹슈얼리티, 가부장제 등을 학문 영역으로 통합시키는 노력을 해 왔다. 여성학 연구에 40년 이상 종사해 왔지만 여성학은 여전히 새로운 자양분을 끌어들이는 젊고 싱싱한 학문이다. 여성학 연구 과정은 현실에서 실천한 경험을 필요로 하기 때문에 민간 운동 단체를 만드는 일에 참여하기도 하고 여성 노동자들과 함께 일을 한 경험도 있다. 국제기구 APEC의 젠더 자문 기구에서 의장직을 수행하기도 했고, 세계여성학대회와 같은 대규모 국제 학술 대회를 조직한 경험도 있다. 연구 영역이 노동과 경제를 포함하고 있기 때문에 기업, 직업, 소비 문제를 연구하기도 했다.

이화리더십개발원 원장으로서 비영리 집단 활동가들, 기업의 중간 관리자들, 국가와 지방자치단체의 행정직을 비롯한 다양한 전문직 여성들이 참가하는 프로그램을 진행하면서 많은 현장의 모습과 목소리를 들을 수 있었다. 이화리더십개발원은 한국 사회에서 처음으로 여성주의 리더십이라는 개념을 견인해냈고, 그 이후 대학원 여성학과 교과목에 '여성주의 리더십 연구'라는 과목이 개설되어 점차 연구물들이 나오기 시작했다.[*] 이화리더십개발원은 지속적으로 기업, 공직, 비영리 민간단체에 종사하는 다양한 영역의 여성 리더들을 위한 교육 프로그램을 개발하고 실행하는 실무를 담당해오고 있다. 나는 교육에 참가하는 다양한 참가자들에게 대부분 익숙하지 않은 여성학·여성주의를 강의하면서 이제까지 접하지 못했던 새로운 시각을 공유할 수 있었다. 내용은 같을지라도 표현과 설명의 방법이 대상에 따라 달라져야 한다는 점을 끊임없이 배우고 있는 중이다.

사회에서 일하는 많은 이들에게 생존을 위해서, 살아남기 위해서 매일매일 겪어야 하는 '전투 같은 삶'을 어떻게 잘 치를 것인

---

[*] 이화리더십개발원이 여성리더십 시리즈로 발간한 책은 《여성주의 가치와 모성리더십》, 《여성주의 시티즌십의 모색》, 《여성주의 리더십 새로운 길 찾기》가 있고, 연구보고서는 《조직 내 여성리더십》, 《공기업 내 여성리더십 성장을 위한 제언》 등이 있다.

페미니즘, 리더십을 디자인하다

가는 절실하면서도 단기적인 관심사이다. 그 질문을 풀어 가기 위해서는 반드시 장기적 질문에 관심을 가져야 한다. 이는 '어떻게 전투 자체가 달라질 수 있을까?', '게임의 규칙을 바꿀 수 있을까?', '어떻게 하면 일과 삶을 평화롭게 해 나갈 수 있을까?', '현재 담당하는 일을 잘해 가면서 보람 있는 성과를 낼 수 있을까?'와 같은 궁극적인 질문이다. 이 글은 이러한 질문에 여성주의의 관점으로 답하는 시도를 하고자 한다. 장기적인 비전을 그려 보는 것은 새로운 힘을 줄 수 있다.

이러한 장기적 질문에 여성주의와 리더십을 연결하는 작업 또한 포함되어 있다. 그 작업에는 여성주의에 대한 이해를 넓힘과 동시에 리더십에 대한 새로운 개념을 정립하는 것이 필요하다. 우선 간단하게나마 여성주의의 개념과 리더십에 관한 통념을 정리한 후 본론으로 들어가고자 한다. 다음으로는 전통적 리더십 개념에 대한 여성들의 반응을 개관하고, 이와 연관하여 지배·통제하는 권력power over을 대하는 집단의 차이를 가상으로 상정하여 그 차이가 어떤 결과를 함의하는지를 논리적으로 설명하고자 한다. 그 다음 장에서는 새로운 문화를 창조하고자 하는 여성주의가 지향하는 리더십은 공적 영역의 권력 구조에 국한되어 있는 것이 아니라는 점과 공적 영역의 권력 구조를 변화시키기 위해서는 여성주의 의식을 가진 개인과 그 개인들의 팀워크가 핵심적으로 중요하다는 점을 설명한다. 여성주의 리더십을 논할 수 있는 보다 구체적 예를 들기 위해 여성주의자로 살아가는 개인이 스스로 새로운 삶의 방식을 개

척하는 모델을 구성하는 데 필요한 선택과 성찰의 문제 영역을 다룰 것이며, 개인들이 공동의 목표를 향해 협력하는 능력으로서 권력power to, 더불어 하는 권력power with을 실천하는 팀워크 리더십을 논의할 것이다.

2. 여성주의 개념과 리더십에 대한 통념

여성주의

여성주의는 페미니즘의 번역어로 매우 다양한 갈래가 있다. 한마디로 여성주의는 여성과 남성 모두에게 개개인의 삶의 문제와 사회구조가 깊이 연관되어 있다는 판단에 기초하고 있다. 가부장제 가족제도와 사회제도가 복잡하게 얽혀 있는 만큼 여성주의 분석 역시 보다 다양한 차원에서 접근되어야 하며, 이와 관련해 페미니스트들은 다각도로 새로운 이론을 발전시켜 가고 있다. 그런 만큼 여성주의 이론을 일관된 논리 체계로 압축적으로 정리해내기는 쉽지 않다. 여성주의는 새로운 가치 체계로서 가부장제 문화가 구성해 온 여성 열등성 신화나 남존여비 신화를 벗겨 내고자 하며, 새로운 성별 관계에 기초한 사회조직을 실험하고자 시도를 거듭한다. 더 나아가서 여성주의는 보다 생태적인 생산방식을 실천하고자 하는 이념이며 이상이다. 이것은 곧 가부장제 문화가 기초로 하고 있는 인간에 대한 이해, 관계에 대한 이해, 다른 생명체와 자연을 어떻게 보는가를 포함하는 세계관에 대한 비판적 성찰을 우선적 과제로 삼게 한다. 이제까지 '지식'·'과학'·'문화'·'예술'·'발전'이라고 규정된 것들을 여성의 눈으로, 여성의 체험을 바탕으로 낯설게 바라보면서 그 안에 생략되고 왜곡된 내용들을 찾아보는 것이 여성주의의 일차적 과제이다.

물론 전 세계 인구의 반인 여성들이 모두 공통된 체험을 하거나 공통된 문화 바탕에서 사는 것은 아니지만, 가부장제의 남성중심성은 여성들 모두에게 "이렇다, 다르다, 열등하다"라는 관념을 부여하고 유지해 왔다는 점에서 바로 여성주의가 비판적 성찰을 시작하는 유의미한 지점이다. 여성들은 개개인의 차이에도 불구하고 남성과 대비되는 여성이라는 공통성을 가진 한 집단으로 묶인다. 그런 점에서 남성과 여성의 차이, 즉 성차에 대한 관념을 다시 검토하고 여성의 입장에서 새롭게 정의하는 힘을 기르는 것이 필요하다.

가부장적 이론가들은 여성의 열등성을 주장하기 위해 끊임없이 '생물학적 차이가 운명'이라고 주장하기 위한 과학적 근거를 찾아냈다(그러나 최근의 뇌과학에서도 그런 주장을 뒤집는 근거는 끊임없이 찾을 수 있다). 초창기 여성주의자들은 반론을 펴기 위해 개인의 차이가 평균 성별 차이보다 더 크다는 점을 강조했다. 즉 남녀 '차이'보다는 '같음'에 비중을 두는 논의를 전개함으로써 여성의 능력과 인권을 인정받으려는 경향을 보였다. 여성이 낮은 위치를 점하게 된 것은 신체적 차이 때문이 아니라 사회구조에 원인이 있음을 지적하는 것이 필요했던 것이다.

그런데 동일성 강조는 여성의 특수성을 간과하는 동시에 남성의 특성을 중요한 기준으로 삼아 그에 동화하는 것이 목표인 것 같은 착각을 일으키게 하는 한계가 있다. 임신과 출산을 할 수 있는 몸을 가진 여성은 그런 기능을 가지지 않은 남성들에게 어떤 존재인가? 그 차이는 자신의 부성을 확인할 필요가 있는 남성들이 여성을 통제하는 가부장제를 형성하고 정교하게 하는 데 큰 역할을 했다. 여성이 자신의 특성을 정의하고 그에 대한 의미를 부여하고 평가하는 주체로서 설 수 있을 때 그 특성을 뒷받침하는 사회제도를 만들어 낼 수 있다.

'여자도 사람이다'라는 주장은 여자의 몸을 가진 사람으로서 존중받을 수 있다는 의미를 담고 있다. 여성주의는 가장 단순하게 정의하자면 여성도 그 특성을 가진 인간으로서 존엄성을 인정받을 권리를 갖고 있다는 믿음에 근거한 현실 분석과 미래 전망에 대한 논의 체계이며 실천이다. '여성도 인간이다'라는 말은 너무 당연해서 젊은 여성들에게 시대에 뒤떨어진, 어떤 면에서 모욕적인 주장으로 다가가기도 한다. 하지만 여전히 지구상 많은 지역에서 많은 사람들이 이렇게 당연한 주장을 받아들이지 않고 있다. 여성혐오, 혹은 여성주의 혐오의 목소리가 들리는 것을 보면 모두에게 그것이 당연하게 받아들여지고 있다고 전제하기 어렵다. 여성이 인간으로서 존중받는, 성차별이 없는 사회로 향하기 위해서는 그 당위성을 보편적 가치로 확산하기 위한 노력이 필요하고, 그 노력은 개인적 차원과 사회적 차원에서 동시에 이루어져야 한다. 바로 그것이 여

페미니즘, 리더십을 디자인하다

성주의 리더십을 논의해야 하는 가장 단순한 이유이다.

여성주의에 관심을 가진 사람들이 보다 평등한 사회를 위한 여성들의 사회운동이 어떻게 변화를 추동하는 힘을 갖추어 나갈 것인지, 즉 리더십과 관련된 관심을 갖게 되는 것이 당연하다. 과거와 달리 개인이 영위할 수 있는 자유의 폭이 커졌다고는 하지만 부지불식간에 개인의 자율이 침해될 수 있는 위기와 불안을 겪으며 살고 있는 신자유주의 체제 안에서, 여성주의 리더십은 사회 변화에 대한 새로운 어젠다와 접근 방법을 모색한다. 전 지구화 과정에서 더욱 공고해지는 기존 권력을 변화시킨다는 것은 요원한 일처럼 느껴지지만 변화는 벼락같이 올 수도 있다. 사회구조의 변화와 개개인의 변화라는 이분법적 접근을 벗어나 자기 내면으로부터의 변화가 전체를 변화시키는 과정이라는 점을 염두에 두면서 상상의 날개를 펴 볼 수도 있다.

여성주의와 리더십을 연결해서 사용한 지 10년이 넘었지만 아직도 많은 이들에게 '여성주의 리더십'은 생소한 개념이다. 여성주의는 인류 역사 속에서 오랜 세월을 자리 잡아 온 가부장제 문화를 넘어서 보다 평등하고 평화로운 대안적 삶을 모색하는 이념이다. 따라서 여성주의는 우리가 이어받아 지속하고 있는 전통적 사회구조, 법 제도, 생산방식, 가치 체계와 문화 전반에 스며들어 있는 성차별과 억압을 극복할 수 있는 구체적 이론을 구축해야 하는 과제를 안고 있다.

리더십에 대한 통념

"'리더'라는 단어는 너무 낡은 것이라고 부정하면서 과녁을 잃어버린 화살처럼 날면서 탈근대의 시대를 살고 있노라고 자신을 정당화했다." 한 학생이 리더십 수업에서 제출한 페이퍼에 쓴 구절이다. 그러나 수업이 진행되면서 학생의 생각은 바뀌었다. "그것은 힘없는, 무력한, 거부하고 싶은 것들에 대한 거부일 뿐, 새로운 힘의 발원이지는 못했다. 움직이고 창조하는 자연스런 권능을 행사하기 위해서는 어떤 의미에서든, 심지어 자신 안에서 스스로를 리드할 때조차 리더십이 필요했다."

리더십은 논쟁적인 개념이다. 민주사회 도래 이전의 전통에서부터 리더십은 비민주적 개념으로 이해되어 왔다. '민주적' 사회를 당위적 가치로 만든 역사가 너무 짧기 때문인데, 그런 점에서 리더십의 재개념화는 새로운 가치를 개인적·사회적으로 확고히 하기 위한 필수 작업이다. 리더십이나 권력·힘 등의 개념이 남자답고, 거칠고, 심지어 무자비한 지배와 동일시되는 사회일수록 더 그렇다.

리더십이라는 개념은 다양하게 이해되지만 대부분의 연구 문헌에서는 리더십 유형을 '전통적 리더십'과 '변혁적 리더십'으로 나누어 설명한다. 전통적 리더십은 사회적·법제적으로 인정하는 권력의 위치에서 발휘되는 리더십, 또는 그 권좌를 쟁취하고자 하는 과정에서 구성되는 리더십이다. 여성들에게 전통적 리더십은 극히 예외적인 경우를 제외하고는 허용되지 않았다.

최근에 리더십 연구가 활발하게 이루어지는 기업 분야의 리더십을 분석한 배러니스 에이머스_{Baroness Valerie Amos}는 전통적 생각과 기대에서 리더는 전지전능한 인물에 가깝다고 본다.[1] 즉, 리더는 모든 것을 알고 있으며 무엇이 최선인지를 알고 있어야 한다. 그러므로 리더의 취약성이나 혼돈 상태는 되도록 드러나지 않아야 한다. 리더는 실수하지 않(아야 하)는 존재다. 리더는 엄격하다. 스스로 과도하게 일하면서 희생하는 존재이며, 또는 기업의 목표보다 권력을 추구하는 존재로 인식되기도 한다.

리더에 대한 이런 인식은 팔로워와 리더가 상반된 특성을 갖고 있고 분리되어 있다는 전제와 연결된다. 팔로워들은 강제하거나 위협하거나 보상을 주지 않으면 업무를 수행하거나 개선하지 않는 존재로 인식된다. 따라서 일을 잘하게 하려면 비판하고, 야단치며, 지적을 하는 것이 최선의 방법이다. 이런 전제에서 보면 리더와 팔로워 사이에는 갈등이 내재할 수밖에 없다. 대체로 우리가 많이 공유하는 이러한 통념을 분석해 보면 리더의 '우월성'은 전제되어 있는 반면, 팔로워에 대한 신뢰는 결여되어 있음을 볼 수 있다.

실제 상황에서 팔로워들이 업무에 자발적 동기를 갖고 적극적으로 임하고 있는 경우에 이런 통념은 그들의 사기를 저하하는 데 큰 몫을 한다. 또한 리더와 팔로워 사이에 실제로 존재하는 상호 보살핌과 지원을 경시하거나 보이지 않게 하는 결과를 가져오기도 한다. 리더와 팔로워들을 윈/윈 관계로 보는 것이 아니라 윈/루즈 상황에서 벗어날 수 없는 관계로 보게 한다. 요약하자면 우월한 리더가 신뢰하지 않는 평범한 팔로워들을 타율적인 존재로 상정하고, 따라서 업무 수행을 위해서는 강제성이 수반되어야 하며, 실제로 존재할 수 있는 보살핌과 지원과 같은 비가시화된 영역의 중요성은 경시된다.

전통적 리더십은 리더와 추종자 모두를 세력화하기보다는 약화시킨다. 이런 업무 양상은 급속한 변화의 조건하에서 매우 비효율적이다. 즉 변함없이 개인들 사이뿐 아니라 집단들 사이와 전체 조직 내에 좌절감이 누적되고, 리더는 배울 수 있는 기회를 잃게 되며, 사람들은 자존감을 손상당하고 지치게 된다. 능력 있는 많은 사람들이 조직을 떠나거나 집단과 조직의 일상적 경영에 참여하는 것을 꺼리게 된다.[2]

이 같은 전통적 리더십 개념에 대한 비판은 변혁적 리더십 개념에서 볼 수 있다. 변혁적 리더십은 권력 구조를 변화시키려는 목표로 새로운 실험으로 구성되는 리더십이다. 구제도가 그 집적된 모순으로 말미암아 더 이상 작동할 수 없는 한계점에 도달할 때 변혁을 향한 요구가 증대된다. 변혁적 리더십은 구제도의 모순과 한계에 대한 비판적 분석과 새로운 질서를 향한 비전을 중심으로 구성된다. 리더십은 어떤 비전을 향하여 구체적 현장에서 어떻게 변화를 모색해야 하는지를 파악하는 지점에서 출발한다.

여성주의가 변혁을 꿈꾸고 있다는 점에서 사회 변화를 이끌어 내는 변혁적 리더십은 여성주의와 밀접한 개념이라 할 수 있다. 그럼에도 여성주의와 리더·리더십을 연결하는 것이 아직 낯설게 느껴진다면 왜일까? 아마도 가부장제 역사 속에서 리더십의 개넘이 전형적으로 지배·통제하는 권력power over을 행사하는 남성 중심적 이미지를 보유하고 있는 까닭에 거부의 대상이 되어 왔던 것이 한 요인일 것이다. 또한 가부장제 역사 속에서 여성은 남성에 비해 뭔가 부족하고, 열등하고, 오염된 존재라는 이념을 구축해 왔고 그것은 예술과 철학·문학과 법적 기반을 바탕으로 여성혐오적 문화를 부추기는 원천이었다. 이런 문화에서 여성이 리더라는 개념과 잘 어울리지 않는 것은 당연하다.

그런데 여성주의와 여성학은 일상을 낯설게 돌아보고 새롭게 여성의 눈으로 관찰해 오면서, 이제까지 보이지 않는 것을 발견하고 이에 새로운 이름과 용어를 만들어 왔다. 이런 작업은 가부장제에서 오용되어 거부감을 주지만, 대체 용어를 찾기 전까지 기존 용어를 재개념화해서 사용하는 작업을 포함한다.

리더십은 각자가 가진 가치가 내재되어 있는 개념이면서 동시에 실용적인 것이다. 리더십은 질 높고 효율적인 변화를 성취하기 위해서 사람들을 움직이고 변화를 야기하고 사람들을 동기화하는 능력이다. 리더십은 권력 행사가 합법화된 위치에서 권위 구조를 이용하는 것만이 아니라 고무하고 격려하는 자질을 통해서 이루어진다. 직급이나 직위에 따르기보다는 인간관계와 좀 더 밀접한 연관성을 갖는다.

종합하자면 리더십은 우선 현 상황을 최대한 잘 검토하는 것을 필요로 한다. 그러기 위해서는 현 상황을 만들어 낸 단계와 사건들을 인식하는 것이 필요하다. 다음으로 변화의 목표를 설정하는데, 그러기 위해서는 비전을 가져야 하며 그 비전을 성취할 방법, 즉 주요 전략을 수립해야 한다. 비전에 따라 무엇이 주요 성과인지, 그것을 어떻게 측정할 지 구체적 항목을 만들 수 있다.

참고 자료를 보여 주기 위해 효과적인 리더십의 원칙에 대해 이제까지 제시된 지혜를 종합하자면 다음과 같다.

- 사람들은 성별·인종·나이·습득하고 있는 기술에 상관없이 존중받고, 높이 평가받기를 원한다.
- 사람들은 비판받고 비난받기보다 격려와 지원을 얻으며 도전 의식을 느껴야 한다.
- 사람들은 인정받을 필요가 있다. 개방성과 정직성을 자극하는 환경이 필요하며, 사람들은 실수할 수도 있고 그 실수가 수용될 수도 있다는 이해를 원한다.
- 사람들은 자신의 느낌이 인정받고 있고 그 느낌에 대처하도록 격려받고 있음을 확신해야 한다.
- 유능한 리더는 사람들이 창조성을 개발하는 것을 돕는다. 변화를 향한 욕구에 대해서 비판이나 불만으로 반응하지 않고 다른 방식으로 추진할 수 있도록 노력한다.

역동적이고 변화하는 조직과 문화는 사람들이 자신감 있게 행동하게 하고 모든 수준에서 솔선하는 태도와 긍정적인 에너지, 그리고 지적 능력을 키워 주는 리더십을 통해 성장하고 발전할 수

페미니즘, 리더십을 디자인하다

있다. 이러한 권한 이양적 스타일은 아래와 같은 특징을 갖는 많은 차원을 포함하고 있다.

- 타인들과 함께 미래의 비전을 발전시키고 이를 공유하는 능력.
- 변화의 수용·변화가 발전적이고 도전적이라는 인식.
- 집단과 조직 내에서 모든 일이 잘 이루어질 수 있다는 것을 확신하는 책임감. 이것은 사람들이 이야기하는 것이 무엇인지 잘 듣고 그들이 개선을 위해 타당하게 공헌하도록 하는 것을 의미한다.
- 다른 사람들이 리더십을 가지고 리더의 리더가 될 수 있도록 고무하는 신뢰. 이는 단순 추종자가 아닌 리더를 개발한다.

이상은 어떤 개인의 리더십에만 치중하지 않는 팀워크 리더십의 중요성을 뒷받침한다.

3. 리더·리더십을 다시 생각하다

2004년 이화리더십개발원 창립 1주년 기념 학술대회에서 여성주의와 리더십을 논의하는 발표자들을 논평하는 사람들 중 어떤 이들은 여성주의와 리더십이라는 두 개념의 접합이 낯설고 자연스럽지 못하다, 상반된 가치를 엮어 낸 모순이 아니냐고 비판하기도 했다. 리더십과 권력이 인접한 개념이고 여성주의는 남성 중심적 권력을 향한 비판이 핵심이기에 여성주의와 리더십이 접합되는 것은 모순이고 부자연스럽다는 것이다.

많은 사람들이 리더·리더십을 불편한 개념으로 받아들인다. 그것은 전통적으로 리더라는 '위대한' 사람이 '영웅적'인 리더십을 발휘하며, 남성과 동일시되어 왔다는 생각이 있기 때문이다. 오늘날에도 여전히 리더는 조직의 최고 정점에 위치하고, 권한 및 권력이 집중되어 있는 사람이며, 따라서 다수는 그 과정에서 소외되는 위치에 처해 있는 것이 흔히 나타나는 현실이다. 다른 한편 지난 60-70년 동안 한국 역사에서 리더는 좋은 모범을 보여 주지 못한 '나쁜' 이미지를 가지고 있고, 리더십이 부재하다는 인식이 팽배하다. 하지만 리더십은 그 자체가 '나쁜 개념'이라기보다는 '나쁘게 구성된' 개념이다.[3]

흔히 여성 리더들이 발휘하는 리더십을 여성 리더십이라 하고, 어머니나 누이 같은 여성적 특성을 발휘하는 것으로 본다. 여성주의적 리더십은 여성적 특성을 전제하는 리더십을 부정하거나 제외하는 것은 아니다. 다만 여성주의적 리더십이 현 상황에 대한 대안을 추구하는 목표를 갖는 것을 주요 특성으로 간주한다는 점에서, 여성적 특성을 전제로 하는 리더십은 모든 여성 리더들이 보여 주는 다양한 리더십을 포함하지 못한다. 여성주의 리더십은 남녀평등뿐 아니라 평화와 다양성, 생명과 상생, 포용성 등의 대안적 가치를 실현하고자 하는 포괄적인 세계관을 비전으로 갖는다.

궁극적으로 여성주의 리더는 조직과 사회의 구조와 규범 문화를 변화시키는 주체로서 자신을 위치 짓는다. 구체적으로는 조직의 목표를 설정하고 구성과 형태, 업무 추진 방식과 평가 기준을 바꾸는 과제를 상정하는 것이다. 대부분의 가부장적 조직들에서 여성들이 주동하는 변화에 저항이 클 수 있기 때문에 여성으로서 딜레마에 부딪힐 수 있다. 여성주의 리더십이 실질적 변화를 가져오기 위해서는 여성주의 리더가 수적으로 증가하고, 여성주의 리더십을 수용할 수 있는 조직 내 분위기 형성이 선행되어야 한다.

이런 점에서 다음과 같이 지배적 권력에 대해 상반된 가치를 두고 있는 두 집단을 가상해 보고, 이 집단 사이의 상호작용을 논리적 차원에서 비교해 보자. 지배·통제하는 권력에 상이한 가치를 부여하는 A집단과 B집단을 단순화하여 묘사하면 다음과 같다. 논리적 비교를 위해 집단 내 구성원 차이는 묻어 두며, 두 집단은 대비되는 집단이므로 이분법적으로 배치된다. A집단과 B집단이 지배·통제하는 권력에 갖는 관심·가치·태도 차이를 단순화해서 다음과 같이 상정한다.

A집단의 구성원들은 지배·통제하는 권력, 그리고 이를 행사할 수 있는 권좌에 오르는 것을 최고의 가치, 혹은 우선적 가치로 상정한다. B집단의 구성원들에게 지배·통제하는 권력은 관심의 대상도 아니고 중요한 가치가 아니다. 따라서 A집단 구성원들에게 B집단 구성원들의 관심이나 수행하는 활동은 중요한 가치로 인정되

지 않는다. B집단은 B집단 나름의 가치를 유지하며 일상생활을 영위하고 있고, 그렇기 때문에 지배·통제하는 권력을 쟁취하거나, 이를 위해 A집단과 경쟁하는 것을 중요하게 생각하지 않는다.

그러면 우선, A집단이 B집단을 지배·통제하는 상황을 상정해 보자. 다음의 두 가지 상황 전개가 일어나는 경우의 수를 유추할 수 있다.

- B집단 구성원들은 이런 상황을 전혀 예상하지 못했으며, 대응할 준비가 되어 있지 않다. 따라서 A집단의 지배·통제를 벗어날 방도를 모색하지 못한다. 이때 B집단은 A집단의 가치에 저항하지 못하거나, A집단의 가치가 B집단에게 강요된다.
- B집단 구성원들은 이런 상황을 극복하기 위한 방법을 찾고 A집단에게 지배·통제 당하지 않기 위해 스스로를 변화시키려고 한다. B집단은 A집단과 지배·통제하는 권력의 자리를 쟁취하기 위한 투쟁에 돌입하거나, 투쟁의 과정에서 B집단이 유지해 온 고유의 가치를 상실할 위기에 노출된다.

B집단이 A집단에게 종속되어 A집단의 가치를 강요당하는 첫 번째 경우에는 말할 것도 없이 B집단이 패배한다. 두 번째 경우를 보자. B집단의 일상은 A집단과의 접점 때문에 변화된다. 이 과정에서 이들에게 익숙한 고유의 가치를 접어 두고 저항 운동에 나서게 되고, 그것은 권력을 위한 투쟁으로 전개된다. B집단은 권력을

주요 가치로 두거나 관심 분야로 간주해 오지 않았기 때문에 권력 투쟁 경험이나 전문성이 미숙하다. 더구나 권력을 행사한다는 것이 이 집단이 유지해 온 가치와 상반하는 가치로 자리 잡아 왔다고 볼 수 있기 때문에 권력 투쟁에서 성공하기 어려울 것이다. 만일 B집단이 A집단에 맞서기 위해 이들이 세력을 확보하는 방식을 습득하여 A집단을 능가할 만한 능력을 가지게 된다면 이제까지 B집단이 유지해 온 가치와 정체성과는 괴리가 생긴다. 그런 점에서 B집단이 집단으로서 가지는 정체성이 훼손되거나 부정되기 쉽고 이것은 이 집단의 지속가능성을 위태롭게 한다. 비록 단순화한 논리적 전개이지만 여기에서 볼 수 있는 것은 처음과 두 번째 경우 모두에서, B집단의 가치는 펌하되거나 훼손·잠식된다는 결론에 도달한다는 점이다.

　　A집단은 어떤 특성을 가지고 있을까? 역사적으로 가부장제 조직이 진화하는 과정을 보면 더 강력한 공격성을 가진 집단이 무기를 만들어 다른 부족을 침탈하고 지배하며 만들어 낸 특성을 생각해 볼 수 있다. A집단은 무력을 미화하는 가치관과 무용담을 전설로 구전한다. 가부장제가 형성되어 온 역사는 지배·통제하는 권력을 집적한 과정이다. 타민족을 점령하여 그 여성들을 성적으로 소유한 것이 노예제도를 만들게 된 계기였고, 이것이 초기 국가를 만들고 드디어는 세계를 제패하는 제국을 건설하는 기초로 작용했다는 사실을 떠올려 보라. 동시대에서 보자면 A집단은 제국주의 팽창의 선봉에 선 집단, 그리고 B집단은 그들에게 식민화되는 집단

을 예로 들 수 있다. A집단을 대표하는 또 다른 예는 자본주의 경제체제에서 볼 수 있다. 현재의 경제구조에서 금전적 부를 축적하여 그 물질적 힘을 타자들을 움직이게 하는 영향력의 기반으로 삼는 부자들을 A집단이라고 볼 수 있다. 이 경우 B집단은 일상의 필요를 충족하며 살아가는 보통 사람들이라 하겠다. 그 외에도 미시적 차원에서 다양한 하위 집단을 생각해 볼 수 있을 것이다.

A집단의 핵심 가치는 경쟁으로 승자와 패자를 나누고 첫 번째로 들어오는 주자만을 승자로 인정하는 것이다. 정복의 역사를 통해 제국으로 팽창해 온 과정, 근대국가의 건설 과정, 또한 재벌기업들의 문어발 확장 과정 등을 보면 그 핵심에 중앙집권적 권력과 권위를 유지하여 더 많은 권력을 집중하는 공통점을 발견할 수 있다. 지배·통제하는 권력이 중심 가치라는 점은 여러 면에서 분명히 드러난다. 위계질서와 권력 상징을 드러내는 브랜드 이미지와 세리머니를 통해 자신들의 권력을 과시한다. 여기에서는 무력을 전시하는 무기 퍼레이드나 숫자로 나타내는 경제력 등 모든 분야에서의 정량적 평가가 우선적 가치를 갖는다.

B집단의 예로는 어떤 것들이 있을까? 가장 기본적으로는 매일의 일상을 영위해 나가는 대다수의 민중이다. 평화와 정의가 실현된 상태에서 다양한 방법으로 의식주를 해결하는 방법을 모색하며 개혁하고, 생명을 아끼고 사랑하며, 자연이 주는 선물에 감사하며 살아갈 수 있는 사람들이 모여 있는 집단이다. 글쓰기·다큐멘터리·영화 제작·그림 등 다양한 문화 장르를 통해 권력의 폭력성

을 고발하는 집단이기도 하고, 독재 정권에 맞서 민주화 투쟁에 헌신하는 집단이기도 하고, 기업의 착취 행태를 폭로하고 경제 정의를 요구하는 노동자 집단일 수도 있다. 또는 여성에 대한 폭력을 고발하는 여성주의자 집단일 수도 있다. 이러한 과정에서 권력과 폭력을 분석할 필요성이 생긴다. 권력의 구조·동기·작동 방식과 유지 방식에 대해 알아 가게 되면서 왜 권력 집단은 권력을 유지하고 싶어 하는지, 왜 권력을 잃는 것을 두려워하게 되는지를 분석하게 된다. 시와 음악과 춤을 즐기면서 삶의 멋과 맛을 향유할 수 있는 이들에게 지배·통제하는 권력을 장악하는 것은 낯설기도 하려니와 큰 관심의 대상이 되지 않는다. 다만 그런 상태를 유지할 수 있는 평화가 깨지고 정의가 무너질 때 이들은 변모할 수밖에 없다. 지배·통제하는 권력의 중심에 서 본 적도 없고, 관심을 가지거나 이를 중심 가치로 삼아 본 적이 없는 사람들이 어떻게 권력에 맞설 것인가?

여기에서 이상화의 권력 개념에 대한 비판적 재개념화 논의가 유용하다.* 즉 여성주의의 목표를 달성하고 여성주의의 기획을 실제 사회에서 현실화하기 위해서는 권력에 대한 좀 더 세밀한 분석과 개념의 재구성과 다양한 전략이 필요하다는 제안이다. 권력을 전면적으로 부정하고 거부하는 것이 아니라 남성 중심적인 권력 개념을 넘어 억압과 주변성에 저항하고 근본적인 변화를 추동하기 위

---

*　　본서 3장 참조.

해서, 현실적인 힘을 얻어 실제적인 변혁을 이루어 내기 위한 새로운 여성주의적 권력 개념을 정초해야 한다는 주장이다. 지금껏 권력을 '지배권' 혹은 '통제권'과 동의어로 이해해 왔는데, 그러한 권력 개념은 남성 지배적 가부장적 사회의 전형적 권력 개념일 뿐 모든 시대와 상황에 통용되는 개념은 아니라는 것이다. 이러한 맥락에서 권력 개념을 세분화하고 재구성하는 과정을 통해 권력 개념의 확장을 시도한다. 만약 B집단이 A집단이 가진 권력 개념을 해체해서 그 가치를 새롭게 정의한다면 B집단의 가치와 정체성을 유지하는 것이 가능할 것이다.

4. 여성주의 리더십: '나'로부터 시작하는 팀워크 리더십

나의 셀프리더십

가부장제 문화 전통과 사회구조가 틀 지워 놓은 인간관과 세계관을 비판적으로 성찰하기 위해 여성주의는 새로운 패러다임을 구축해야 하는 과제를 갖는다. 이는 한 개인이 논리적으로 해결할 수 있는 과제가 아니다. 우리가 비판하는 사회 속에서 의식주를 해결하고 살아가면서 더 나아가 사회 변화를 추구하기 위해 필요한 영향력을 가지려면 개인은 어느 정도 그 사회의 기준에서 인정받아야 하는 모순을 안고 살아야 한다.

그런 점에서 "세상을 바꾸려면 스스로 변해야 한다."라는 진리를 깊이 성찰해야 한다. 이를 깨닫기까지 삶의 여러 과정이 필요하다는 점은 커다란 변화의 물꼬를 튼 사람들의 예를 통해서 알 수 있다. 인도가 영국의 식민지로부터 해방하는 데 큰 정신적 지주가 되었던 마하트마 간디의 독특한 방식은 인도의 전통문화를 살려냄으로써 민중을 해방 투쟁에 참여시킬 수 있었다. 그가 청년 시절부터 그런 꿈을 가졌던 것은 아니다. 오히려 간디는 당시 식민 종주국인 영국의 지배 문화의 잣대에 맞추어 영국 법조인이 되고자 했고, 영국 신사의 옷을 입고, 영국식 라이프 스타일을 따르면서 인정받으려는 노력의 과정이 그의 삶의 많은 부분을 차지했다고 해도 과언이 아니다. 어쩌면 그런 경험이 있었기 때문에 아무리 노력해도 영국인으로 인정받을 수 없다는 사실을 깨달을 수 있었고, 그러한 노력이 가지고 오는 모순을 직시할 수 있게 되었기 때문에 우리가 아는 간디가 탄생했다.

가부장제가 역사적으로 형성된 문화 전통이기 때문에 그 누구도 가부장제 문화의 영향권 밖에서 존재하기 어렵다. 가부장제 사회에서 살아가는 여성주의자의 삶은 어쩌면 식민지에서 독립을 꿈꾸는 엘리트의 삶과 마찬가지다. 여성주의자에게 자신의 삶을 돌아보면서 그 안에 녹아 있는 수많은 모순을 조금씩 단계적으로 극복해 나가는 과정이 필요한 것일지 모른다. 우리의 많은 지식과 상식, 규범이 가부장제 문화와 전통하에서 만들어졌다는 점에서 이를 탈학습하는 과정이 필요하다.

여성주의는 새로운 존재론, 즉 각자의 존재에 대한 새로운 자각을 가능하게 한다. 각자가 유일무이한 존재라는 점을 인식하여 타자의 기준에 따라 평가받는 내 자신이 아닌 나름대로의 자기 존중감을 바탕으로 하여 성장할 것이다. 이러한 자기 존중감은 타자가 아닌 스스로가 자신의 삶을 위한 선택을 하고, 그것에 책임을 져야 한다는 것을 인식하는 것이다. 어려서부터 여자와 남자는 다른 역할과 능력이 있다는 고정적 성역할에 맞추어 살라는 가르침을 받아 왔다면 그러한 구분을 넘어 각자가 가진 능력과 역할을 처음부터 새로 찾아보는 새로운 학습 과정이 필요하다.

"개인적인 것이 정치적인 것이다."라는 여성주의 슬로건도 스스로 변해야 세상을 바꿀 수 있다는 진리와 공통점을 갖는다. 이 슬로건에는 기존에 공적 영역의 권력 구조에 한정된 '정치' 개념을 사적인 영역을 포함한 다차원적인 개념으로 확장하고자 하는 문제의식을 담고 있다. 공적·제도적·가시적 권력을 둘러싼 '정치' 개념이 사적 영역으로 확장되면 '권력' 개념 역시 확장될 수밖에 없다.

이상에서 언급한 탈학습 과정과 새로운 학습을 위한 성찰과 자기 존중감을 찾을 수 있는 고유한 기준을 만들어 내는 것이 나 개인을 발전시키고 이끌어 내기 위한 셀프리더십이라고 할 수 있다. 여성주의 문화의 정착은 개인의 힘으로만 이룰 수 없는 사회 변화이며 이는 뜻을 같이 하는 동지들의 팀워크 없이는 불가능하다. 그리고 팀워크가 유지되기 위해서는 성찰적이고 자기 존중감이 확고한 팀원들의 협력이 전제되어야 한다.

페미니즘, 리더십을 디자인하다

팀워크 리더십

여기서 발전시키고자 하는 팀워크라는 개념은 좁은 의미와 넓은 의미를 포함한다. 좁은 의미의 팀워크는 특정한 목표를 설정하고 추진하는 데 팀의 구성원들이 서로 다른 역할을 수행하면서도 목표 달성을 위해 협력하는 차원을 일컫는다. 넓은 의미에는 세 가지 서로 다른 영역 즉, 학문과 지식 영역, 사회운동 영역, 국가 정책 영역에 종사하는 여성주의자들이 서로의 영역에서 발견한 문제와 과제들을 공유하고 구체적 변화를 이끌어 내기 위해 협력하는 차원의 팀워크를 들 수 있다.

첫째, 학문과 지식 영역의 역할은 여성의 눈으로 기존 질서를 새롭게 보면서 여성의 입장에서 명명하는 힘을 키운다는 점과 일반인들에게 이를 알림으로써 의식의 변화를 일으키는 매우 중요한 역할이다. 여성학에서는 그동안 개념이 존재하지 않아서 보이지 않았다고 간주되었던 문제들, 예를 들면 가사노동, 가정폭력, 성폭력의 문제를 새로운 연구의 영역으로 가져왔으며 역사 속에서 영원히 묻혀 버렸을 일본군 위안부 문제를 꺼내는 역할을 했다.

둘째, 사회운동 영역은 새롭게 제기되는 이슈를 해결하기 위해 만들어진 집단이 구체적 목표와 전략을 설정하여 실질적 변화를 끌어내기 위해 구조화된 혹은 느슨한 연대를 만들어 조직화하는 영역이다. 운동이 전개되면서 사회적 공감대가 확산되면 될수록 그 이슈는 특정 단체의 범위를 넘어서 국가정책을 입안하는 계기를 만들 수 있다. 앞서 말한 가정폭력, 성폭력의 문제가 반성폭력

법으로 제정된 것이 그 좋은 예이다. 성폭력에 대한 여성학 연구가 새로운 개념을 만들고, 이를 해결하려는 반성폭력 여성운동이 태동하면서 궁극적으로는 정치권을 움직여서 선거 공약에 채택하게 한 역사를 돌아본다. 이를 통해 우리는 셀 수 없이 많은 사람들의 팀워크가 없이는 가능하지 않았던 과정을 읽을 수 있다.[4] 또한 일본군 위안부 문제는 국경을 넘어 직접 피해를 입은 아시아 및 서구 몇 나라의 문제로 전 세계적 이슈가 되고 국제정치의 의제가 되었다.[5]

셋째, 사회적 공감대를 확보한 특정 이슈는 사회운동을 이끌어 내는 집단과 여성주의 지식인들의 압력단체로서 행사한 정치적 과정을 통해 국가정책으로 입안될 수 있다. 입안 과정은 정부, 국회, 언론 및 사회단체들의 다양한 의견이 수렴되고 전문 지식이 동원되는 복잡한 과정을 거치게 되면서 또 다른 팀워크가 요구된다. 국가·정부·정책·법 제도와 같이 우리의 삶의 틀을 만드는 데 결정적인 역할을 하는 제도는 성별의 차이를 감안하지 않는 몰성적gender blind 혹은 성중립적인gender neutral 전제에 기초한다. '홍익인간' 혹은 국민이라는 개념에는 남녀노소가 다 포함되어 있는데 구태여 남성과 여성의 차이를 따질 필요가 있냐고 반문할 수 있지만 자세히 들여다보면 성중립성이나 몰성적 전제는 현실적으로 남성 중심성과 다를 바가 없다. 인간의 전형이 남성으로 설정되었다는 것은 곧 시민과 노동자도 남성을 원형으로 놓고 있다는 것을 뜻한다. 남성인 시민과 노동자는 아이와 노인과 병자를 돌보는 역할로부터 자유로운 존재로 공적·정치적 영역에서 활동한다. 몰성적 혹은 성중립적이라는 전제를 기초로 구축된 대부분의 제도는 여성들이 이러한 역할을 수행하는 것을 노동자로서, 또한 공적 활동을 하는 데 시간적·공간적 제약을 받는 '특수' 상황에 처해 있다는 것을 무시한다.

몰성적이거나 성중립적이지 않게 성별을 구별하기 위한 정책이 '여성 정책'이며 '성 주류화 정책'이다. 이는 남성 중심 사회에서 성별로 구성된 관계를 분석하고 그것이 모든 영역에 걸쳐 어떻게 여성과 남성의 차이를 성차별과 연결 짓는지를 평가하고 이에 기반한 성평등 사회를 만들기 위한 전략을 수립하고자 하는 개념이다. 여기에는 여성단체의 사회운동과 세계적 흐름, 여성학의 학문적 성과 등이 팀워크로 어우러져 이루어진다. 성별 관계에 변화가 필요하다는 의식을 가진 사람들이 모여 공적 영역에서 새 길을 내어 정책 변화를 촉구한 사례를 찾을 수 있다.[6]

'성 주류화'와 이를 실현하는 정책 도구의 하나로서 성별영향분석평가라는 생소하고 낯선 제도를 일반인들뿐 아니라 공무원들에게 소개하고 공감을 이끌어 내는 것도, 행정부라는 공공 영역에서 초당파적인 협력을 이끌어 내어 필요한 제도화를 이루어 가는 과정이기도 하고 여성 단체, 국회의원, 공무원, 언론인의 협업의 결과이기도 하다.[7]

이상과 같이 넓은 의미의 팀워크는 실제로 개인의 삶에서 은폐되었던 문제들을 가시화하여 새로운 사회적 의미를 가지게 하는 과정의 한 부분이다. 기억해야 할 것은 이제까지 이루어 낸 변화는 시작에 불과하다는 것이다. 앞으로 이제까지보다는 더 많은 다양한 영역의 문제를 발굴하고 공감대를 확산하여 정책을 만들어 갈 일들이 쌓여 있다.

예를 들어 지역에 사는 노인 여성들이 보존하고 있는 토종 종자 보전이나 향토 문화의 여성사 새로 쓰기 과제는 여성학 연구의 초기에는 각광받지 못했던 과제이다. 젊었을 때 소규모 팀워크를 한 경험은 그것이 성폭력 상담소를 창립하는 경험이든 여러 부모들과 공동 육아를 했던 경험이든 상관없이 무에서 유를 창조하는 과정이고 이것이 새로운 일을 벌일 수 있는 힘이 되기도 한다.[8] 에코페미니즘의 관점은 소비주의와 피로·과로 사회의 악순환에서 벗어나기 위한 다양한 사회운동으로 활발한 움직임을 보이고 있는데 예를 들면 합성 화학물질이 범벅이 된 화장품을 '권하는 사회'에 대한 경고가 있는가 하면, 유방암 발병과 유관하다는 발견에 기초해서 야간 교대 근무를 반대하는 운동 등 개인과 환경·건강에 관한 새로운 시각도 확산되고 있다.[9] 대부분 시장경제에서 화폐 보상을 받는 일, '생산'을 중심으로 하는 어젠다로 맞벌이와 관련된 정책에 관심을 갖는다면, 발상의 전환을 촉구하여 맞살림과 맞돌봄을 살림의 원리, 생계의 관점에서 강조하는 캠페인도 진행한다.[10]

이상에서 여성주의의 과제가 우리 일상생활의 한 작은 부분에서부터 인간관, 세계관을 바꾸는 거창한 작업이라는 전제를 제시했다. 이 작업을 수행하기 위한 리더십은 개인을 이끌어 갈 셀프 리더십뿐만 아니라 광의와 협의 모두의 팀워크 리더십이 중요하다는 점 또한 지적했다. 가부장제 사회가 왜곡한 인간관과 여성관을 교정하는 탈학습의 과정과 새로운 자기 존중감을 찾아가는 나의 리더십은 팀워크 리더십의 출발점이다.

인식의 차원에서 기존의 성별 역할과 질서와 분업을 새롭게 인식한다는 것 즉 "여성의 눈으로 세상을 본다"는 것은 변화를 위해서 없어서는 안 되는 중요한 출발점이다. 문제를 인식한 다음에는 이 문제를 해결하기 위해 변화를 모색하려는 의지를 가지고 전략과 방법을 찾는다. 목표 의식을 잊지 않고 지속적으로 생각하고 방법을 찾는 과정에서 어떤 계기가 생길 때 그 계기를 문제 해결의 기회로 만들 수 있다. 그것은 또한 내가 변화를 가져오는 데 작은 부분이라도 역할을 하겠다는 책임 의식의 발로이기도 하다. 실제로 작은 일이라도 실천하겠다는 의지가 모여 변화를 이끄는 역할을 할 수 있게 된다.

이 과정은 간단하거나 신속히 이루어지지 않으며 때로는 공든 탑이 무너지는 경우를 경험할 수 있다. 그래서 인내심을 가지고 기다리고 반복하는 것이 필요하고, 끈덕지게 버티는 지구력과 조급하거나 포기하지 않는 참을성이 필요하다. 포기하고 싶을 때 무거운 문을 경첩 몇 개가 붙들고서 여닫게 하고 있다는 것을 생각한다. 나비의 날갯짓이 지구상 어딘가에 폭풍을 일으킬 수 있다는 것을 그 나비는 모른다.

남성의 숫자가 월등히 많은 남초 조직에서 여성은 남성보다 더 남성다워야 인정을 받을 수 있는 명예 남성이 되기 쉽지만, 여성의 숫자가 많은 경우에 남성들은 각별한 주목을 받고 혜택을 누린다고 한다. 여성들이 가부장제 문화에 대항하여 새로운 질서와 가치관을 세우려고 할 때 지배 집단의 가치관에 복속되지 않기 위해서 어떻게 해야 할까?

새로운 영역에 진입한 최초의 여성에게 여성 롤 모델은 존재하지 않으므로 남성을 롤 모델이나 멘토로 삼을 수밖에 없는 경우가 많이 생긴다. 많은 경우 남성 엘리트가 롤 모델이 된다 하더라도 여성으로서 새로운 패러다임을 목표로 한 비판적 성찰을 할 필요가 있다. "기초 의원이 강력한 의지만 있다면 의회에 주어진 권한을 총동원해 할 수 있는 일이 적지 않다"는 점에서 기초 의회라는 남초 조직에서 활동했던 서정순은 "권력에 대한 끊임없는 성찰과 자신이 대표하는 주민에 대한 섬김, 통념과 관행을 깨는 혁신이 더 이상 내키지 않는다면 과감하게 정치를 그만두어야 한다는 결심이 하나의 방법일 것이다."라는 의견을 피력했다.* 여성주의 리더십은 여성과 함께 주변적 위치에 있는 대다수의 사람들과 눈높이를 같이하는 의식 변화로부터 시작되어야 한다.

★   "1992년 지방자치가 시작된 이래로 서대문구 의회에 여성 구의원이 단 한 명도 없었다." (서정순, 〈여성주의와 생활 정치의 행복한 만남〉, 장필화 외, 《나의 페미니즘 레시피》, 서해문집, 2015).

페미니즘, 리더십을 디자인하다

FEMINISM

2장

LEADERSHIP

DESIGN

'스펙' 아닌 '일상'의
치열함으로:
여성주의와 알파걸

나임윤경

연세대학교 문화인류학과 교수. 커리어 초반 가졌던 성인 여성에 대한 관심을
추구하면서 결국 한국 성인 여성의 해방은 자녀, 특히 자녀의 대입을 위한 사교육과
뗄 수 없음을 이해하게 되었다. 그 후 청소년 문제에 관심을 갖고 미래 세대인 그들이
좀 더 자율적이고 창의적으로 사고하고 성장하도록 돕는 일을 하고 있다. 고양시
청소년문화협동조합과 서울시 오디세이 학교를 현장으로 딛고, '교육'으로 세상이
나아질 수 있음을 경험적으로 배워 가고 있다. 이 과정에서 경제적 주체로서의
여성만이 해방된 여성이라는 '젊은' 시절의 사고가 많이 바뀌었다. 다른 사람들과의
협업·연대·보살핌, 그렇게 함으로써 사회적 존재로 자신을 구성하는 것이 진정한 해방일
수 있음을 '가정' 주부이지만 가족 밖 세상을 향해 열려 있는 통 큰 그녀들에게서 배웠다.
앞으로도 계속 이 현장을 맴돌며 더 많이 배우고 성장하길 기대한다. 지은 책으로는
《여성교육의 이론과 실천》, 《여자의 탄생》, 공저로 참여한 《젠더와 사회》, 《엄마도
아프다》 등이 있다.

한국의 여성 대통령은 여성 지위 향상에 도움이 되었을까? 한국이 자주 참조하는 미국보다 '여성 대통령 시대'를 먼저 열었다는 것은 한국 여성의 지위가 미국 여성보다 높다는 의미일까? 이런 질문은 여자 남자 상관없이 모든 국민을 위해 공평하게 일해야 할 대통령에게 부당한 것일까? 그렇다면 필리핀 출신으로 새누리당 국회의원이 되었던 이자스민 의원에게 이주민들의 지위와 권리 향상에 힘써 달라 했던 이주민들의 요구도 부당했던 걸까? 그런데 왜 한국인들은 코리안-아메리칸들의 미국 정계 입문에 대해서는 그렇게도 반색하는 걸까?

'여성 대통령의 시대'를 연 한국이지만, 여성권한지수GEM, Gender Empowerment Measure는 150여 개 비교국들 가운데 해마다 하위권에 머물고 있다. 그렇기 때문에 정계나 기업에 진출한 여성들에게 성차별 문제 해결을 기대하는 것은 자연스럽다. 만일 여성 리더들이 여성 문제에 관심이 없다면, 이주민 정치가가 이주민들의 삶의 조건에 관심 갖지 않는다면, 미국 내 코리안-아메리칸 리더가 한국 이민자와 미국 내 한국 관련 사안에 무관심하다면 그들에 대한 여성, 이민자, 한국 교포들의 지지는 철회될 것이다. 그럴 때 비로소 리더들은 자신이 어떤 사람들의 지지 위에 서 있었는지 깨닫듯 알게 될 것이다.

1. 리더십에 관한 성차를 넘어

　　근대 민주주의 담론 안에서 형성되고 발전한 여성주의는 여성이 남성과 평등하다고 주장했다. 그러나 동시에 여성이 가진 '차이'를 주장해야만 하는 모순 같은 '여성주의적 진리'를 구성해 왔다. 조안 스콧Joan Scott은 이를 '위대한 역설'로 정리했지만,[1] 대중들에게 이 진리는 이해되지 않았기에 위대해질 수도 없었을 것이다. 이전 세대는 말할 것도 없고 리더십 담론이 본격적으로 시작된 1970년대 이후 지금까지도 리더십이 발휘되는 조직은 여전히 '만들어진' 남성적 생애·경험·기질을 토대로 하고 있다. 예를 들어, 텔레비전이나 영화에서 재현되는 성공적인 기업의 임원은 대부분 집안 살림은 하지 않으며, 부하 직원에게 무시당하지도 않고, 섬세하지도 않다. 늘 그 사람은 누군가 차려 주는 밥을 먹고, 부하들을 거느리며, 박력 있게 리드한다. 그 역할은 남자 배우가 맡을 것이고, 시청자들 역시도 남자 배우가 적당하다고 생각한다. 여성 임원은 모두에게 낯설다. 그렇기 때문에 배우 역할이 아니라 실제 여성이 임원이 된다면 그녀는 '익숙한' 남성 임원과 비교 당할 것이다. 남성(여성)의 리더십은 여성(남성)과 같은가, 다른가? 같으면서 동시에 다르다는 '위대한 역설'은 성립하는가? 국내에서 많이 읽힌 캐롤 타브리스Carol Tavris의 책 제목 처럼[2] 여성 리더와 남성 리더는 다르지도 똑같지도 않은 걸까? 실제로 연구자들[3]이 수행한 성별과 리더십에 관한 종합적인 분석은 둘 간의 상관관계가 높지 않음을 보여 준다.* 또한 커리어 초반에는 여성과 남성 리더의 차이가 드러나지만, 조직이 원하는 대로 일하는 사람이 리더가 될 것이므로, 리더가 되었을 때 남녀의 리더십 차이는 거의 없다.[4] 이때 리더가 보이는 특징은 성차가 아닌 개인차로 이해된다.

이와 비슷하게 어떤 연구자들은[5] 여성 리더를 관계 지향적(표현적이고 과정 중심적임), 남성 리더를 과업 중심적(추진력 있고 결과 중심적이며 도구적임)이라며, 성차를 강조하는 것은 위험하다고 말한다. 여성 리더들이 부하에 대해 칭찬을 더 잘하고, 일의 결과보다 과정을 중시하는 이유는 단지 그렇게 하지 않았을 때 사람들로부터 "여자가 왜 저래?"라며 비난받을 것을 두려워하기 때문이라는 것이다. 이 주장은 조직 내 같은 직책의 남성들에 비해 여성들의 위치가 안정적이지 않다는 것을 의미한다. 또 다른 연구자들은[6] 한 발 더 나아가 관계 지향성에 숨겨진 여성 억압과 남성 중심적 윤리 체계를 드러냄으로써, 관계 지향성에 대한 정치적 해석이 필요하다고 주장한다.

보살피는 역할을 기반으로 관계 지향적 여성 윤리학을 전개

★　여성 지도자와 남성 지도자의 차이가 거의 없음을 보여 주는 논문에서조차 여성 지도자는 남성 지도자보다 관계 지향적이라고 보고한다(A. H. Egaly and B. T. Johnson, Gender and Leadership style: A Meta-Analysis, *Psychological Bulletin* 108, 1990, 233-256쪽).

하는 학자들이 가부장적 젠더와 언어로 여성의 의식 속에 여성다움이라는 '거짓된 자아의식'을 조장했다는 주장이다. 그러므로 여성의 관계 지향성을 강조해야 한다는 논의는, 한편으로는 여성들이 관계 지향성을 발휘해야만 비로소 리더로서 인정받는 남성 중심적이고 가부장적 맥락을 정당화하는 것이기도 하다. 그러므로 우리가 어떤 '특정 상황'에서 '여성답게 행동'하고 '남성답게 행동한다'는 연구자들[7]의 논의에 설득된다면 여성 지도자들이 어떤 '특정 상황'에서 관계 지향적 리더십을 발휘할 수밖에 없는지, 그렇게 하지 않으면 리더로서 인정받지 못하게 되는지를 질문하는 것이 더 효과적일 수 있다. 그러나 여전히 대중서는 물론 학계의 많은 저서들도 상황에 관계없이 리더십에 관해 성차가 있다고 쓰고 싶어 한다.

그러나 성별에 따라 리더십이 다르다, 같다와 같은 혼란은 해결되지 않을 것이다. 왜냐하면 어떤 현상에 대해서 연령, 지역, 혈액형, 인종, 학력, 학벌, 문화 등에 따른 차이가 있다고 말하는 것만큼 성차의 강조 역시 세계관이고, 이데올로기이고, 정치인 것이지 '객관적' 현상은 아니기 때문이다. 사실 여성주의는 진리의 '객관성'에 대해 의문을 품어 왔고, 진리는 항상 상황적이고 편파적이고 부분적일 뿐이라고 말해 왔다. 여성주의자들은 객관성이 '남자들의 주관성에 대해 붙여진 그럴듯한 이름'이라고 말하기도 했다.

그러므로 리더십에 관한 여성주의적 질문은 리더십에 대해서 성차와는 다른 차원의 질문을 해야 한다. 예컨대, 리더십에 다양한 차이가 있다면, 그중 여성주의 리더십은 어떤 경험과 통찰들을

페미니즘, 리더십을 디자인하다

중심으로 만들어지는지 이야기하는 것이다. 그렇게 할 때 다음 세대의 리더들에게 여성주의 리더십에 관한 믿을 만한 안내서 한 장을 건네줄 수 있기 때문이다. 그렇다면 여성주의 리더십에 관한 안내서, 특히 고학력 여성을 위한 안내서는 어떤 내용을 담고 있어야 할까?

2. 매뉴얼과 스펙이 만들어 준 '똑똑함'의 한계

'청년 실업'이 예외가 아닌 정상이 되어 가는 현재, 대학생들은 사회에 나가기 위해 어떤 준비를 하고 있을까. 많은 사회과학자들을 인용하지 않더라도 대부분의 사람들은 지금 우리가 신자유주의적 경제 질서에서 숨 쉬고 있음을 감지한다. 신자유주의에 관한 다양한 설명이 있음에도 불구하고 이 글에서는 신자유주의적 상황을 "돈은 자유롭게 국경을 넘고 노동자들은 돈에 더욱 예속되는 상황(노동의 유연화)"이라고 정의하고자 한다. 제3세계보다 한국 노동자들의 임금이 높다는 이유로 국내의 해외 기업은 물론 한국 기업도 공장 가동을 멈췄다. 그에 따라 한국인 노동자들의 비정규직화와 불안정성, 청년 실업 등이 일상적으로 나타난다. 또한 국경을 자유롭게 넘나들며 넘쳐나는 돈은 자본가들에게 '투자-상품 생산-상품 유통-소비-투자 회수'라는 길고 험난한 과정보다 '돈 놓고 돈 먹는' 과정을 선호하게 한다. 이러한 금융 회로는 '금융 산업'

을 조장하고 확장해 간다.[8] 은행의 수많은 금융 상품과 전에 없던 대출 광고, 보험 광고, 상조회 광고 등이 이를 보여 준다.

　이러한 맥락에서 금융 업계에서 일할 수 있는 초일류 엘리트만을 제외한 '보통 사람들'의 일자리는 자연스레 줄어든다. 예를 들어, 인천국제공항만 보더라도 출입국 심사를 엄격하게 관리하던 세관원들의 자리는 기계들이 대체하고 있다. 미국 내 많은 공항에서는 일등석 승객이라 하더라도 기계 앞에 서서 스스로 비행기 티켓을 발행하고 무거운 짐을 부쳐야 한다. 얼마 전 알파고와 이세돌의 경기를 두고 사람들은 인공지능이 곧 사람들의 일자리를 대체하게 될 것이라며 걱정하기도 했다. 그렇기 때문에 '고용 없는 성장의 시대'에 사는 대학생들이 초일류 엘리트가 되기 위해 스펙 쌓는 일에만 몰두하는 걸까? 게다가 여성들은 '성차별'이라는 변수까지 극복해야 하므로 더욱 더 큰 스펙 쌓기에 몰입해야 하는가? 그런데 스펙을 쌓으면 초일류 엘리트가 되고, 리더로 성장하는 것일까? 정말 그럴까?

　'책에서 배운 입맞춤'이라는 표현은 '범생이'의 맥락적 감수성 결여를 희화하는 데 적격이다. 입맞춤이란 상대의 기분과 의지, 자신에 대한 호감 정도는 물론 분위기, 장소, 경우 등 고려해야 할 사항이 수도 없이 많고, 그 또한 상황에 따라 변한다는 것을 몸과 경험으로 알고 있을 때라야 가능하다. 그런데 이러한 입맞춤을 책으로부터 배웠다면, 범생이의 낭만적 순간에는 어떤 일이 일어날까. 오랜 시간 많은 경험을 통과하고 걸러져 체화했어야 할 지식을 몇 줄, 몇 권의 책으로 전달받을 리 없다. 급한 마음에 책을 펼치거나 아니면 한두 명의 친구에게 설명 들으려 한다면 범생이의 낭만적 순간은 난감함 혹은 기껏해야 연인 간 치러야 할 의례를 치렀음에 안도하는 정도일지 모른다. 그러면서 말하겠지, "정말 달콤하고 짜릿하던데⋯⋯." 이런 말이야말로 진정한 감정도 없고, 오랜 경험과 그에 대해 성찰하는 사유는 더더욱 없는, 유체이탈 화법인 셈이다.

　　여성주의적 낭만을 위해서는 '책에서 배운 입맞춤' 매뉴얼이 쓸데없다는 걸 알아야 한다. 그것이 누구도, 어떤 책도 가르쳐 줄 수 없는, 오랜 시간과 많은 시행착오를 거쳐 체화되어야 함을 받아들여야 한다. 어떤 상대가 나와 잘 맞는지, 그 상대와는 어떻게 소통해야 하는지, 상대와의 평등은 어떻게 실천되어야 하는지, 상대와 내가 만드는 로맨스는 어떤 모습일지, 더 좋은 연인이 된다는 것은 어떤 의미인지 등에 대해 상대와의 대화와 부딪침을 통해 알아가는 것이 필요한 것이다. 이런 과정 없이 인터넷에서 내려받은 이벤트나 다양한 연애 기술, 혹은 예능 프로그램 진행자들이 전하는 '연애 매뉴얼' 따위는 좋은 관계를 체화하는 과정과는 거리가 멀다. 그러므로 몸에 쌓인 지식이 거의 없던 시절의 첫 연애가 잊고 싶을 만큼 참담한 것은 당연하다. 매뉴얼이 알려 준 이벤트를 많이 한다고 해서, 값비싼 선물을 자주 주고받는다고 해서, 고급 레스토랑에서 기념일을 보낸다고 해서 좋은 관계가 지속되는 것은 아니다. 마찬가지로 우수한 성적으로 입사했다고 해서, 여성주의적 이론을 많이 알고 그 시각에 찬성한다고 해서 시행착오가 선물한 경험 없이 여성주의 리더가 되는 것은 아니다.

　2000년대 중후반까지 여성의 리더십에 관한 책들이 자기계발서로 분류되며 쏟아지듯 나왔다. 그러나 최근 들어 그 기세가 주춤한 것은 리더십 '씩이나' 생각해 볼 겨를 없는 청년 실업이 한몫했을 터이다. 또한 동시에 그 책들의 효험이 '별로'라고 판명되었기 때문이 아닐까. 다독이 좋다고는 하지만, 자기계발서의 정보는 행간의 의미까지 모두 섭렵한다 할지라도, 그 지식이 적용되어야 할 현실 세계의 다양한 차원을 담기 어렵기 때문에 한계가 있다. 그러나 여성 범생이 알파걸들은 책으로부터 지식을 습득하는 데 익숙하므로 한계가 분명한 독서나 몇몇의 예외적 롤 모델로부터 공부하듯 리더십을 배운다.

　현재 조직의 여성 임원들은 여성 대학 진학률이 15-20퍼센트인 세대에 학교를 다닌 50대이다. 중간직의 경우 20-30퍼센트에 학교를 다닌 30-40대이고, 사원의 경우 고등교육 대중화 시대였던 여성 대입 진학률 40-60퍼센트 시절에 대학을 다닌 20대 여성들이다. 한 세대 만에 여성의 대학 진학률이 배를 넘었으니 한국 여성들에게 고등교육은 급작스러운 경험이다. 그만큼 한국의 조직 안에서 엘리트, 리더, 임원 등 높아진 여성의 지위는 여성에게도, 조직에게도 몸에 붙지 않는 새로운 경험이다. 그러므로 50대 여성에게는 말할 것도 없겠고, 20대 여성들에게도 리더십이란 축적된 경험의 역사 없이 각자가 써 내려가야 하는 독학과 같다. 여기에 매뉴얼 같은 '책에서 배운 리더십' 혹은 '셀프리더십' 등의 이름을 가진 자기계발서가 마구마구 등장했을 것이다.

　리더십이 활발히 논의되는 공간은 기존의 조직들과 대학교이다. 각 대학교는 리더십 센터 등의 기관을 갖추고 다양한 내용과 방식의 프로그램을 진행한다. 그러나 학자들은[9] 국내 대학의 리더십 교육이 본격적이고 실질적인 교육과는 거리가 멀다고 지적한다. 리더십이 대학 본부 차원에서 그 대학의 설립 이념과 정체성을 중심으로 실시되지 않고, 대부분 부속기관이나 임기가 정해진 총장에 의해 한시적으로 실시되기 때문이다. 학교 차원에서 리더십 프로그램을 추진하던 총장의 임기가 끝나거나 예산이 부족해질 때면 리더십 프로그램은 쉽게 사라진다. 이런 상황에서 대학교 안에서의 지속적이고 안정적인 리더십 교육은 꼭 필요해 보인다.

　리더십에 대한 안정적 교육과 커리큘럼이 부재하다는 현실에 더해, 특히 그것이 여자 대학생들을 위해 진행될 때, 취업에 국한되어 있다는 문제점 역시 지적되어야 한다. 한국 여성의 낮은 취업률이 'OECD 국가로서의 위상'에 어울리지 않는 것은 사실이다. 그러자 여성가족부는 여성 인력 개발과 리더십 향상을 목적으로 2003년부터 선발을 통해 몇몇 대학교에 '여대생커리어개발센터' 설립을 지원해 왔다. 그 결과 2004년 '전국여대생커리어개발센터협의회'*까지 발족시키며 양적인 발전을 거듭해 2015년 현재 40개의 회원 대학교를 갖게 되었다. 그러나 '여대생커리어개발센터'가 여대생들에게 리더십, 특히 여성주의 리더십 향상을 의도했는지에 대해서는 회의적이다. 무엇보다 '커리어 개발'이 여성주의 리더십과 어떠한 관련이 있는지 혹은 어떻게 관련을 맺어야 하는지에 관한 논의가 진행되지 않았다. 그럼에도 불구하고 여성 리더십을 논의하는 맥락에서는 어떤 이유에선지 '여대생커리어개발센터'의 활동과 프로그램이 검토된다. 이것은 대부분의 사람들은 물론, 여성주의 연구자들조차 여성주의 교육과 실천에 있어서 여성의 사회적 진출을 강조했던 '자유주의 페미니즘'에 영향 받았기 때문이다.

자유주의 페미니즘의 궁극적 목표는 '제도와 자원에 대한 평등한 기회 보장'이다. 그러므로 지금까지 교육제도에서 차별 받지 않아 온 듯 보이는 여대생들에게 취업에 대한 평등한 기회와 경제적 독립만이 문제가 되는 것으로 인식된다. 그렇기 때문에 여성가족부가 지원하는 여대생들에 대한 리더십 교육에 '커리어 개발'이라는 그럴듯한 이름의 '취업 준비'가 그 비중을 논할 필요도 없이, 전부가 되었을 것이다.

여성들에게 경제적 성취와 독립이 중요하지 않다는 의미는 물론 아니다. 그럼에도 불구하고 조주은의 책《기획된 가족》**이 다루고 있는 '고소득' 엘리트 여성들이 남편으로부터의 독립 수준을

★　'전국여대생커리어개발센터협의회'는 2015년 현재, 서울·경기 지역 여섯 개 대학교를 비롯 전국에 40개 대학교를 회원으로 한다. 2003년 이후 여성가족부의 지원으로 '여대생커리어개발센터'를 설립, 운영하다 지원이 끊겨 폐지한 대학교까지 합친다면 그 숫자는 훨씬 많을 것이다. 여성가족부가 지원을 끊은 이유는 기관이 안정된 이후 각 대학교가 자체 예산으로 운영하기를 희망했고, 그렇게 함으로써 더 많은 대학교에 기회를 주고 '여대생커리어개발센터'를 확대하고자 했기 때문이다. 그러나 여학생들의 커리어 개발에 무게를 두고 있지 않은 많은 남녀공학 대학교들은 지원이 끊기자 대부분 기관을 폐지했다('가'대학교 여대생커리어개발센터 운영위원과의 인터뷰 내용 정리).

　페미니즘, 리더십을 디자인하다

넘는 고소득에도 불구하고 자유주의 페미니즘이 강조하는 평등한 삶을 누리고 있는지는 의문이다. 《기획된 가족》의 그녀들에게 소외 없는 삶, 다른 사람을 타자화하지 않는 삶, 그로써 민주적이고 평등한 삶 등 페미니즘이 지향하는 삶은 없다. 오히려 그녀들은 여성의 경제적 독립이 단 한 명 남성 파트너와의 평등한 삶도 이루게 하지 못했음을 보여 준다. 또한 저자 조주은은 직장과 가정을 안팎으로 누비며 '완벽한' 삶을 이루어 내고자 하는 그녀들 '때문에' 한국 정부가 가족 관련 복지에 무심하게 된 것은 아닌지 묻고 있다. 모순적이게도 여성주의적 실천 의지가 없는 고학력 엘리트 여성들의 경제적·사회적 성취는 힘든 다른 여성들의 삶을 제자리걸음 하게 하는 데 일조한다.

예외이어야 할 청년 실업이 최근 일상적이고 정상적 상황이 되었다. 취업은 신입생에게조차 절대적인 과제처럼 보여 여대생들은 가장 중요한 스펙인 '남자'를 갖고 있는 남학생들과의 경쟁에서 지지 않기 위해 치열한 스펙 전쟁을 치른다. 여학생들은 출결, 시험 성적 등을 엄격히 관리하고 경쟁적인 대학 생활을 하며 한가한 남학생들과는 대조를 이룬다. 그녀들은 남학생들이 낮은 영어 성적과 학점, 병역의무, 그리고 단순한 '귀차니즘' 때문에 하지 못하는 교환

★★ 《기획된 가족》은 고학력 고소득 여성들도 여전히 육아나 집안 살림 등을 책임져야 하는 불평등한 부부 관계에 놓여 있음을 보여 준다. 저자는 이 '똑똑한' 여성들이 부당한 현실에 대해 문제 제기하고 사회적 해결을 추구하지 않았기 때문에 한국의 가족 정책이나 복지 정책이 제자리걸음이라고 분석하고 있다(조주은, 《기획된 가족》, 서해문집, 2013).

학생을 '여대생의 필수'처럼 생각한다. 학점과 경제적 이유 때문에 교환학생이 불가능하다면 여대생들은 워킹홀리데이 등의 차선을 찾는 데도 분주하다. 그녀들의 프레젠테이션과 면접 능력은 각 기업의 인사 담당자들이 "이번엔 꼭 남자를 뽑자."라고 한 결심을 무색하게 할 만큼 우수하다. 그럼에도 '남자'라는 스펙을 갖추지 못한 여성들은 입사와 승진 등의 제도에서 차별받는다. 이러한 상황에서 여성주의 리더십을 고민하는 학자나 현장 전문가들은, 성차별의 문제와 함께 이 엘리트 여성들이 여성주의 리더로 성장하는가의 문제를 함께, 어떤 의미에서는 더욱 중요하게 고려한다.

　　현재의 한국 대통령을 비롯한 정계와 조주은이 다룬 기업의 고소득 엘리트 여성 리더들은 여성주의 리더인가? 무엇보다 성별에 상관없이 부모로부터 다양한 지원을 고르게 받아 왔을 그녀들과 현재의 여대생들에게, '차별'의 역사는 없었다고 굳게 믿는 엘리트 그녀들에게, 모든 성취는 '자기가 하기 나름'이라며 차별 받는 여성들과 자신을 구별하려는 '똑똑한 범생이'들에게, 여성주의는 절실히 요구되는가? '어떤' 여성이든지 상관없이 여성이 특정 분야의 결정적 다수$_{critical\ mass}$만 된다면*여성들은 여성주의적 정의$_{justice}$를 실현하게 되는가? 등의 질문은 여성주의 리더십을 고민하는 여성주의

★　　(사)미래포럼은 2013년부터 전개해 온 '30퍼센트 클럽 캠페인'을 이어 2015년 11월 '한국 30퍼센트 클럽 컨퍼런스'를 이화여자대학교 국제교육관에서 개최하였다. 이 자리에는 반기문 당시 UN 사무총장과 전 대법관 김영란 판사 등이 초대되었다. 30퍼센트 클럽 캠페인은 기업 내 여성 임원의 비율을 30퍼센트까지 늘리자는 취지의 캠페인이다. 구성원 30퍼센트는 결정적 다수를 의미하는 심리사회학적 숫자이다.

64　　　　　　　　　　　　　　　　　　　　　　　페미니즘, 리더십을 디자인하다

자들에게서 떠나지 않는다.

3. 여성주의 리더가 아니라면 왜 '굳이' 여성 리더인가

리더십에 관한 장필화의 '여성 리더십, 여성적 리더십, 여성주의 리더십'** 등의 범주와 개념[10] 중에서 여성주의자들의 관심은 물론 여성주의 리더십이다. 리더십을 "구성원들로 하여금 (그들 중 다수가 합의한) 어떤 목표를 이루게 하는 능력"이라고 정의할 때, 여성주의 리더십은 그 목표와 가치, 그리고 그것을 이루어 가는 과정이 여성주의적일 것을 전제한다. 여성주의에 관한 다양한 입장에도 불구하고 한 가지 공통된 목소리를 찾는다면 그것은 가부장(남성, 서유럽-북미 백인, 비장애인, 이성애자, 중산층, 자본가, 수도-서울 등의 기득권)에 집중된 권력의 해체와 균열일 것이다. 권력의 집중은 억압과 착취를 통해서 이루어지며, 그것은 권력 없는 '소수자' 집단에 대한 타자화를 지속한다. 사회과학자들이 억압·착취·타자화 등의 개념을 사용할 때에는 집중된 권력을 가진 이들의 현재(지위·재산·성향·문화·외모·건강·안락함·깨끗함 등의 삶의 조건)가 처음부터 그렇게 '결정'된 것이 아니라는 의미가 담겨 있다. 그것은 역사적으로 '구성'되어 왔으며, 그러므로

** 여성 리더십은 생물학적 여성이 발휘하는 리더십, 여성적 리더십은 문화적으로 키워진 여성의 리더십(예, 관계 지향적 리더십), 여성주의적 리더십은 여성주의적 철학을 리더십으로 실천하는 리더십을 의미한다.

사회과학자들은 그 과정에서 숨겨지고 가려진 누군가의 '어떤' 사실을 드러내고자 한다.

　　예를 들어, 이른바 제1세계 사회의 사람들이 한여름에는 시원하고 한겨울에는 따뜻하게 지내며 누리는 삶의 양식은 엄청난 양의 천연자원 소비와 탄소 배출을 야기한다. 이는 극지방 등 세계 곳곳의 멸종 위기에 처한 수많은 종류의 동식물과 그곳 주민들의 생존까지 위협한다. G20 회원국 지도자들이 탄소 배출량 축소를 합의하는 등 다양한 대책을 논의하기는 하나 여전히 '타자화'된 삶에 대한 위협은 그대로이다. 2015년 하와이국제영화제에서 대상을 수상한 한국 영화 〈마돈나〉는 가난하고, 뚱뚱하고, 학력이 낮은 '여성(권소현)의 몸(=삶과 죽음)'이 그녀보다 풍요롭고, 많이 배운 여성과 남성의 몸을 어떻게 유지시키는지 적나라하게 보여 준다. 그녀는 자신의 삶을 위해 최선을 다해 노력하지만 결국 후자들에 의해 경제적으로, 성적으로 착취당하고 결국 나락으로 떨어져 죽는다. 영화 〈베테랑〉에서도 역시 재벌가 둘째 아들(유아인)의 현재 지위는 트럭 기사(정웅인), 트럭 회사 소장(정만식), 그리고 최 상무(유해진) 등의 삶을 딛고 있음이 드러난다. 학교나 지하철 등의 공공장소 곳곳을 쓸고 닦는 이른바 청소 노동자의 '값싼' 노동이 우리 대부분의 안락하고 깨끗한 삶을 유지시킨다. 바꾸어 말하면, '나'의 삶이 내가 알지 못하는 어떤 사람들의 삶을 기반으로 하고 있다는 것은 억지로 드러내지 않는다면 가려져서 보이지 않지만, 엄연한 '사실'이라는 것이다.

그것을 드러내는 일은 소수자와 소수자 삶의 조건이 기득권의 현재를 구성하는 질료로 '동원'되었음을 보여 주는 것이다. 이렇게 함으로써 여성주의는 기득권의 현재적 권력과 조건의 정당성에 균열을 내고자 한다. 여성주의는 집중화된 권력의 균열이 억압, 착취, 차별, 타자화 등이 없는 민주적 가치, 여성주의적 가치가 실현되는 필수 조건이라고 보기 때문이다. 또한 여성주의 리더십이 이러한 가치와 그 가치가 추구되는 과정을 만들어 낸다고 믿는다.

여성주의에 대한 이러한 설명이 요즘 대학생들에게는 과격하다거나 '쿨 하지' 않아 회피되고 있음을 잘 안다. 그러나 여성주의는 권력의 해체를 위한 투쟁만을 최종 목표로 하는 것이 아니다. 여성주의는 여성주의적 가치가 실현되는 과정에서 생기는 인식 전환의 순간, 즉 피해자이기 때문에 가해의 부당함에 대해 자각할 수 있고, 억압의 경험을 알기에 억압 그 너머의 평등과 공존, 정의로움과 민주적 상태에 대해 끊임없이 꿈꾸고 상상할 수 있다고 확신한다. 이러한 꿈들과 상상력이 모이고 축적되어 여성주의 리더십이 만들어진다고 믿는다.

그러므로 이러한 인식 전환의 가치와 과정에 무게를 두는 사람이라면 피해자의 위치에 머물며 투쟁만이 아니라 성찰을 삶의 목표로 지향할 수 있으며, 성별에 관계없이 여성주의 리더십의 주체가 될 수 있다. 여성주의 리더십의 주체로서 성별 구분이 무의미하다면, 반反여성주의 리더십의 주체로서도 성별은 의미가 없다. 기존 가부장 중심의 약육강식이 정당화되고, 억압, 착취, 타자화가 전 지구적으로 발생하는 구조 안에서 남성보다 더 남성처럼 적응하고 탁월함을 발휘하는 똑똑한 범생이 여성들도 적지 않다. 영화 〈소수의견〉은 검사·판사·경찰의 막강한 권력이, 자신의 집이 스러져 가는 것을 보고만 있어야 했던 '소수자'들의 삶을 딛고 그 위에서 펼쳐지고 있음을 보여 주었다. '똑똑한' 여대생들의 롤 모델로 보일만한 '여'검사(오우정)는 '부드럽고 예쁘게' 부당한 검찰 권력을 보호하는 강력한 기득권의 모습을 보여 준다. 억압, 착취, 타자화가 늘 과격하고 살벌하게, 남성에 의해서만 이루어지는 것은 아니다.

이화리더십개발원이 펴낸 《기업과 NGOs 여성들의 리더십 사례 연구》는[11] 목표와 가치가 현저히 다른 두 영역에서 활동하는 여성 리더들을 분석한 결과를 정리한 것이다. 이 책은 여성 리더십으로부터 여성주의 리더십의 요소를 찾고 다음 세대에 전수하려는 목적을 갖고 있다. NGO, 특별히 이 사례 연구에서 많이 인용된 생활협동조합의 정체성은 언급한 여성주의적 가치를 지향하기 때문에 리더와 조직과 구성원은 민주적 가치를 중심으로 함께 성장할 수 있을 것이다. 가치 실현에 따른 보람과 자부심이 경제적 보상보다 더 큰 의미를 가지는 일터이므로, 리더와 구성원들은 자신들이 지향하는 가치에 대해 타협할 필요가 없다. 그러므로 그 가치를 실현하는 방법과 과정에 대한 이견은 있을 수 있겠으나, 리더의 가치가 조직과 구성원들의 그것과 충돌할 가능성은 거의 없다. 여성주의 리더십의 가치가 그 조직과 연루된 모든 구성원들의 핵심 가치이자 과정이기 때문이다.

페미니즘, 리더십을 디자인하다

이와는 대조적으로 이 사례집에 있는 기업의 여성들은 조직의 남성 중심적인 문화와 세계관, 이중적 태도를 가진 남성들과 갈등하고 협상해야 하는 상황에 놓인다. 사실 이 사례 연구에 기술된 여성 리더들의 진술은 대부분 기존의 연구 내용과 크게 다르지 않다. 여성들은 정서적이고 덜 위계적이며 관계 지향적으로 묘사되고, 남성들은 상명하복은 물론, 과업 수행을 위해 수단과 방법을 가리지 않아 더 효율적으로 보인다. 또한 그 원인은 대부분 '군軍 경험'으로 지목된다. 그렇기 때문에 여성이 리더가 되면, 명예 남성이 아니더라도, 때로는 여성 부하보다 남성 부하를 선호하기도 한다. 이와 유사한 내용을 반복적으로 접하다 보면, 한국 기업처럼 위계적이고 이윤 추구를 핵심으로 하는 조직에서 여성이 리더는 될 수 있겠으나 과연 여성주의 리더십을 발휘하는 것이 가능할까라는 의문을 갖게 된다. 또한 남성들의 군대 경험이 한국 기업의 특성에 부합하는 것이라면, 아니 군대와 기업이 상호 협력적으로 한국형 남성성과 조직 문화를 형성하는 것이라면* 합법적으로 군에 가지 않는 여성들은 '조직형 남성들'을 부러워하기만 해야 하는 건가? 그것이 아니라면 여성주의 리더십을 발휘하고자 하는 여성들은 이런 갈등이 적은 NGO 등의 여성들로 구성된 시민단체로만 향해야 하는가? 대부분의 야심찬 여학생들은 고개를 가로저을 것이다.

언급했듯이 성적과 스펙을 높이기 위해 경쟁적으로 자신의 생애를 구성하는 대학생들이 권력 해체, 평등, 공존 등의 가치 실현을 핵심으로 하는 여성주의 리더십을 어떻게 기를 수 있을까? 이론과 실천을 구분하지 않는 여성주의적 지식은 다만 책과 강의를 통한 정보가 아니라 '몸'을 통과하여 이해되고, 걸러져 결국 몸에 달라붙는 '체화된 지식embodied knowledge'이다. 그러므로 여성주의 리더십은 책상에 앉아서 하는 학점, 외국어 능력 등 자격증을 위한 공부, 조직과 리더십에 관한 강의나 정보를 통해서 얻을 수 있는 것이 아니다. 그것은 강의실 밖의 다양한 세계에서 얻을 수 있는 '몸'(노동과 일)의 경험과 그로부터 생기는 사회에 대한 통찰이 체화된 능력이다. 경험과 통찰로부터 얻어진 능력은 억압적인 군대에서 남성들이 체화한 서로 짜고 하는 비윤리적 행위를 뜻하는 '짜웅(짬짜미)'과 눈치, 상명하복과 같은 순응적 지식과 실천이 아니다. 그것은 창의적이고 변혁적인 능력이다. 이 창의적이고 변혁적인 능력은 비록 거대한 조직의 목표가 여성주의적 가치와는 거리가 있을지라도 그곳에

★ 나윤경, 〈남녀공학 대학교의 군사 문화와 여학생 '시민권' 구성 과정〉, 《한국여성학》, 23(1), 2007, 69-102쪽. 한국 기업은 군에서 상명하복을 체화한 남성들을 선호한다. "최태원 SK 그룹 회장은 지난달 25일 SK 수펙스추구협의회 인재육성위원회에 전역 연기 장병들의 채용 방안을 우선적으로 마련하라고 지시한 바 있다. (…) SK 수펙스추구협의회 기업문화 팀장(전무)은 'SK는 여러분을 꼭 가족으로 받아들이고 싶다'며 '가능하다면 여러분의 희망 부서에 배치하고 상담을 통해 적합한 계열사와 부서를 추천 드리겠다'고 말했다."(《동아일보》 2015년 9월 24일자. 〈든든한 애국심, 애사심으로 꽃피길〉 중 일부 인용). 2015년 8월 북한이 지뢰 도발 및 포격으로 남북 대치 국면을 조장하자 자발적으로 전역을 연기했던 장병 87명에 대해 SK 그룹 회장이 그중 50여 명을 우선 채용하겠다고 밝힌 것과 관련한 기사 중 일부이다. 또한 2011년 6월 삼성은 폐지된 ROTC 장교 특채를 13년 만에 부활하였다. "(…) 업계에 따르면 CJ와 신세계, 효성 등 주요 기업들도 일제히 전역 장교 채용에 나서고 있다. 신세계는 올해 100여 명의 전역 장교를 특채할 예정이고, CJ 역시 올해 모두 70여 명의 전역 장교를 채용, 특채 인원을 지난해보다 40여 명 늘렸다. CJ 관계자는 '사령부의 추천을 받아 올해 해병대 출신 20명, ROTC 50명을 채용했다'면서 '젊은 신입 사원들이 스펙은 좋지만 사회 적응력은 떨어지는 경우가 많은데 반해 이들은 조직 생활의 경험이 있어 책임감이 강하고 이직률 또한 낮은 편'이라고 말했다."(《한국경제》 2011년 6월 7일자. 〈책임감, 리더십 강하고 이직률 낮아〉 중 일부 인용.)

서 여성주의 리더십으로 여성주의적 변화를 이룰 것으로 기대된다. 여성주의적 세계관이 억압·착취·타자화가 없는 민주적인 질서를 꿈꾸는 것이라면 여성주의 리더십이 그 꿈을 실현할 것이라고 믿기 때문이다. 그런데 책벌레, 학점 기계, 스펙 제조기 등으로 불리며 책상에 오래도록 앉아 경쟁적 두뇌만을 만들어 온 범생이들에게 여성주의적 가치를 설득할 수는 있을까?

상징적 존재token 혹은 남편이나 아버지의 후광을 등에 업지 않은 '자수성가형' 여성 경제인은 한국의 세습 재벌의 행태로 봐서는 요원하다. 성별에 상관없이 재벌 2·3세로서 그들이 체화했을 지식을 상상해 본다면 다른 사람들과의 공존과 평등을 지향하는 여성주의 리더십에 설득될 이유가 없다. 재벌 2·3세가 이끈 대기업의 골목상권 침해나, 극단적이긴 했어도 '땅콩 회항'**과 술집 종업원 구타***라는 초유의 사태는 그들에게 체화된 지식이 무엇인지 보여 준다. 그러므로 그들이 책과 강의로 여성주의 리더십을 배운다해도 체화된 지식으로까지 바뀔 수는 없을 것이다. 한국의 정계에도 의사, 검사, 변호사, 교수, 판사 혹은 '일류대' 출신들이 있겠으나 그들의 삶을 여성주의적으로 구성한 사람들은 극소수인 것으로 안다. 그런 이유로 유권자들이 여성 국회의원 비율을 15퍼센트로까

**   '땅콩 회항'은 국내 굴지의 항공사 CEO의 자녀가 승무원의 견과류 제공 방식이 맘에 들지 않는다는 이유로, 승무원들을 모욕했을 뿐만 아니라, 비행기가 출발한 뒤였음에도 비행기를 돌려 해당 승무원을 내리게 했던 사건에 붙여진 이름이다.

***   이 역시도 국내 대기업 CEO의 자녀가 만취한 상태에서 술집 종업원의 뺨을 때리고 이어 출동한 경찰에게까지 행패를 부린 사건이다.

지 늘였지만 국회에서 논의되는 안건이나 입법 내용 등에 있어서
그 이전의 국회와 차이를 느낄 수 없다. 여성 국회의원들이 밀양이
나 강정의 생태와 평화, 에너지 보존, 다음 세대의 삶을 보장하려는
시민운동을 지지했던가. 국토를 헤집은 4대강 사업에 반대했는가.
세계에서도 유래가 없는 국립공원 내 케이블카 설치 결정에는 어떠
했는가. 단 며칠간 치루는 평창 동계 올림픽을 위해 수천 년의 원시
림이 파괴되는 것을 그냥 보고만 있지는 않았는가. 용산 참사에 대
해서는 어떤 목소리를 냈는가. 비정규직을 양산하는 극도의 한국
형 신자유주의적 질서에는 어떤 태도를 취했는가. 이렇게 수많은
주요 결정이 내려질 때 여성 정치인들은 어디에 있었는가.

　　물론 여성 정치인들에게만 이러한 질문을 던지는 것은 부당
하다. 그러나 한국 사회 여성과 남성 리더십 간의 질적인 차이가 없
다면 굳이 왜 여성주의자들이 '30퍼센트 클럽 캠페인'이라는 억지
스러운 사회운동까지 불사해야 할까. 여성 정치인이기 때문에 '저절
로' 다음 세대의 삶에 대해 고민하고, 기존의 틀에 변화를 꾀하며
평화, 평등, 공존을 위해 헌신하게 되는 것은 아니다. 같은 맥락으로
여성 법조인이기 때문에 성폭력 피해 여성의 맥락을 더욱 깊이 이
해하는 것 또한 아니다. 적지 않은 경우 대학 내 성폭력대책위원회
의 여교수는 피해 여학생에 대해 "이 여학생은 늦은 시각에 남학생
집에는 왜 갔죠? 나 같으면 절대 가지 않았을 겁니다."라고 말한다.
피해 여학생과 남학생이 대학 1학년부터 대학원 시절까지 줄곧 친
한 친구로 지냈고, 프로젝트와 실험 등을 밤새워 공동으로 해 왔던

사이였음은 읽히지 않는다. 아니 무엇보다 그 자리가 가해 남학생의 가해 사실의 진위를 가리는 자리이지, 피해 여학생의 행실을 따지는 자리가 아님을 몇 번이고 상기시켜도 그와 같은 발언은 남교수는 물론 여교수에 의해서도 계속된다. 성폭력 피해 여성의 옷차림, 말투, 음주 여부 등의 행실을 문제 삼으며 그녀가 성폭력을 자초했다고 보는 데에는 여교수와 남교수가 따로 없다.* 이런 교수들에게 동성 간의 성폭력은 이해 불가의 영역이다. "여자끼리 어떻게 성폭력을 저지릅니까?", "남자가 어떻게 성폭력을 당합니까. 말도 안 됩니다.", "학교가 동성 간의 문제도 다뤄야 합니까?"라고 말하는 이 '전문가 지식인'들에게는 소수자에 대한 권력, 착취, 억압, 타자화가 체화되어 있다. 그러므로 이들이 발휘하는 반여성주의 리더십은 남녀공학 대학교의 일상을 민주적으로 구성해 내지 못한다. 그 자리에 여자 교수가 있건 남자 교수가 있건 큰 차이는 없다.

언급했듯이 리더십에 대한 성별 구분이 무의미하고, '똑똑한' 여대생들이 여성주의적 가치를 받아들이지 않는다는 가정은 다음과 같은 질문을 만들어 낸다. 기존의 리더들과 차이가 없음에도 여

★ CNN 제작 유튜브 영상 'Hunting Ground' 참조. 이 다큐멘터리에 따르면 미국 여대생 다섯 명 중 한 명이 대학에서 성폭력을 당하지만 대학 당국(총장, 이사회, 성평등 센터 등)은 무관심과 무책임으로 일관한다. 가해자의 99퍼센트 이상은 학교에 계속 다니고, 피해자는 자살하거나 학교를 떠나는 현실에 아무도 개입하지 않는다. 관련 업무를 책임지는 임원이나 교수, 총장이 여성일 경우도 마찬가지다. 한국 대학교의 상황과 매우 흡사한데, 그 때문에 양쪽 사회에서 여대생들에 대한 성폭력 대책은 가해자에게 적용되는 것이 아니라 피해자의 음주가무, 짧은 치마 등 노출 의상, 야간 외출 등을 단속하는 방향으로 나아간다. 마치 성폭력이 '술 취한, 미니스커트 입은 여성에게, 밤에만' 저질러지는 범죄인 양 하는 것이다.

성주의자는 여성이 리더가 되어야 한다고 생각하는가? 여성주의 리더십을 실천하지 않는다는 관점에서 여성 리더와 남성 리더의 차이가 없어도, 여성 리더들도 역시 억압·착취·타자화 등의 문제를 비판하기보다 기득권의 성과와 성취를 위해 일한다 해도, 여전히 여성주의자는 고위직 여성할당제를 주장해야 하는가? 어떤 맥락에서든 리더가 될 가능성이 충분한 엘리트 여성들이 여성주의적 가치 실현을 주도하지 않는다면 무엇 때문에 여성주의자들은 온갖 비난과 공격에도 불구하고 여성할당제 등의 다양한 성평등 정책을 주장해 왔고 지금도 그렇게 하는가? 그러므로 "여성주의 리더가 아니라면 왜 '굳이' 여성 리더인가?"라는 질문은 답해져야 한다.

4. 경험이 만들어 준 지성, 성찰, 그리고 실천의 힘

미국의 45대 대통령 선거를 위한 각 당의 경선 유세가 한창이었던 2015년 가을, 나는 마침 미국에 머무르며 뉴스와 시사 프로그램을 통해 그 과정을 접할 수 있었다. 공화당의 부동산 부자 도널드 트럼프 후보는 유색인종, 여성, 이민자, 이슬람 교인들과 시리아 난민, LGBT, 장애인 등에 대한 차별적 발언에도 불구하고 공화당의 대선 후보로 결정되더니 마침내는 대통령이 되었다. '미국판 (민주주의가 아닌) 자유주의'의 민낯이다. 소수자에 대한 차별적이고 혐오적이며, 반여성주의적 발언*을 연일 해 대는 그에 대한 식지 않는 인기를 보며 미국인들도 "무섭다"고 말했다. 힐러리 클린턴과 경선을 치른 민주당 후보 버니 샌더스가 본인을 사회주의자로 소개하며 덴마크 같은 사회를 지향한다고 한 발언이 미국의 중산층에게 위험한 '좌빨'로 인식되는 것을 보면서 미국이 시장의 완전한 자유를 신뢰하고 신봉하는 '고삐 풀린' 사회임을 실감했다.

비록 대통령으로 당선되지는 못하였지만 당시 민주당의 가장 유력한 후보자 힐러리 클린턴과 그녀가 내놓은 가난한 여성들(싱글맘, 이주 여성 등)을 위한 분명하고도 구체적인 공약들과 그런 그녀에 대한 열렬한 지지를 보면서, 그녀가 페미니스트인지 아닌지를 논하기 전에, 미국 사회의 여전한 힘의 근원을 알 것도 같았다. 그녀를 지지하는 많은 사람들은 그녀가 여성이 아니었다면 경선 초반부터 주도권을 잡았을 것이고, 한국에서도 익히 알려진 이메일 사건 등 '중요하지 않은'** 사건들로 꼬투리 잡히지 않았을 것이라고 말한다.

★　　프랑스 파리에서 벌어진 테러 사건 직후 트럼프는 이민자에 대한 반감을 더욱 노골적으로 드러내더니 마침내, 대통령이 된다면 멕시코와 미국 국경에 높은 담을 쌓아 멕시코로부터의 불법 이민자들을 막을 것이라고 말했다. 멕시코 불법 이민자들이 미국인들로부터의 직업을 빼앗고, 건강보험 등 다양한 복지 혜택을 가져갔기 때문에 미국인의 복지와 경제가 나빠졌다는 것이다. 이와 같은 그의 발언은 멕시코 사람들에 대한 차별인 동시에, 오늘의 미국인(이민자들로 구성되었음은 물론이다)들이 누리는 경제적 풍요로움이 아프리칸 노예는 물론 멕시코를 비롯한 남미, 아시아에서 온 (미)등록 이주자들의 값싼 노동력 덕분임을 망각한 반여성주의적인 것이다. 미국이 영어만을 사용하는 나라라는 그의 발언 역시도 미국 내 값싼 노동력은 물론 법·문화예술·의학·교육 등의 분야에서 미국을 이끌어가는 전문가들의 다양한 문화·인종·언어적 배경에 대한 무지의 결과이자 반여성주의적 시각에서 비롯된 것이다.
★★　버니 샌더스 후보는 민주당 경선 대회에서 클린턴에 대한 이메일 관련 공격성 질문이 나오자 "빌어먹을 이메일 얘기는 그만하고 정책에 대해서 말하자."라고 소리를 질렀다. 많은 사람들로부터 갈채를 받은 이 발언은 그만큼 힐러리 클린턴의 이메일 사건이 중요하지 않은 일이었음을 방증한다.

그럼에도 여성주의적 공약과 그것을 다만 구호가 아니라 실천으로 완성해 낼 실력 있는 여성 정치가가 있다는 것은 부러움의 대상이 아닐 수 없다.

힐러리 클린턴은 남성과 같은 직종에서 동등한 급여를 받기 위해 미국 여성들이 두 시간이나 더 일해야 하는 불평등한 현실을 직시했다. 자신이 대통령이 된다면 분명 '중소기업 대통령'이라 불릴 것이라며, 특히 여성과 소수자가 운영하는 작은 기업을 '배려' 아닌 '정의'의 이름으로 지원할 것이라고 말했다. LGBT, 유색인종, 이민자, 스러지는 미국 중산층, 의료보험, 그리고 미국 국민들의 총기 소지 등의 현안에 대해서도 보수주의자들과는 확연히 다른 입장을 견지했다. 프랑스 파리에서 벌어진 IS 테러 후, 힐러리는 다른 후보들이 따를 수 없는 외교 경험에 기대어 언론사들이 묻는 향후 전략에 대해서 이슬람과 테러리스트는 무관하다는 말*을 시작으로 당시 오바마 대통령의 대외 정책**과 미군 파견에 대해 자신의 의견을 피력했다. 환경·교육·계층·문화 등의 문제에 대해서도, 대외적으로는 논쟁적이지만, 적어도 미국 안에서 힐러리 클린턴은 자타가 인정하는 페미니스트이다.

'여성인 데다가' 공화당과 뚜렷이 구별되는 위와 같은 '진보적인' 공약들을 내놓는 힐러리 클린턴은 보수적인 미국 사회에서 선

---

*　미국 보수 언론과 보수주의자들에게 이슬람교와 테러리스트는 동의어이다. 어떤 보수적인 정치 평론가는 힐러리 클린턴의 이와 같은 발언이 미국을 테러로 위태롭게 한다고 비난한다.

**　보수 언론들은 오바마 대통령을 '이슬람의 형제'로 불렀다.

뜻 받아들여지지 않는 듯 보였다. 정치 평론가들은 언급한 사항들을 놓고 클린턴*** 후보자가 모험을 하는 것이라고 했는데, 그녀의 공약에 대한 여성을 포함한 수많은 보수주의자들의 반대를 두고 하는 말이었다. 내가 보기에도 그녀의 '너무' 선명한 입장이 선거에서 불리한 결과를 낳지 않을까 걱정스러울 정도였다. 그럼에도 그녀는 거칠 것 없이 여성과 아동, 이민자, 경제적 약자 등을 포함한 소수자에 대한 공약을 이어갔다.

클린턴 후보의 대학 1년 후배이자 그녀와 같은 기숙사에서 생활했다는 변호사 셰리 브로더Sherry Broder는**** 비록 대통령으로 당선되지는 않았지만 "언젠가 힐러리는 대통령이 될 거라고 그때 당시 기숙사의 모두가 말했다."라고 자랑스러워하며 말했다. 클린턴 후보는 1960년대 후반 당시 미국에서 불고 있었던 페미니즘 운동의 세례를 흠뻑 받았고 실천하려 했으며, 그 덕분에 교내외에서 영웅으로 통했을 만큼, 정계에 입문하기 전 이미 다양한 정치적 활동 경력을 쌓아 가고 있었다고 한다. 대통령 선거 캠페인 홍보물에서 자신의 할머니를 '공장 근로자'로 소개하는 그녀는 연설마다 구체적인 예시를 통해 미국 사회의 계층, 인종, 젠더 등 사회문제 전반에 대해 두루두루 '밑바닥'까지 소상히 알고 있음을 증명했다. 연예 토크

*** 한국 언론에서는 그녀의 남편 빌 클린턴을 클린턴으로 호명했으면서도 그녀에 대해서만큼은 클린턴이 아닌 힐러리라고 부르는 남성 중심적 관행을 유지했었다. 그런데 미국에서도 이 문제가 거론되었을 만큼 여성은 유력한 대통령 후보자라기보다도 차별의 대상이 된다.
**** 전미여성변호사협회 회장. 그녀는 하와이대학교 로스쿨 겸임 교수이기도 한데, 사석에서 만날 기회가 있어 힐러리 클린턴에 관해 질문하였다.

쇼에서는 "나와 내 주변 사람들은 사실 당신을 별로 좋아하지 않거든요……"라는 사회자의 도발적인 발언에 느긋하게 웃으며 화해의 악수를 청하는 듯하더니 "그런데 그거 알아요? 그런 감정은 상호적이라는 거……"라고 말해 관객과 시청자들을 웃게 했다. 얌전하거나 우아한 척하거나 겸손해 보이려 하는 대신, 시원스럽고 능수능란하게 할 말 다하며 여전히 지지받는 클린턴 후보를 보며 '여성 대통령 시대'는 한국이 먼저 열었건만, 사회의 전반을 두루 경험하고 거기서 '만들어진' 활달한 여성 페미니스트 리더는 정작 미국에서 나왔다는 사실이 부러웠다. 이것은 한국 등 아시아의 여성 지도자들의 경우처럼 아버지 혹은, 남편을 후광[12]으로 포퓰리즘에 근거해서 지도자가 '등장'한 것과는 달리, 경험으로부터 지식을 체화한 지도자가 '만들어지고' 있음을 의미하는 것이기 때문에 그렇다.

영국의 마거릿 대처나 독일의 앙겔라 메르켈 등 서구의 여성 지도자들이 언제나 페미니스트였던 것은 아니다. 그렇지만 그들이 오랜 기간 다양한 경험을 거쳐 만들어진, 노련하고 성숙한 지도자라는 점은 우리에게 많은 시사점을 준다.* 특히 메르켈의 경우, 일본의 후쿠시마 원자력발전소 재앙 이후 독일 내 원자력발전소 설립 계획을 전면 중단한다고 발표해 한국의 시민단체와 여성주의자들은 물론 세계의 존경을 받았다. 자유독일청년회 활동(공산당), 동독

---

* 당시 공화당의 여성 경선 후보자 칼리 피오리나Carly Fiorina는 다국적 기업 CEO 출신으로서, 도널드 트럼프와 마찬가지로 '갑자기' 경선에 출마했다는 점에서 정치적 관점에서 볼 때 만들어진 리더라고는 할 수 없다.

페미니즘, 리더십을 디자인하다

시절 국가보안부로부터의 협력 제안 거절, 정적을 장관으로 임명하고 야당과 연정하는 등, 늘 청렴성의 잣대를 피해 가거나 정적에 대한 포용 수준이 바닥인 한국 정치인들에게서는 상상하지 못할 그녀의 경력과 결정이 놀랍다. 유럽에서도 마찬가지이지만 한국에서는 메르켈의 리더십을 더욱 그녀의 성별과 관련하여 논하는 경향이 있지만, 여성주의자로서 이 사실이 반갑지만은 않다. 성공적인 리더의 성별이 문제된다면 실패하는 여성 리더에게도 그녀의 성별은 문제될 수 있기 때문이다.

페미니스트에게 한국의 대통령이 여성이냐 남성이냐는 중요하지 않다. '여성 대통령의 시대'를 연 대통령이 그녀의 계층적, 경험적 한계로 한국을 여성주의적 가치로 변혁하지 못했음을 경험했기 때문이다. 메르켈은 시리아 난민 수용을 결정하였지만 영국의 대처가 같은 시대의 지도자였다면 정반대의 결정을 내렸을 것이다. 그러므로 여성주의 리더십에 대한 실천 의지와 능력은 성별과 무관하다. 성별보다 중요한 것은 리더는 '만들어지는' 것이며, 그 과정에서 그/녀는 자신의 계층적 조건과 상관없이 사회의 '아래부터 위까지'를 두루 경험하며, 사회의 위쪽이 아래쪽에 대한 억압, 착취, 타자화를 기반으로 이루어진 사실에 대해, 그것이 가리고 있는 어떤 진실에 대해 드러낸다는 것이다. 구성원들이 합의하는 방식의 '정의'로 공동체를, 사회를 변화시켜 나갈 때, 성별과 무관한 여성주의 리더십이 구성되는 것이다.

5. 여성주의 리더십을 위한 지금, 여기서, '나'의 일상은

"구성원들 다수가 합의한 어떤 목표를 이루게 하는 능력"을 리더십이라고 정의하고, 이것을 구현하는 사람을 리더라고 했을 때, 대학생들이 상상하는 리더와 리더십은 적어도 "나는 아니다"가 아닐까. 왜냐하면 이 정의 자체가 어떤 기업이나 조직의 대표를 전제하는 것 같기 때문이다. 거기에 더해 '집중된 권력의 해체와 균열', '기득권의 현재적 조건이 소수자에 대한 억압, 착취, 타자화로 구성되어 왔음을 드러내는 과정'으로 정의되는 여성주의 리더십은, 여성주의에 동의하는지의 여부를 떠나 20대인 '나'의 역량과는 동떨어진 개념으로 느껴지기 때문이다.

다양한 영역에서의 이분법적 구획[*]을 재구성하려는 여성주의자는 공/사 이분법 역시도 사적 영역(가정, 가족)의 여성이 공적 영역(회사, 사회, 학교)의 남편과 자녀의 성취에 희생하는 것을 '자연화'하고, 사적 영역을 공적 영역보다 덜 중요하다고 믿게 해 왔음을 비판했다. 그리고 공/사의 구분이 명확하지도 않으며, 공이 사보다 더 중요한 것도, 그 역도 아님을 강조해 왔다.^{**} 이러한 맥락에서 여성주의는 고학력 여성들이 반드시 기업이나 다른 사회 조직에서 일하

---

[*]　서양/동양, 남성/여성, 자본가/노동자, 이성애/동성애, 공적/사적 등 근대의 이분법은 자연스러운 것이 아니라 복잡한 세계에 대한 극심한 단순화(예컨대, 이성애와 동성애라는 이분법 사이에는 수많은 성적 지향과 정체성이 있으며, 그것은 서양과 동양, 남성과 여성이라는 이분법에도 마찬가지이다)를 통해 인위적으로 만들어진 것이다. 이러한 이분법은 앞서 설명했듯이 후자에 대한 전자의 착취, 억압, 타자화를 통해 전자가 구성되었음을 감추고 있다.

며 경제적 수입을 올려야 한다고 말하지 않는다. 어느 공간이 되었든 여성주의 리더십은 실천될 수 있다고 보기 때문이다. 예컨대, 조주은의 《기획된 가족》에서 인용된 여성들처럼 대기업의 중견 사원이나 임원이 되어 고소득을 올리고, 집과 회사를 오가며 초능력을 발휘하는 것이 여성주의가 지향하는 가치는 아닐 것이다. 그보다 자신이 위치한 곳이 어디든, 그곳이 혼자 운영하는 카페이든, 5인 이하의 영세 조직이든, 월 100만 원 이하의 수입만 보장하는 곳이든, 파트너와 둘이서 사는 공간이든, 대학 내 동아리든 상관없이 여성주의가 지향하는 가치에 대해 논의하고, 그러한 가치에 부합하는 실천은 무엇일지에 대해 토의할 수 있으면 그것으로 여성주의 리더십에 대한 준비는 족하다. 그러한 토의에 한계를 느낄 때, 구성원들과 함께 여성주의 강의를 수강하거나 책을 읽고 토론하면서 책과 강의의 내용을 함께 실천해 '나아가는 과정'을 주도하고 겪어 낸다면 여성주의 리더로서의 훈련은 완벽하다.

여성주의 리더십을 발휘하는 선배는 후배와 어떤 관계를 맺을까. 그런 선배들이 이끄는 동아리는 어떤 모습일까. 여성주의적으로 하는 연애는 무엇으로 구성되는가. 연애하는 상대와 평등을 추구한다는 것은 어떤 실천을 요구하는가. 여성주의 리더십을 발휘하

** 예컨대, 회사원들이 학연을 중심으로 만드는 네트워크는 공적인가 사적인가. 학연 안에서 업무를 보다 효율적이고 친밀하게 추진한다는 의미에서는 공적이라고 할 수도 있지만, 그 안에서 '형', '동생'이라는 사적 관계를 맺고, 그것을 토대로 승진 등에서 이득을 주고받는다면 사적이라고 할 수도 있다. 사실 어디까지가 공이고 어디까지 사인지 구분하기 어렵고, 어떤 것이 더/덜 중요한지도 역시 분간하기 어렵다.

는 기자는 '세월호 사건'에 대해 누구의 관점에서 기사를 작성할까. 여성주의 교사는 학생들과 어떻게 만나며 어떤 학생들에게 더욱 관심을 가질까. 여성주의 감독·PD·작가·배우·가수·작곡가·작사가·화가·무용수는 자신의 영역에서 어떤 주제를 중심으로 활동하며, 여성주의 리더십을 발휘하는 운동선수는 승리/패배 후의 인터뷰에서 어떤 말을 할까. 여성주의 리더십을 발휘하는 전업 주부라면 '매니징 맘'과 거리를 두며 자녀의 문제 이외에도 다양한 사회적 이슈에 관심을 갖지 않을까. 여성주의를 실천하는 식당과 카페 주인은 어떤 메뉴를 만들고 손님들과는 어떤 관계를 맺을까. 여성주의 리더십을 지닌 택시 기사·알바생·편의점 주인·미장원 원장·회사원·학원 강사…… 이들은 또 어떨까.

고인이 된 김영삼 대통령이 첫 민선 대통령으로서 임명한 최초의 여성 고위 공무원 A씨는 남성 대다수의 조직에서 일하는 여성들을 '이민자'에 비유하였다. 그리고 이민자들의 생존 전략이 '피땀 흘려' 일하는 것이듯, 여성들도 그래야 한다고 말했다.[13]

> 이민 간 사람들이 그곳 사람들만큼만 일하고 거기 사람들처럼 잘살기 바라는 것은 (…) 그게 말이 안 되죠. 여자 직원들이 왜 우리는 남자보다 더 많이 일을 해야 하느냐고 따지면서 남자들만큼 올라가길 바란다면 그건 지금 상황에 맞지 않아요. (고위직 공무원 A씨)

1990년대 말 한국의 상황에서 A씨의 전략은 적절한 것으로 또한 학습해야 할 전략으로 평가되기도 했다. '이주민으로 받아들여진 것만 해도 어딘데……'라고 생각했기 때문이었다. 그러나 2015년 미국 대통령 선거의 후보 경선에 나선 힐러리 클린턴은 바로 그 문제를 바로잡겠다고 공약했다. 그녀의 공약은 한국에서 노동과 여성의 현실에도 적용되어야 한다. 노동에서 한국인·비장애인·이성애자·기혼·자본가·남성 중심성은 1990년대 말, A씨의 말처럼, 여성들이 성취해야 할 과제였다. 그러나 이제는 균열을 가해야 할 대상으로 인식되었고, 거기에는 여성주의 이론과 실천이 기여한 바가 크다. 여성주의는 구성원들에게, 특히 '한때' 이주민으로 취급받던 여성들에게는 절실한 사유 체계이자 실천이다. 자신이 자본가의 2·3세가 아니라면, 혹은 가장 중요한 스펙 '남성'을 갖고 있지 않다면, 여성주의 사유 체계를 배우고 실천하는 연습을 해야 하지 않을까. 그렇지 않으면 조주은의 책에 등장하는 '똑똑한' 여성들처럼 회사와 집 안팎으로 뛰고도 여전히 남편과 아이들에게 미안함과 죄책감을 가져야 하는 '온전히' 불평등한 상황에 놓이는, '무늬'만 해방인 자유주의자가 될 것이기 때문이다. 그들은 결국 자신은 물론 다른 소수자나 여성들의 삶의 질을 개선하지 못함으로써 사회의 민주적 가치 실현에 기여하지 않는다. 그러므로 그들은 리더가 아니다. 그래도 스펙 좋은, '똑똑한' 범생이고만 싶은가?

FEMINISM

3장

LEADERSHIP

DESIGN

여성/여성주의 리더십: 권력을 다시 생각하다

이상화

이화여자대학교 철학과 명예교수. 이화여자대학교 영어영문학과를 졸업하고
동 대학원 기독교학과에서 종교철학으로 석사, 독일 튀빙겐대학교에서 마기스터 학위와
박사 학위를 받았다. 이화여자대학교 철학과 교수로 재직하면서 이화여자대학교
한국여성연구원 원장, 한국여성철학회 회장, 한국여성학회 회장을 역임하였다.
지은 책으로는 《지구화 시대의 현장 여성주의》(공저) , 《지구화시대의 여성주의 대안
가치》(공저) 등이 있고, 주요 논문으로는 〈여성주의 인식론에 대한 비판적 성찰〉,
〈페미니즘과 차이의 정치학〉, 〈철학에서의 페미니즘 수용과 그에 따른 철학 체계의
변화〉 등이 있다.

사회 각 부분에서 더 많은 여성들이 리더가 되어야 하며 '여성 리더십' 개발을 위한 다면적인 교육 내용과 교육 방법을 보다 다양하고 심층적으로 연구 및 기획할 필요가 있다는 인식과 공감이 점점 더 확산되고 있다. 우리 사회뿐 아니라 세계 어디라도 남성들과 평등하게 여성들이 리더십을 개발하고 발휘할 수 있는 사회·문화적 조건들을 다 충족하는 곳은 없다고 말해도 과언은 아닐 것이다. 바로 그러한 이유 때문에 '여성 리더/십'에 대한 논의는 '여성주의 리더/십'과 함께 논의되어야 할 것이다.* 그런데 '여성주의적 리더십'이라는 개념은 아직은 많은 사람들의 공감을 얻기보다는 오히려 "'리더십'에 '여성주의'라는 수식어를 붙여야 할 이유나 필요가 무엇인가?"라는 물음부터 '여성주의'와 '리더십'이 양립 가능한 개념인지에 대한 근본적인 회의에 이르기까지 여러 가지 의구심을 불러일으킨다.

---

* 지난 수십 년 동안 여성 리더의 수가 증가했다고 해도, 아직도 공적 영역에서 주도권이나 높은 위치는 대부분 남성들이 차지하고 있다. 따라서 여성 리더십 개발을 논하기 위해 리더가 될 수 있는 기회와 조건을 여성들이 남성과 평등하게 가지고 있는가? 하는 물음에서 출발해야 할 것이다. 기존에 있는 성별 불평등에 대한 여성주의적 비판적 관점/입장이 없는 '여성' 리더/십은 '예외적인 여성' 혹은 '명예 남성'의 리더십에 지나지 않게 되기 때문이다.

우리 사회에서 리더십에 대한 논의 대부분은 작은 조직 혹은 집단에서부터 거대한 사회 전체 구조에 이르기까지, 위계적이며 수직적인 관계를 전제한다고 볼 수 있다. 권력의 배분이 불평등한 위계적 관계나 그러한 조직에서 리더가 된다는 것은 현실적으로 권위주의, 엘리트주의, 경쟁 원리라는 기존 사회 원칙을 수용해야만 하는 경우가 대부분이라 할 수 있다. 이러한 이유로 일부 여성주의자들은 '리더십' 자체를 '반여성주의적antifeminist'인 것으로 간주하기도 한다. 이러한 반감은 '이끌어 가는 사람' 혹은 '이끌어 가는 능력'이라는 의미의 리더 혹은 리더십이라는 용어가 '남성적' 혹은 '남성 중심적' 사고의 산물이며 오직 남성적인 가치일 뿐이기 때문에 '여성주의적'이라는 말과 '리더십'이라는 말이 양립할 수 없다는 회의적 시각에서 기인한다. 나는 여성 리더십에 대한 논의가 여성주의 전체 프로젝트의 복합적인 지형 속에 맥락화하는 방식으로 다원적이고 개방적인 논의가 되어야 한다고 생각한다.

　　리더십을 지배와 동일시하는 전통적 이해를 그대로 수용하면서 리더십 자체를 여성주의 의제에서 배제하는 '교조주의적 단순화'는 리더십과 권력을 남성들의 전유물로 간주하는 통념을 수긍하거나 방치하게 되는 결과를 가져올 수 있다. 예컨대 권력에 관심을 갖거나 권력을 추구하는 일이 '보통 여성'이 아닌 '일부 소수 여성들'에게만 아주 예외적으로 해당된다고 보는 사회적 통념을 들수 있다. 이러한 사회적 통념은 안 그래도 수적으로 얼마 되지 않는 소수의 '여성 지도자'들마저도 '명예 남성'이 되어 버리게 만드는 남성 지배 권력의 효과적인 기제라고 볼 수 있다. 이러한 통념은 '권력은 여성들의 영역 밖에 존재하는 것이기 때문에 여성은 본질적으로 권력에 대한 동기가 약하다. 권력에 대한 관심 결여로 인해 여성은 권력을 추구하는 노력이나 획득의 전략이 남성에 비해 열등하며 권력 행사에 있어 기술이 미숙할 수밖에 없다'는 선입견과 편견을 당연한 것으로 받아들이는 사회 분위기를 형성하고, 그러한 분위기를 기반으로 사회적 권력이 분배되고 조직되는 악순환이 되풀이된다. 잘 알려져 있는 것처럼 이러한 선입견은 권력 추구에 대해 동기화가 잘 되지 않도록 여성들을 만들어 온 실질적 원인이며, 사회적인 각종 원인을 검토하지 않은 채 여성들의 삶과 활동을 이른바 사적 영역에 한정하는 '성별 분업의 이데올로기'를 정당화하기 위한 논거가 되어 왔다.

여성주의의 역사는 평등권을 위한 투쟁, 주류화mainstreaming와 세력화empowerment, 저항 문화 형성, 해방적 담론의 정치학, 네트워킹 등과 같은 다양한 여성주의 정치학의 전략과 방법을 통해 남성들이 부당하게 독점하고 전유한 권력에 저항했던 도전과 극복의 역사이다. 그러므로 더욱 적극적·능동적으로 기존의 남성 중심적 권력관계에 개입하여 여성주의적 권력을 행사할 수 있도록 그 기회와 조건들을 증대하는 것 역시 여성주의 실천과 이론의 주요 과제이다. 여성주의의 정치학은 단지 도덕적인 호소에만 의존할 수 없으며, '권력과 도덕'이 만나는 지점으로 이해되어야 한다. 여성주의적 목표를 실현하기 위해서는 권력 기반을 마련해야 하고, 연대와 연합 그리고 네트워킹을 통해 현실적 사회 변화를 추동케 하는 세력화를 이루어 내야 하기 때문이다. 리더십에 대한 여성주의적 접근은 권력이 여성주의 이론과 실천에 매우 중요한 주제일 뿐 아니라, 여성주의 자체가 '변화시키는 권력'이 되어야 한다는 입장에서 출발한다. "여성주의적 리더십이 과연 가능한가?"라는 물음에 대한 긍정적인 답변은 여성이 리더십을 개발할 필요와 정당성에 대한 이론적 근거가 무엇인가를 검토해 보는 과정에서, 여성의 리더십이 여성주의 정치학에 어떠한 기여를 할 수 있는가를 명료히 할 때에 비로소 가능할 것이다.

'여성주의적 리더십'에 대한 회의와 거부감은 기존의 권력 개념에 대한 부정적 관념과 직접적으로 연결되어 있기 때문에, 리더십과 여성주의와의 관계를 권력이라는 주제를 축으로 논의해 보아야 한다. 이 글에서는 우선 권력 개념을 여성주의적으로 재개념화하는 작업을 시도할 것이고 그것을 기반으로 여성주의적 리더십의 가능성에 대해 논의할 것이다. 이러한 논의의 목표는 권력 개념에 대한 기존의 남성 중심적인 지배적 통념을 여성주의적으로 전복하고, 새로운 여성주의적 권력 개념으로 리더십을 이해해야 하는 근거가 무엇인지를 분명히 하고, 여성 리더십의 개발과 확장이 여성주의 정치학의 실천에 중요한 역할을 담당할 수 있다는 주장의 논거를 제시하는 것이다.

1. 여성주의란 무엇인가?

여성주의는 단일한 개념틀이나 분석틀을 가진 이론 체계도 아니고, 여성들이 동일한 문제를 겪고 있다고 전제하고 그 문제를 동일한 전략과 행동으로 해결하고자 하는 단일한 실천의 체계도 아니다. 여성주의는 여성운동의 실천의 역사에서부터 자라 나왔고, 발전 변화해 왔다. 여성주의는 여성운동의 역사 속에서 등장한 다수의 이론과 다양한 재개념화 시도들을 포괄하는 개념이며 실제로 다수·복수의 여성주의들이 존재한다.

그럼에도 다수의 차이 나는 '여성주의들feminisms'이 '여성주의feminism'라는 공통의 우산 개념 아래로 범주화 되는 이유는 그 입장과 맥락이 상이하고 다양함에도 함께 공유하는 전제가 있기 때문이다. 그러한 전제에 따라 이 글에서는 여성주의를 다음과 같이 정의한다.

첫째, 여성주의라고 명명되는 모든 이론과 실천은 그 다양성과 다수성에도 불구하고 '여성의 개인적인 삶이나 사회적인 삶에 작동하는 모든 종류의 성차별적 억압으로부터 여성이 해방되어야 함'을 지향한다.[*]

둘째, 여성주의는 사회 비판적 이론이며 실천이다.[**] 사회 비판 이론은 단순히 기존 질서를 분석하고 진단하는 비판만 하지 않는다. 사회 비판 이론은, 비판뿐만 아니라 새로운 질서에 대한 비전과 실현 방안을 제시한다. 사회 비판으로서 여성주의는 당연히 비판의 규범적인 기준을 가지고 있으며 실천적 차원에서 새로운 질서에 대한 비전을 실현하고자 하는 다수의 노력과 투쟁을 포괄한다.

"여성주의란 무엇인가?" 하는 물음은 그 물음을 제기하는 출발점부터 여성들 간의 차이와 다양성을 염두에 두고 물어져야 하며, 그 물음이 있는 현장의 시공간적 특수성과 보편성을 동시에 고려해서 답변되어야 한다. 여성주의적 이론과 실천을 포괄하는 이름으로 정의되는 여성주의는 그 다수성과 다양성을 전제하면서도 이를 넘어서는 공동·공통의 지향을 함의하는 최소한의 정의라 할 수 있다. 이러한 최소한의 정의에서도 사회 비판으로서 여성주의의 목표 설정 즉 "여성은 모든 성차별적 억압으로부터 해방되어야 한다."라는 주장에는 "억압은 존재하며, 억압을 당하는 사람들은 여

★ 여성주의를 '억압으로부터의 해방'이라고 규정하는 것에 대해 비판적 시각도 있다. 예컨대 벨 훅스는 "현대 여성주의 사상의 중심적 교의는 '모든 여성은 억압을 당하고 있다'라는 주장이었다. (…) 지배의 체제로서 성차별주의는 제도화되어 있다. 그러나 결코 성차별주의가 이 사회에서 모든 여성의 운명을 절대 방식으로 결정해 온 적은 없었다. (…) 많은 여성들은 이 사회에서 선택권을 가질 수 있었다. 그러므로 착취와 차별이라는 단어가 미국 여성들의 운명을 보다 더 정확하게 기술하는 단어이다."라고 주장한다. 이러한 벨 훅스의 주장은 백인, 부르주아 여성들이 주류가 되는 여성주의를 비판하는 맥락에서 나온 것이다(Bell Hooks, *Feminist Theory: From Margin to Center*, Boston; South End, 1984. 5쪽). 그러나 이 글에는 의미하는 '억압'이라는 말은 다양한 의미를 가진 개념이다. 이를 "착취, 주변화, 무력함, 문화적 제국주의, 폭력"을 포함하는 말로 포괄적으로 재정의한 아이리스 영의 개념을 수용하여 사용하고자 한다(Iris Young, *Justice and the Poltics od Different*, Princeton University Press, Princeton, new York, 1990. 39-63쪽 참조).

★★ 비판적 사회 이론은 '설명적 차원'과 '해석적 차원' 이 두 가지를 과제로 가지고 있다. '설명적 차원'이란 사회 기본 구조의 모순을 분석하고 그 원인을 해명하는 '설명적 기능'을 말한다. 비판 이론은 기존 관계의 모순으로 생겨나는 위기를 진단하고 비판하는 것이다. 또한 비판적 사회 이론은 그러한 위기를 초래한 사회적 모순에 대한 저항하면서 새로운 사회질서의 가능성과 잠재력을 '해석'하는 기능을 갖는다. 이런 측면이 비판적 사회 이론의 '해석적 차원'이다. 이 논문에서 여성주의를 '사회 비판'으로 정의하고자 하는 것은 여성주의 역시 이 두 차원을 포괄하고 있다는 의미이다.

성들이며, 그 억압은 필연적인 것이 아니라 역사적인 것으로, 그렇기 때문에 억압으로부터 해방은 가능하다."라는 의미가 함축되어 있다. 동시에 "억압은 도덕적으로 옳지 않으며, 사회적으로 정의롭지 않다."라는 규범적 명제도 포함되어 있음은 물론이다.

어떠한 이론이나 실천activism이 '여성주의적'이라 함은 여성 억압의 존재에 대한 인식·인정과 그에 대한 저항의 필요성과 당위성에 대한 신념을 공유한다는 것이고, 그러한 실천에 참여함을 의미한다.

사회적 구성물로서의 성별gender에 따른 억압의 양태와 방식이 다양하며 복합적이라는 사실에서 여성들 사이의 다름/차이의 문제는 섬세하게 다루어져야 한다. 동시에 여성주의자들 사이의 정체성/동일성의 문제는 여성을 보편적인 주체나 대상으로 상정하기 때문에 나오는 것이 아니라 왜 무엇을 위하여 여성들이 억압에 저항해야 하는가 하는 물음에서 나오는 것이다. 여성주의자들이 억압에 저항한다면 여성주의적 입장은 자유, 평등, 정의, 자기 결정권과 같은 가치 이념들을 승인하고 있는 것이다.

이러한 가치 이념들이 모든 사람이 억압과 종속 없이 자기 삶의 주인이 되기 위한 필요조건이라고 입장을 정하는 것은 초역사적인 정언명령이 아니라 하나의 선택이며 결단이라고 할 수 있다. 이러한 입장 정함이 선행되어야만 우리는 억압에 저항하는 일체의 실천에 규범적 기준을 제시할 수 있다. 이러한 가치를 공유할 때 비로소 우리들 각자의 구체적인 삶의 상황과 조건이 다름에도 불구하고 조야한 주관주의나 원자적 개인주의를 넘어설 수 있는 역동적인 정체성/같음identity을 찾을 수 있다.

이러한 가치 지향적 같음을 여성주의적 당파성이라고 명명할 수 있다. 여성, 여성주의자들이 각자가 서 있는 자리standpoints가 서로 다르고 다양하다고 할지라도, 사물과 사태를 바라보는 자리viewpoint가 상이하다 할지라도, 각자 서서 바라보는 자리로부터 같은 방향을 함께 바라볼 수 있는 지평horizon이 여성주의적 관점feminist perspectives이라 할 수 있다.

2. 여성주의적 관점과 권력

여성주의의 목표는 여성에게 강제되는 모든 종류의 억압을 극복하는 것이며, 그 억압의 모든 원인을 제거하는 일이다. 앞서 주지했듯이 억압이라는 개념에는 윤리적인 차원이 함축되어 있다. 즉 '억압은 도덕적으로 옳지 않다'는 명제는, 현대사회를 살아가는 이라면 누구나 참이라고 긍정할 수밖에 없는 것이다. 그러나 무엇을 억압이라고 할 것인가 하는 문제에서는 상이한 입장 차이가 있을 수 있으며, 또 특정한 상황에서 그것이 억압이라고 만장일치로 동의를 이끌어 내는 것 역시 쉬운 일은 아니다. 억압의 주체가 그것이 억압이 아니라고 주장하며 각종 허위적 이데올로기를 내세우며 도덕적으로 억압을 정당화할 수도 있고, 억압 받는 이들에게 그것이

페미니즘, 리더십을 디자인하다

억압이 아니라고 믿게 만드는 경우도 있다. 또 어떤 것이 억압임을 인지하고 억압받는 상황과 조건으로부터 해방되려는 개인이나 집단이 그것이 옳지 않다고 도덕적인 호소를 하는 지점에서, 억압의 문제는 윤리적 차원에서 정치학의 차원으로 진입하게 된다. 모든 종류의 억압은 도덕의 문제일 뿐 아니라 권력의 문제이기도 한 것이다. 따라서 여성주의 이론과 실천은 '여성주의 정치학'의 성격을 가질 수밖에 없다.

억압과 지배의 원인을 분석하고 도덕적인 문제를 제기하는 것만으로는 여성주의적 기획의 관심사와 목적을 충족할 수 없다. 이론적인 연구와 비판, 도덕적인 문제 제기와 함께 그것을 실제 사회에서 현실화할 수 있는 '권력'을 획득하고 행사할 수 있어야 한다. 여성이 기존의 여성 억압적인 사회에 도전하고 저항하면서 실질적인 변화를 이끌어 내기 위해서는 그것을 가능하게 해 줄 '권력power'을 획득해야 하고, 동원해야 하고, 결집해야 하는 것이다. 이것이 바로 존재론적 본질주의나 보편주의가 안고 있는 위험을 충분히 인지하고 있음에도 우리가 여전히 여성이라는 보편 주체를 상정하며, 여성주의에 기반한 인식론적·윤리적 기준으로 '여성주의적 관점'이라는 개념을 사용하는 이유이다. 여성주의의 정치학은 여성들 간의 차이에도 불구하고 '전략적 정체성'으로서 '여성'이라는 집단적 주체를 상정한다. 여성주의 정치학에서 '여성'이라는 범주는 더 이상 존재론적인 범주를 의미하지 않는다. 그것은 여성주의 정치학이 다양하고 이질적인 여성들 간에 연대성과 연합을 구축할 수 있는 집단적 권력 형성이 가능하도록 하기 위해 전략적으로 상정한 '전략적 범주'로 사용되고 있는 것이다.

3. 여성주의 정치학과 권력 개념의 확장

권력 개념도 역시 다른 개념들과 마찬가지로 그 개념이 사용되는 시대와 사회 질서의 맥락 속에서 이해되고 정의된다. 즉 권력에 대한 개념 정의와 일반적 이해는 그 시대와 사회의 지배적인 패러다임이 무엇인가에 따라 변화해 왔으며, 동시에 그 시대와 사회의 현실을 반영한다. 또 한 사회의 권력에 대한 일반적인 관념이 어떠하든 그러한 권력을 대하는 태도와 가치 매김은 개인과 집단의 가치관과 입장에 따라 매우 상이할 수 있다.

우리는 권력을 '지배권' 혹은 '통제권'과 동의어로 이해해 왔다. 그러한 권력 개념은 위계적인 질서를 강조하는 권력 개념이며 특히 남성 지배적인 가부장적 사회의 전형적인 권력 개념이다. 가치관에 따라 어떤 사람들은 이러한 권력을 추구해야 할 가치나 수단으로 간주하기도 하고, 어떤 사람들은 이러한 권력을 비도덕적이며 부정적인 것으로 간주해 거부하기도 한다. 또 어떤 사람들에게는 그러한 권력이 자연스러운 것이겠지만 어떤 사람들에게는 어울리지 않고 부적절한 것이기도 하다. 여성주의자들은 남성 중심적인 권력 개념을 부정적이며 비도덕적인 것으로 간주하고 거부한다. 앞

페미니즘, 리더십을 디자인하다

서 주지했듯이 그러한 권력 개념은 여성주의적 가치관과 상반되는 부적절한 것이기 때문이다. 그러나 여성이 여성에게 폭압적으로 행사되는 억압과 주변성에 저항하고 근본적인 변화를 추동하기 위해서는 권력을 전면적으로 부정하고 거부하는 것에 그쳐서는 안 된다. 여성주의가 현실에서 힘을 얻어 실제 변혁을 이루어 내기 위해서는 새로운 여성주의적 권력 개념을 정초해야만 한다.

여성주의자들은 권력을 다른 사람을 지배하고 통제하는 능력으로 정의하는 것이 전형적인 남성적 권력 개념이라고 규정한다. 여성주의자들은 다른 사람을 지배하고, 경쟁과 갈등에서 승리하고, 다른 사람 위에서 군림하며 행사하는 권력을 비판하고 거부한다. 이러한 가부장적 패러다임이 지배하는 사회와 문화 속에서 권력은 거의 예외 없이 구조적이고, 위계적이고, 인간의 상호 관계적 측면에서 정의된다. 그러므로 이렇게 정의된 권력을 논의할 때는 갈등·저항·강제·지배·통제와 같은 주제가 되풀이해서 등장한다. 반면 여성주의 학자들의 재개념화 작업에서 권력은 남성적 권력 개념과는 달리 매우 다양한 형태와 내용으로 맥락화 된다. 여성주의적 권력 개념에서 중시하는 권력은 '공유하고 나누는 그 무엇으로 정의되거나 다른 사람의 힘을 고양하는 어떤 것으로 이해된다는 면에서 남성적인 권력 개념과는 구별된다.[1]

전통적인 남성적 권력 개념과 분명히 구별하기 위해서 여성주의적 재개념화 작업에서는 권력의 형태를 좀 더 세분화하고 있다. 여성의 힘 갖추기empowerment, 저항, 여성들의 연대성과 연대 구축에 필요한 모든 종류의 힘과 능력들을 포괄할 수 있는 권력의 형태를 다음과 같이 범주화하고 맥락화한다.

- 지배·통제하는 권력power over: 지배·통제하는 권력은 어떤 사람이나 자원을 통제할 수 있는 권력이다. 일반적으로 조직의 역학 관계 속에서 권력은 지배·통제하는 권력으로 이해되었다. 지배·통제하는 권력은 중앙 집중적이고, 권위주의적이고, 수직적 위계 구조에서 '지배'와 '종속'의 인간관계를 만들어 내는 권력을 의미한다. 지배·통제하는 권력은 일반적으로 남성적 권력 행사의 전형적인 형태로 간주된다. 권력을 지배·통제하는 권력에 국한하여 그 의미를 규정하는 방식은 남성적 정의라고 할 수 있다. 그러나 여성이 여성에게 행사하는 권력도 때로는 지배·통제하는 권력일 수 있기 때문에, 이 권력을 행사하는 행위자가 반드시 남성만은 아니라는 것이 지적된다.

- 능력으로서의 권력power to: 지배·통제하는 권력과는 달리 능력으로서의 권력은 지배가 없는 행동이나 새로운 가능성을 창출하는 생산적 권력이라고 정의된다. 많은 여성주의자들은 지배하고 군림하는 지배·통제하는 권력 대신에, 어떠한 목적이나 목표에 도달하기 위해서 갖추어야 하는 힘과 능력으로 권력을 이해할 것을 제안한다.

- 더불어 하는 권력power with: 공동의 목적과 관심을 가지고 조

페미니즘, 리더십을 디자인하다

직된 사람들이 수반하는 집단적인 권력을 의미한다. 이러한 권력은 전체가 개인의 총합보다 더 중요하며, 집단적인 행동이 개인의 행동보다 더 효과적이라는 인식과 느낌을 생산한다. 개인과 개인적 재능, 개인의 의식과 인식의 변화만으로는 그들의 삶의 영향을 규정하고 영향력을 행사하는 사회적 조건을 변화시킬 수 없다고 할 때, 개인은 개인으로 머물기를 그치고 집단적인 권력을 추구하게 된다.

- 내적 힘으로서 권력power from within: 아이리스 영은 억압의 모습 중 하나로 '무력함'을 들고 있다. 무력함은 '권력이 없음'이라는 객관적인 사실보다도 '가치 없음', '자신감 없음'과 같은 심리적인 것이다. 이러한 무력감·무력함으로부터 벗어나기 위해 자신의 힘과 능력을 승인·긍정·인정하는 힘이 내적 힘으로서 권력이다.

위에 분류한 권력 개념을 여성주의 이론과 실천에 원용한다면, 권력은 맥락에 따라 다음과 같이 다양한 의미로 사용할 수 있다.

첫째, 성차별적 제도와 관념을 기반으로 하는 남성 지배와 여성 종속의 관계에 작동하는 권력(남성이 여성에게 행사하는 지배·통제하는 권력). 둘째, 특권적 여성 집단이나 개인이 다른 여성들에게 행사하는 권력(지배·통제하는 권력). 셋째, 여성들의 개인적 역량 강화, 집단적 힘 갖추기와 세력화를 위한 권력(지배·통제하는 권력*, 능력으로서의 권력, 더불어 하는 권력). 넷째, 여성들 간의 연대 강화와 네트워크 형성, 연합 구축을 위한 권력(더불어 하는 권력, 능력으로서의 권력). 다섯째, 새로운 문화와 사회적 질서·패러다임 창출을 위한 권력(능력으로서의 권력).

위에 열거한 권력 분류는 권력을 지배와 동일시하는 한계를 벗어나게 하고, 권력의 다양한 형태를 포착하게 해 주는 유용한 범주화이다. 그러나 이러한 범주화가 경직되면 다시 권력 개념이 축소되는 문제가 발생한다. 예컨대, 일반적으로 남성적인 권력 개념이라고 여겨져 온 지배·통제하는 권력이 바로 그것이다. 어떤 여성주의 학자들은 여성주의 정치학에서는 지배·통제하는 권력이 반드시 억압적 지배와 동일시되어야만 하는 것은 아니라고 주장한다. 즉 지배·통제하는 권력을 더욱 적극적이고 긍정적인 의미까지 포함하는 광범위한 개념으로 다시 재개념화할 필요성을 제기하는 것이다. 왜냐하면 지배·통제하는 권력에 대한 기존의 부정적인 정의는 인간관계에 국한하여 내려진 것이기 때문이다. 보다 포괄적인 의미에서 지배·통제하는 권력은 억압적이고 강제적인 지배의 의미를 넘어, 맥락에 따라서는 자원이나 의사결정권 그리고 어떠한 사태를 통제할 수 있는 권력을 의미하기도 한다. 여성주의 그 자체가 사회 변화에 결정적인 영향력을 갖는 권력이다. 왜냐하면 여성주의는 성차별적 관행과 기제에 제동을 걸고 통제하는 권력으로 작동해 왔고 그러한 권력을 통해 많은 것을 쟁취해 왔기 때문이다. 여성들은

★   남성 지배를 영속화하는 기제들을 제압할 수 있는 권력이라는 의미의 power over.

인적자원과 물적 자원, 정당화된 권력으로서의 도덕적 권위, 결정 권한에 대한 통제권과 지배권을 쟁취하기 위한 노력을 지속하고 있다. 여성 억압과 차별에 도전하고 저항하는 과정 속에서 여성주의는 종종 남성 중심 사회에 제한을 가하고 통제할 수 있는 권력을 장악해야 하는 상황에 부딪히게 된다. 여성주의적 목적을 관철하기 위해서는 때로 지배·통제하는 권력이 불가피하게 필요하다는 사실을 부정할 수는 없다는 것이다.

권력은 그것이 어떠한 형태를 가지든 간에 그 권력이 사용되는 맥락에 따라 부정적이고 파괴적인 결과를 가져올 수도 있고, 긍정적이고 생산적인 효과를 가져올 수도 있다. 따라서 권력의 형태나 권력 자체가 도덕적이거나 비도덕적일 수는 없으며 누가, 무엇을 위해, 어떠한 방식으로 그것을 행사하는가가 중요한 문제가 되는 지점에서 권력의 도덕적 차원이 고려되어야 하는 것이다.

4. 리더십에 대한 여성주의적 재개념화

리더십에 관한 논의는 대부분 리더의 자질과 능력 혹은 특성이 무엇인가 하는 문제(카리스마, 비전, 능력, 영향력, 재능, 자기 인식)나 상황에 적절한 효과적인 리더십 스타일이 무엇인가를 밝히는 연구에 중점을 두고 있다. 물론 리더십 연구도 역시 시대적인 요구에 따라 변화해 왔다. 리더십 연구의 초기 단계에서는 주로 리더의 개인적 성향과 능력에 초점이 맞추어졌다. 그러나 개인의 성향과 능력이 좋은 리더를 결정하는 유일한 기준이 될 수 없다는 비판과 더불어 리더십 연구의 강조점은 리더의 스타일이나 행동 방식으로 옮겨 갔다. 이러한 접근 방법은 가장 효율적인 리더가 되기 위해 무엇이 필요한가에 초점을 둔다. 리더십 연구가 더욱 진전됨에 따라 리더십의 효율성을 결정하는 데 스타일만으로는 충분하지 않다는 점이 고려되면서, 리더의 과제 중심적 역할과 상호 인격적 역할 행동이 어떠한 조건 아래서 가장 효율적이 되는가를 밝히는 것으로 주안점이 이동한다. 이에 따라 리더가 의사결정의 역할을 수행하는 행동 양식을 중심으로 이론이 개발되었다. 이러한 관점은 현재에 와서는 더 이상 큰 호응을 받지 못하고 있다. 왜냐하면 이러한 접근 방법은 작은 집단이나 조직에서의 리더십에 적용될 수 있을 뿐 전체 조직의 리더십으로 미래를 이끌어 갈 수는 없다는 한계 때문이다.[2]

리더십 연구가 발전해 오면서 리더십 연구에 성별 관점이나 여성주의적 관점을 도입하려는 시도 또한 존재해 왔다. 지금까지 리더십 연구에 여성주의적 관점을 도입하려 시도해 온 연구들은 주로 리더십의 형태, 스타일, 행동 양식에 있어 성별 차이가 있는가에 주안점을 두고, 여성과 남성의 특징을 비교하는 방식으로 이론을 전개한다. 남성적 리더십은 도구적이고, 능력 위주이고, 합리적이고, 자기 주장이 강한 데 반해 여성적 리더십은 감수성이 강하고, 관계 중심적이며 표현적이라는 것이다. 남성 중심적 사회의 권력 구조 속에서 여성들이 살아남기 위해서, 다시 말해 여성성이 비하되고 여

페미니즘, 리더십을 디자인하다

성이 남성만큼 혹은 남성보다 더 냉정하고 강인한 여성이 되기를 강요받는 상황에서 이러한 여성적 리더십의 특성은 바람직하지도 않을 뿐더러 그것을 관철하는 것 또한 매우 어려운 일이라는 반론이 제기될 수 있다.

　　대부분 리더십 스타일, 훌륭한 리더가 되는 자질과 기술에 대한 논의들에 초점을 맞추고 있는 기존의 연구와는 달리 리더십에 대한 여성주의적 관점은 권력과 권력의 분배, 권력 행사의 방식에 주목한다. 왜냐하면 권력의 정의로운 분배와 평등한 권력관계는 여성주의의 중요한 목표 중 하나이기 때문이다. 따라서 여성주의는 젠더뿐 아니라 다양한 형태의 체계적인 억압에도 관심을 두게 된다. 여성주의적 관점에서 리더십을 재개념화한다는 것은 여성주의 이론과 실천의 구성물로서 리더십을 정의하는 것이다.

　　현재까지의 리더십 연구의 성과를 일부 수용하고 발전시켜 여성주의 관점에서 리더십을 재정의하려는 여성주의 학자들은 리더십이란 '어떠한 조직이나 사회체제 안에서 사람들의 삶을 개선하는 변화를 가지고 오는 것을 목표로 하는 활동'이라고 정의한다. 여기서는 이러한 리더십의 개념에 상응하여, '힘을 주고 힘을 나누는 리더십empowering leadership'과 '변혁적 리더십transformational leadership'이라는 두 가지 모델을 리더십의 여성주의적 재개념화를 위한 개념틀로 검토해 보고자 한다.

힘을 주고 힘을 나누는 리더십

리더십에 대한 수많은 정의에서 공통점은 '비전의 명확성'과 '힘 갖추기empowerment'*가 리더십의 중요한 구성 요소라는 것이다. 물론 '힘을 주고 힘을 나누는 리더십'은 반드시 여성주의적 리더십에만 적용되는 특징은 아니다. 힘 갖추기는 여성주의와 무관하게 새로운 형태의 리더십을 시도하는 정의 대부분에서 가장 중요한 리더십의 구성 요소로 간주된다.

힘 갖추기는 우선 개인적 차원에서 자기 결정을 증진하는 과정으로 이해된다. 힘 갖추기란 사람들이 자기 자신의 욕구에 부응하고, 자기 자신의 문제를 해결하고, 자기 자신의 삶에 대한 통제권을 가지고 있다고 믿기 위해 필요한 자원을 동원하고, 인정하며, 증진하고, 고양하는 과정으로 정의할 수 있다. 한편 이러한 개인적 차원의 힘 갖추기는 한계를 갖는다. 왜냐하면 이러한 의미의 힘 갖추기는 한 개인의 인식적 변화나 행동의 변화로 체험될 수 있으나, 이러한 개인적 변화가 그들의 삶을 규정하고 영향을 주는 사회적 조건들의 변화에 아무런 영향력을 발휘할 수 없는 경우가 발생하기 때문이다. 그러므로 여성주의적 관점에서 이해되는 힘 갖추기는 이러한 개인적 차원과 더불어 사회적 변화를 지향하는 집단적인 차

---

*   empowerment는 사용되는 맥락에 따라 상이한 의미를 지니는 포괄적인 개념이다. 따라서 empowerment는 '힘 주기', '힘 갖추기', '세력화', '역량 강화' 등으로 번역되기도 한다. 이 글에서는 대부분 empowerment를 이영자(2003)에 따라 '힘 갖추기'로 번역했고 empowering은 '힘 주는'으로 번역했다.

페미니즘, 리더십을 디자인하다

원의 힘 갖추기까지도 포함하는 개념이 되어야 한다. 왜냐하면 여성들 간의 연대성과 공동 행동을 위해 집단적 권력을 결속하는 일은 여성주의 정치학의 가장 주요한 의제 중 하나이기 때문이다.**

힘 갖추기라는 개념은 원래 '정의롭지 못한(부당한)' 사회적 대우를 받고 있는 주변화된 집단으로 하여금 그들의 상황을 개선할수 있다는 가능성을 의식화하기 위한 전략적인 도구로써 출발했다는 점에서 '해방적인 개념'이었다. 그러한 의미에서 힘 갖추기를 '불이익을 당하는 개인이나 집단으로 하여금 그들을 종속적인 경제적·사회적·정치적 지위에 있게 하는 기존 권력관계에 도전하고, 그 권력관계를 (그들에게 이익이 되게끔) 변화시킬 수 있는 저항 능력을 고양하는 힘을 주는 과정'***이라고 정의한다.

** 이영자는 이러한 우려를 아이리스 영의 견해를 빌려와 다음과 같이 서술한다. "힘 갖추기를 두 가지로 구분할 필요가 있다(I. M. Young). 하나는 개인의 자율성, 자기 통제, 신뢰의 발전을 의미하는 것과 다른 하나는 각자의 삶의 사회적 조건에 미치는 집단적 영향력을 지칭하는 것이다. 영은 전자를 가능하게 하는 조건이 후자에 있다고 보지만, 현실적으로는 힘 갖추기가 개인주의적인 것에만 국한될 소지가 있음을 우려한다. 이러한 경우, 힘 갖추기는 개인적 자원 축적에만 몰입하게 함으로써 개인의 삶을 조건 짓는 사회 구조에 대한 정치적인 이해와 집단적 개입에 이르지 못하게 하는 문제가 있기 때문에, 그는 힘 갖추기의 궁극적인 의미가 조직화에 있다는 점을 강조한다. 타자와 함께하는 능력으로서 권력은 공동체를 전제한다는 점에서 개인주의적인 경제력을 우선시하는 권력을 추구하는 것이 아니기 때문이다." (이영자, 〈여성주의 정치학: "이론과 프락시스"〉, 《탈권위주의 시대의 여성주의 정치학》, 한국여성학회 제9차 추계학술대회 자료집, 2003, 13쪽.)

*** empowerment라는 개념은 1960년대 미국의 블랙 팬더 운동이 정치적 동원을 위해 처음으로 사용하였다고 한다. 1980년대에 여성 단체들에 의해서 개념화 되면서 아주 대중적이 되었다. 그리고 1990년대 이후 기업이나 정부, 유엔에서까지 일반적으로 사용하면서 이 용어의 인플레이션 현상이 일어나게 되었다. 여성주의자들은 이 용어가 정치적인 내용을 탈취당한 채 변질되고 남용되는 것에 대해 경계한다. 몇몇 여성주의 학자들은 empowerment란 용어는 반드시 정치적인 내용과 정치권력을 함축하는 개념으로 사용해야 함을 강조한다(Vathasal Aithal(ed.), *Vielfalt als Starke*, Beijing, 1995, epd Materiellen II, 1966. 참조).

여성주의 정치학의 관점에서 '힘을 주고 힘을 나누는 리더십'을 재정의한다면 다음과 같다. 리더십이란 남성 지배power over와 이를 정당화하고 영속화하는 제도 및 이데올로기 종식이라는 공동의 목표를 달성하기 위해 조직된 힘power with, 여성이 의사결정의 권위와 권력을 가질 수 있는 능력power to, 자신에 대한 믿음과 자기 긍정, 자기 주장을 할 수 있는 내적인 힘power from within을 갖추게 하는 리더십이다. 이렇게 정의된 리더십에서 힘 갖추기는 리더가 일방적으로 구성원들에게 주고 구성원들이 수동적으로 받는 방식으로 행사되는 것이 아니다. 여성주의적 힘 갖추기는 권력을 공유하고, 나누며, 공조와 협력을 통해 주고받는 상호적 방식으로 실천된다. 그러므로 여기서 힘 갖추기의 권력 개념은 전통적으로 인식되는 지배와 통제로서의 권력이 아니라, "리더와 따르는 사람이 상호작용 안에서 함께 생산하고 나누는 권력"으로 새롭게 정의된다.[3] 여성운동에서 가장 중요한 전략은 여성들을 조직하고 네트워킹함으로써 여성의 힘을 결집하는 것이다. 그러므로 여성주의적 관점에서 본 리더십의 가장 핵심적인 구성 요소는 서로 다른 여성들의 다양한 체험과 문제들에서 나오는 상이한 투쟁의 다양성을 존중하고 각기 역사적 특수성을 인정하는 힘 갖추기라 할 수 있다.

변혁적 리더십*

리더십에 대한 여성주의적 재개념화를 위해 매우 유용한 모델로 수용되는 것이 변혁적 리더십이다. 변혁적 리더십의 중요한 특

페미니즘, 리더십을 디자인하다

징은 다음과 같다.[4]

첫째, 리더는 미래에 대한 비전을 개발할 능력이 있어야 한다. 비전이란 그 리더가 속한 공동체나 집단, 조직을 보다 나은 것으로 만들고 개선할 수 있음을 보여 줄 수 있는 것이어야 한다. 리더는 스스로가 그 비전에 대해 강한 신념을 가지고 그 비전이 어떠한 것임을 명료히 할 수 있어야 하고, 그것을 소통하고 설득해야 한다. 리더는 따르는 사람들에게 이러한 비전 속에서 보다 나은 사회적 질서, 권력관계, 인간관계, 삶의 조건에 대한 새로운 길을 분명히 볼 수 있게 해야 한다. 또한 비전이 성취될 수 있는 전략을 개발할 능력이 있어야 한다.

둘째, 리더는 따르는 사람들에게 영감을 주어 동기를 유발하는 영향력이 있어야 한다.

셋째, 리더는 혁신적인 변화의 주체이다. 과거에는 불가능해 보였던 것을 가능한 것으로 사유하고, 부정적 사유와 태도를 넘어서서 긍정적이고 진취적인 사고를 하게끔 자극한다.

넷째, 리더는 의사소통을 중히 여기고, 사람들의 개인적인 욕구와 필요에 대해 관심을 가지고 배려한다. 각 사람들의 차이를 존중하고, 각 개인이 가지고 있는 특별한 재능과 능력을 잘 알고 격

★   변혁적 리더십은 번스J.M. Burns가 처음으로 도입한 용어로, '리더가 구성원들(따르는 사람들)이 가진 미래를 바라보는 관점과 행동이 근본적으로 변화하게끔 영향력을 미치는 과정'을 기술하기 위해 사용한 개념이라고 한다(Ronit Kark, The transformational Leader, Who is (s)he? A feminist perspectives, *Journal of Organisational Change*, vol. no.2. 2004. 160-176쪽 참조).

려해 주는 사려 깊음을 갖추고 있어야 한다.

다섯째, 리더는 정직성과 성실성을 가져야 하며, 도덕적이어야 한다.

리더십의 여성주의적 재개념화에 변혁적 리더십이 유용한 개념틀로 사용되는 이유는 변혁적 리더십은 사회 전체의 변화와 미래에 대한 비전을 강조하기 때문이다. 지배적인 패러다임을 새로운 패러다임으로 대체하기 위해서 더 많은 여성 리더가 필요하며, 여성 리더십의 개발과 활성화가 필수적이다. 그러나 여성 리더가 양적으로 증가하고 여성 리더십이 확산되는 것만으로 새로운 패러다임이 창출되지는 않을 것이다. 더 많은 여성 리더가 여성주의 프로젝트가 지향하는 비전에 대한 확실한 신념을 가지고 이를 구성원들에게 설득하고, 구성원들과 더불어 혁신적 변화의 주체가 되게끔 영향력을 미칠 수 있는 리더십을 개발하고 실천하는 일이 여성주의 정치학의 주요한 과제이다. 이러한 점에서 여성주의 리더십은 변혁적 리더십이 되어야 한다.*

---

* 　변혁적 리더십은 여성주의 이론과는 무관하게 개발된 리더십 모델이다. 여기서는 '변혁적 리더십'을 하나의 유용한 개념틀로 사용하고자 했다. 변혁적 리더십이라는 틀이 다음과 같은 여성주의적 내용으로 채워질 때에야 비로소 여성주의적 리더십이라고 할 수 있겠다.
　첫째, 여성 리더십은 여성들의 지역적, 국제적, 전 지구적 연대에 관심을 가져야 한다.
　둘째, 여성들의 힘 갖추기와 세력화를 위한 노력과 작업을 우선인 과제로 삼아야 한다.
　셋째, 여성주의적 가치를 다음 세대에 전달하는 데 적극적인 역할을 하여야 한다.
　넷째, 일체의 억압을 극복하고 사회적 정의를 실현하는 데 리더가 되어야 한다.
　다섯째, 여성주의 정치학을 위한 사회적 변혁을 이끌어내는 데 주도적인 역할을 하여야 한다.
　(인터넷 자료 http://www.feminisleadership.com/topic/index.html 참조.)

　　　　　　　　　　　　　　　　　　　　페미니즘, 리더십을 디자인하다

리더십에 대한 여성주의적 재개념화는 역사 속에서 여성 리더십에 관한 인식의 전환을 출발점으로 삼는다. 우선 역사 속에서 여성들이 어디서든 항상 리더십을 행사해 왔다는 사실을 인정하고 인식하는 것이 중요하다. 단지 여성들의 리더십은 남성 중심의 가부장적 역사 속에서 인정을 받지 못해 왔고, 또한 사회적 영향력을 발휘할 수가 없었다. 여성의 리더십이 가시화되고 사회적 영향력을 갖기 위해서는 사회적으로 인정받아야 하고, 의사결정에 참여할 수 있고 사회적 영향력을 행사할 수 있는 권력을 가져야 한다. 여성주의의 궁극적인 이념과 목표를 실현한다는 것은 지배적인 패러다임을 새로운 패러다임으로 전환하는 일과 맞물려 있다. 남성중심주의가 축이 되어 온 지배적인 패러다임을 새로운 패러다임**으로 대체하기 위해서는 더 많은 여성이 더 많은 권력을 가져야 한다. 또한 사회의 모든 영역과 수준에서 여성이 리더가 되는 것이 자연스럽고 정상적인 현상이라는 분위기를 만드는 것이 중요하다.

　　이 글에서는 여성주의와 리더십의 관계 고찰을 위해 권력에 관한 적극적이고 긍정적인 이해가 여성주의적 관점에서 가능한가를 검토해 보았다. 여성주의적 관점에서 권력을 재개념화하는 이론화 작업은 항상 성차별적 억압의 원인이 되는 권력에 대한 저항의

** 여기서 패러다임이라는 용어는, 일반적 의미로 다음과 같은 카프라의 정의에 따라 사용하고 있음을 밝힌다. 패러다임이란 "어떤 공동체에 의해 공유되는 개념·가치·인식 그리고 실천의 집합으로, 현실에 대한 특정한 비전을 형성하고, 공동체가 스스로를 조직하는 방식의 토대가 되는 집단적 분위기를 형성한다." (Fritijof Capra, *ReVision*, vol.9, no.1, 1986. p.14. 밀브래스 지음, 이태건 외 옮김, 《지속 가능한 사회》, 인간사랑, 213쪽에서 재인용.)

가능성 및 잠재력에 대한 관심과 함께 사회의 억압적인 권력관계의 근본적인 변화를 주도해 나갈 힘으로써 여성 권력을 활성화하고 강화해 나가는 것에 대한 관심을 내재하고 있다.

여성주의적 재개념화 작업은 외적인 사회적 변화에서뿐 아니라, 여성주의 이론의 발전 속에서 다양하게 제기되는 새로운 문제와 갈등으로부터 오는 도전과 자기 성찰에 의해 추동되어 왔다. 이 논문의 출발점이 되었던 '리더십이 여성주의적일 수 있는가?'라는 물음은 여성주의 정치학에서 '여성 리더십은 어떠한 권력을 추구하며, 무엇을 위하여 권력을 가지려 하며, 어떻게 권력을 행사하는가?'라는 물음과 만난다.

이러한 물음은 여성 리더십의 필요성을 정당화하기 위한 논변을 위해서뿐 아니라, 여성주의적 관점과 원칙에 대한 충실성을 지속적으로 점검함 없이, 성과와 효율성에 쫓기며 어느 사이에 현실 타협적으로 여성 리더십 교육에 관여하게 되는 우리 모두에게 지속적인 긴장과 자기 성찰을 요구하는 물음으로 물어져야만 한다고 생각하며 글을 맺는다.

페미니즘, 리더십을 디자인하다

4장

공동체 리더십과
감정 커뮤니케이션

김찬호

성공회대학교 교양학부 초빙교수. 사회학을 전공했고, 일본의 마을만들기 현장
연구로 박사 논문을 썼다. 대학에서 문화인류학과 교육학을 강의하고 있으며, 서울시
대안교육센터 부센터장을 지낸 바 있고, 현재 교육센터 마음의 씨앗 부센터장으로
활동하고 있다. 지은 책으로 《모멸감》, 《눌변》, 《사회를 보는 논리》, 《도시는 미디어다》,
《문화의 발견》, 《생애의 발견》, 《돈의 인문학》, 《인류학자가 자동차를 만든다고?》 등이
있으며, 옮긴 책으로 《작은 인간》, 《경계에서 말한다》, 《학교와 계급 재생산》, 《비통한
자들을 위한 정치학》 등이 있다.

1. 경직된 서열 의식과 비인간화

한국인들이 최고로 꼽는 감정 상태는 무엇일까? 서울대학교 심리학과 민경환 교수의 연구에 따르면 '홀가분하다'로 밝혀졌다. 외국어로 번역하기 어려운 형용사지만, 한국인들은 그 뉘앙스를 정확하게 공유한다. 사전적 정의를 보면 '(사람이나 그 마음·기분이) 근심이나 걱정 등이 해결되어 상쾌하고 가뿐하다.'라고 되어 있다. 이 말은 어떤 무거운 짐이나 굴레로부터 벗어나 심신이 가벼워진 상태를 말한다. 홀가분함에 대한 갈망이 그토록 크다는 것은 이런 저런 속박에 삶이 얽혀 있다는 뜻이기도 하다.

인간의 삶에서 속박은 불가피하다. 더구나 생존 경쟁이 치열해지는 자본주의 체제에서는 그 강도가 한결 높아질 수밖에 없다. 성과에 대한 압박이 가중되고 탈락에 대한 공포가 날로 극심해지는 것이다. 직장인들의 스트레스가 점점 높아지는 배경이다. 그런데 한국의 경우, 일 그 자체가 주는 스트레스 이상으로 인간관계에서 비롯되는 스트레스가 엄청나다. 특히 상사와의 관계를 곤혹스러워하는 경우가 매우 많다. 지위와 권력을 남용하면서 불합리하게 업무를 진행하고, 자신의 감정을 여과 없이 분출하면서 상대방을 궁지에 몰아넣는 일이 비일비재하다.

2015년에 《한국인은 미쳤다》라는 책에서 그러한 관행이 도마에 올랐다. LG전자에서 10년 동안 근무한 프랑스인이 한국 기업의 조직 문화를 비판적으로 조명한 책이다.[1] 우리에게는 익숙한 일상이 이방인의 시선에서는 매우 기이하게 비쳐질 수 있음을 여러 대목에서 확인하게 된다. 예를 들어 부하 직원이 작성해 온 서류가 마음에 들지 않는다고 화를 내면서 집어던진다든가, 부서 단합을 위한다는 명목으로 술자리를 강요하는 것 등이다. 저자가 가장 놀란 것은 어느 직원이 몸이 너무 나빠져 병원에 입원했을 때 병문안하러 간 동료가 의사에게 던진 첫 질문이었다. 언제 회사에 복귀할 수 있느냐고 묻는 것에 아연실색했다고 한다. 직원의 건강에 대한 염려보다 업무의 정상화가 우선시되는 풍토에서 직원은 결코 행복할 수 없으리라.

물론 그러한 성과주의 덕분에 한국은 단기간에 놀라운 업적을 이루어 냈다. 저자도 한국인의 맹렬함을 높이 평가한다. 어떤 목표를 정하면 전력투구하는 집중력이 여러 가지 불리한 조건 속에서도 글로벌 기업으로 도약할 수 있는 비결이었음에 틀림없다. 그러나 이를 위해 치러야 하는 대가는 만만치 않다. 개개인이 엄청난 업무량과 육체적인 피로를 감당해야 하고, '저녁이 없는 삶'으로 인해 가족 관계는 황폐화되었다. 하루 종일 함께 일하는 사람들 사이에 필요 이상으로 경쟁을 하면서 극도의 긴장을 감당해야 한다.

페미니즘, 리더십을 디자인하다

그러한 스트레스는 엉뚱한 공격성으로 표출될 때가 많다. 산업안전연구원이 2012년에 내놓은 조사 보고서에 따르면, 상사로부터 부당하게 받은 타박의 사례는 다음과 같다. 몸이 너무 좋지 않아 조퇴를 신청하자, "야, 너만 아프냐, 너만 피곤해?"라고 다그쳤다. "너는 지방 잡대 나온 주제에 어디서……."라는 식으로 학벌을 비꼬고, "이런 ××, 귀에 × 박았냐?", "이게 뭐야. 이 ××야!"라고 욕설을 했다. 민낯으로 출근한 여직원에게 "화장 좀 하고 다니지 그래."라고 창피를 주었다. 상대방을 인격을 깔아뭉개면서 모멸감을 주는 언사들이 회사 안에서 버젓이 오가는 것이다.

어느 사회에서나 조직은 여러 가지 직위로 구성되어 있고 그 사이에 위계 서열이 존재하는 것이 당연하다. 그런데 한국에서는 그것이 단순히 어떤 기능적인 역할에 머물지 않고 사람 자체의 높고 낮음을 내포한다는 데 문제가 있다. 군대에서 계급이 높으면 아랫사람들을 하인 부리듯 하는 경우가 많은데, 다른 조직들에서도 그런 관행들이 종종 나타난다. 한국 남자들 대부분이 군대에 다녀오고, 오랫동안 군사정권이 지배한 탓이 클 것이다. 한국의 군대는 조직 체계는 미국식이지만, 조직 문화는 일제강점기 때 형성된 것으로 평가된다. 군대의 영향이 아니라도 사회 전체에 봉건적인 잔재가 곳곳에 남아 있다. 예를 들어 대학에서 교수와 대학원생의 관계가 그러하다. 외형적으로는 근대적이고 합리적인 시스템을 도입했지만, 전근대적인 신분 관념이 거기에 깔려 있는 것이다.

그런 관념이 만연하는 조직에서는 높은 지위에 오르면 오를

수록 여러 가지 편의와 특혜를 누린다. 직분을 수행하는 데 요구되는 책임은 크지 않은 반면, 거기에 따라오는 권한은 비대하다. 자기중심적으로 행동하고 일을 처리할 수 있는 범위가 점점 넓어진다. 고위직에 대한 열망이 뜨거운 것은 바로 그 때문이다. 예를 들어 회의 시간을 갑자기 바꿀 수 있고, 누가 자기를 찾아왔을 때 오랫동안 기다리게 할 수 있다. 이메일에 답을 늦게 하거나 아예 무시해도 괜찮다. 그렇게 해도 사과할 필요가 없다. 기분이 나쁜 일이 있으면 신경질을 내고 소리를 버럭 질러도 된다. 그것이 습성이 되어 여러 가지 언어와 행동으로 인격적인 모멸을 다반사로 준다.

그와 같은 행태를 일삼는 사람들은 의식적으로 그렇게 할 때가 많다. 상대방을 길들이면서 자신의 권력을 거듭 확인하기 위해 힘을 과도하게 휘두르는 것이다. 무의식적으로 그렇게 하는 경우도 적지 않다. 특별히 악감정이 있는 것도 아니고 상대방을 지배하고 그 위에 군림하겠다는 생각도 없이, 그냥 무심코 타인을 외면하거나 무시해 버리는 것이다. 상대방을 자신과 동등한 인격의 소유자로 보지 않아도 되는 환경에서 오랫동안 살아오면서 '안하무인'이 체질화되었다고 할 수 있겠다.

그러한 관행이 지속되는 까닭은 그에 대해 부정적인 피드백이 들어가지 않기 때문이다. 견제나 문제 제기가 이뤄진다면 자신의 행동을 삼가 돌아볼 텐데, 그러기는커녕 오히려 아랫사람들이 끊임없이 윗사람의 눈치를 보면서 비위를 맞추려 애를 쓴다. 그런 상황을 암시하는 한국어로 '알아서 한다'는 말이 있는데, 외국어로

페미니즘, 리더십을 디자인하다

번역하기가 무척 어려운 개념이다. 이 말은 자기 할 일을 스스로 챙긴다는 자율성을 가리키기도 하지만, 상대방이 어떤 의사 표시를 하지 않아도 그 의중을 헤아려 원하는 바대로 일을 처리한다는 뜻을 내포하기도 한다. 그러한 의미를 확실하게 담은 표현이 '알아서 긴다'는 것이다. 부조리한 것이 있어도 숨죽이면서, 권력자의 뜻대로 상황이 조성되도록 바지런하게 움직이는 모습이다.

2. 내가 누군 줄 알아?

그러한 경직된 서열 의식은 사회 곳곳에 만연해 있다. 법원에서 공익근무요원으로 근무했던 어떤 젊은이의 경험이다. 그는 이따끔 아버지가 몰고 다니는 자가용으로 출퇴근했다. 하루는 법원 입구에서 유턴 신호를 기다리는데, 앞 차가 신호가 바뀌었는데도 움직이지 않았다. 시간이 급해서 경적을 울렸는데 공교롭게도 함께 법원에 들어섰고 급한 마음에 그 차를 앞질러 나아갔다. 내리고 보니 그 차 안에는 법원장이 타고 있었다. 며칠 후 상사가 그 젊은이를 부르더니 앞으로 30분 늦게 출근하라고 했다. 이유는 법원장의 차보다 더 비싼 차를 타고 다니기 때문이라는 것이었다. 그런 지시를 법원장이 직접 내리지는 않았을 것이고, '아랫사람들'이 그 불편한 심기를 헤아려 조치를 취했을 가능성이 높다. 지위가 한참 낮은 직원이 기관장보다 더 좋은 차를 몰고 다닐 수도 있는 것이 자본주의사회이지만, 지체 높은 사람들 가운데는 그런 현실을 받아들일 수 없는 이들이 꽤 있는 듯하다.

사소한 것들로 자신의 존재 가치를 확인하려 하는 사람들이 많다. 여성보다 남성이 그런 성향을 많이 드러내는 듯하고, 지위가 올라갈수록 더욱 민감해지는 경향이 있다. 어디에서든 자기의 위세를 과시하고, 다른 사람들이 깍듯하게 떠받들어 주는 것을 당연시한다. 그들은 자신이 얼마나 중요한 인물인지를 여러 가지 방식으로 거듭 확인해야 직성이 풀린다. 예를 들어서 공식 행사장에서 자리의 배치나 축사의 순서에 신경을 곤두세운다. 자기보다 낮은 등급에 있다고 '여겨지는' 사람이 더 상석으로 '여겨지는' 자리에 앉는다거나, 자기보다 먼저 연단에 올라 발언을 하면 몹시 심기가 불편해진다. 그런 불상사가 발생하지 않도록 측근이나 비서들은 시시콜콜한 것들을 알아서 챙겨야 한다. 그런 행사를 직접 기획하고 현장에서 진행해 보면 그런 위세 경쟁을 둘러싼 이런저런 압력들을 실감할 수 있다.

'갑을 관계'라는 말도 그런 맥락에서 의미화된다. 원래 그 말은 계약서에서 쓰던 용어인데, 이제 인간관계의 어떤 속성을 가리키는 일반명사가 되었다. 갑의 위치에 서면 여러 가지 권한과 특전을 누리고 때로 부당한 이득도 챙길 수 있다. 또한 갑이 좋은 점은 실리적인 차원에만 있는 것이 아니라 심리적인 측면에서도 적지 않은 혜택이 있을 수 있다. 자신이 중요한 사람이라는 것을 남들에게 확인시키면서 스스로 느끼는 뿌듯함 말이다. 말하자면 인정 투쟁

페미니즘, 리더십을 디자인하다

에서 절대적인 우위를 확보할 수 있는 것이다. 사람은 궁극적으로 다른 사람들로부터 자신의 존귀함을 인정받는 데서 행복감을 느낀다. 자신이 돋보이도록 하기 위해 사치품에 무리한 지출을 마다하지 않는 것도 사람들이 얼마나 인정에 목말라 있는가를 입증해 준다. 위세를 상징하는 재화를 구매하고 과시함으로써 스스로를 차별화하는 전략이다.

권력도 위세의 중요한 원천으로서, 인정 투쟁에서 매우 요긴한 자원이 된다. 지체 높은 사람은 구별된 존재로 여겨지고, 다른 사람들은 그보다 낮은 위치에서 그를 우러러보게 된다. 권력욕의 상당 부분은 바로 그러한 인격적인 우월성을 향유하고 싶은 충동이라고 할 수 있다. 예를 들어 대통령의 위상은 철통같은 경호원과 엄청난 수행원, 그리고 최고의 의전으로 깍듯하게 떠받들어 줄 때 가장 분명하게 체험된다. 정도의 차이가 있을 뿐, 다른 권력이나 지위도 그 높이에 걸맞게 대접을 공식적으로 그리고 비공식적으로 받을 수 있다. 문제는 자신의 권력을 순조롭게 과시하기 어려운 상황이다. 자기가 누구인지 몰라 아무렇게나 대한다고 '여겨지는' 사람, 또는 자기의 신분을 알고는 있지만 받아 마땅하다고 '여겨지는' 만큼의 대우를 해 주지 않는 사람을 만나면 당황한다. 경우에 따라서는 화가 나고, 참지 못해 버럭 소리를 지르는 이도 있다. 《논어》의 첫머리에 '다른 사람이 알아주지 않아도 화내지 않으면, 그 또한 군자가 아니겠는가?人不知而不慍 不亦君子乎'라는 구절이 나온다. 여기에서 '慍'의 뜻은 '성내다', '노여워하다', '원망하다', '근심하다' 등으로 풀이된다. 남이 나를 알아주지 않을 경우 그냥 섭섭해 하는 정도지 성낼 것까지 있겠는가 싶지만, 그런 일이 종종 벌어진다. 몇 해 전 어떤 시의원은 공무원의 태도가 불손하다며 폭언을 퍼붓기도 했다.

그 노여움의 정체는 무엇인가. 사랑이 받아들여지지 않거나, 연인이 작별을 선언하면 복수심에 사로잡혀 끔찍하게 앙갚음하는 충동과 뿌리가 같지 않을까 싶다. 자신이 별 볼일 없는 사람으로 취급되면 극도의 자괴감과 공격성을 드러내는 사람들이 있는데, 거기에는 일종의 '지위 불안(자신의 위치와 처우가 기대에 미치지 못하는 데서 오는 불안)'이 깔려 있다고 할 수 있다. 그 불안을 불만으로 표출할 때 흔히 쓰는 표현이 있다. 바로 '내가 누군 줄 알아?'라는 것이다. 한국에서 살다보면 종종 듣게 되는 말이다. 자기가 얼마나 중요한 인물인지 알아보지 못하는 상황에 대해 불만과 분노를 그렇게 드러내는 것이다.

그런데 이렇게도 생각해 본다. '내가 누군 줄 알아?'라는 말은 자기가 누구인지 알지 못해서 다른 사람들에게 물어보는 것이 아닐까? 희박한 정체성이 답답해서 제발 좀 가르쳐 달라고 애원하는 실존의 절규라는 것이다. 말장난처럼 붙여 본 해석이지만, 실제로 그런 측면이 있다. 자기가 누구인지 아는 사람은 다른 이들이 자기를 어떻게 바라보고 대하는지에 그토록 연연하지 않을 것이기 때문이다. 한국의 권세 있는 사람들이 그토록 사회적인 인정에 집착하는 것은 존재의 뿌리가 허약하다는 증거일 수 있다. 이른바 '자기애적 성격 장애'의 전형적인 징후다.

페미니즘, 리더십을 디자인하다

3. 두려움을 넘어서려면

조직이 경직되고 구성원들이 부질없는 일들로 부대끼게 되는 까닭은 무엇인가. 그 바탕에는 어떤 감정이 구조화되어 있는가. 마거릿 휘틀리는 조직이 통제 위주로 가게 되는 메커니즘을 다음과 같이 분석하고 있다.

> 모든 조직이 근로자와 리더를 동시에 마비시키는 통제 구조로 엮여 있다. 이런 모든 정책, 접근 방법, 정해진 형식, 법안, 규제 사항은 어디에서 비롯되는가? 이렇듯 과도한 통제 장치에 우리 모두가 시달리고 있음에도, 그러한 것을 불가피하게 만드는 이유는 무엇인가? 이러한 통제 구조는 서로에 대한 두려움, 잔인한 경쟁 사회에 대한 두려움, 날마다 직면하고 있는 성장과 변화에 대한 두려움 등에서 오는 것 같다. 오랜 시간 계속되어 온 두려움이 이처럼 복잡한 시스템을 만든 것이다. 하지만 이런 시스템으로는 사람들을 효율적으로 통제할 수 없으며, 오히려 많은 일이 시행되지 못하도록 방해할 것이 분명하다.[2]

'서로에 대한 두려움', '성장과 변화에 대한 두려움'은 많은 조직에 만연해 있는 권위주의와 파워게임의 뿌리라고 할 수 있다. 권력에 집착하는 사람들은 두려움을 많이 갖고 있다. 내면이 빈곤하기 때문에 자신의 실체가 드러날까 초조해 한다. 진정한 실력이 있거나 그것이 없더라도 스스로 행복한 경험을 창조할 수 있다면 자기를 있는 그대로 편안하게 드러낼 수 있을 것이다. 그렇지 못하기에 늘 방어적이고, 사소한 것들에 과민하게 반응한다. 자기에 대한 불만을 상대에 대한 질책으로 해소한다. 자기의 허약함이 드러나기 전에 선제공격하는 전략이기도 하다. 자기보다 힘이 약한 사람 앞에서만 자기를 확인할 수 있고 그 상하 관계를 객관화하기 위한 방법을 끊임없이 궁리하는데, 모욕과 경멸이 단골 메뉴가 된다.

두려움과 억압의 악순환에서 자유로워지기 위해서는 무엇이 필요한가. 그 첫 단추를 리더가 꿰어야 한다. 어떻게? 자신의 취약함vulnerability을 직시하고 인정하고 고백하는 것이다. 어떤 회사에서는 조직의 문제를 개선하기 위한 워크숍에서 사장이 먼저 나서서 '이것이 나의 잘못이다'라는 문장을 띄워 놓고, 그 내용을 하나씩 나열했다고 한다. 자신의 과오를 리더가 용기 있게 고백한 이후 회사 분위기는 크게 바뀌어 갔다. 사장이 자신의 불찰이나 결함에 대해 진심으로 사과한 것이 직원들의 마음을 열게 한 것이다.

물론 리더만이 아니라 구성원 모두가 조직의 풍토를 바꿔 가는 주체로 나서야 한다. 그를 위해서는 여러 가지 관행에 이의를 제기하고 생각을 나눠야 한다. 예를 들어 직원들이 상사나 동료로부터 들었던 말 가운데 도가 지나쳤다고 여겨지는 것을 구체적으로 조사해서 공표하면 어떨까. 앞으로 이런 식의 언사는 삼가자는 캠페인 같은 것을 벌일 수도 있겠다. 캠페인이 구태의연하다면 색다른 방식을 도입할 수도 있다. 어느 회사에서 시행한 독특한 사원 연

페미니즘, 리더십을 디자인하다

수의 사례를 보자. 장소는 강사의 이야기를 일방적으로 듣는 배치가 아니라 한가운데 무대가 마련되었고, 그 둘레로 사원들이 가득 모여 앉았다. 시간이 되자 불이 꺼지면서 천정에서 핀 조명이 내려왔고, 두 명의 연극배우들이 등장해 그동안 직원들이 실제로 경험한 모욕적인 상황들을 재현했다. 사전에 미리 조사하여 시나리오를 만든 것이다. 그 단막극이 끝난 다음에 사장이 무대 위에 올라와서, 이런 일들이 벌어지고 있는 줄 몰랐던 것에 대해 직원들에게 진심으로 사과했다. 짧은 몇 시간 동안의 만남과 소통이 회사 분위기를 바꾸는 계기가 되었고, 리더의 솔직한 고백과 다짐이 결정적인 지렛대가 되었다.

리더가 상황을 솔직하게 응시하고 인정할 때, 자신의 취약함을 수정할 수 있는 길이 열린다. 높은 자리에 오를수록 오히려 시야가 좁아지고 독단과 아집에 사로잡혀 오류를 범하기 쉽다. 따라서 자신의 결점에 대해 투명하게 피드백하고 직언해 주는 사람이 가까이 있어야 한다. 그런데 권위주의 문화가 짙은 한국의 많은 조직에서는 그렇지 않다. 아랫사람들은 윗사람의 지시 사항을 고분고분하게 수행하고, 점수를 따기 위해 감언甘言으로 비위 맞추기에 급급한다. 그 결과 내부에서 걸러지지 않은 오점은 어느 순간 적나라하게 드러나 버린다.

그런 사태를 예견한 일부 구성원들이 경고음을 낼 때가 있다. 전체를 위하는 순수한 의도에서 견해를 피력하는 것이다. 하지만 많은 경우 윗사람들은 귀담아듣지 않고 방어막을 치기만 한다.

스스로의 모습을 직면하려 하지 않는다. 무엇이 문제인가. 현재의 자기를 미완의 존재로 여기면서 끊임없이 완성해 간다고 생각하면, 직언이 감사한 선물이 된다. 반면에 취약함을 감추려고만 하면 불손한 참견이나 성가신 지적으로 여겨진다. 권력욕이나 허위의식에 사로잡혀 있으면, 또는 자존감이 너무 낮으면 그렇게 반응한다. 과도한 자기애 그리고 허약한 정체에 대한 두려움의 극복이 관건이다.

부정적인 측면들을 드러내고 바꿔 가는 것과 함께 긍정적인 에너지를 이끌어 내는 것이 병행되어야 한다. 일본 어느 기업에서는 동료들이 서로 칭찬하는 것을 일종의 게임처럼 할 수 있도록 시스템을 만들었다. 모든 직원은 매달 세 장의 칭찬 쿠폰을 사용할 수 있다. 일을 하면서 정말 훌륭하다고 여겨지는 동료를 선정해서 그 이유와 함께 쿠폰을 선사하는 것이다. 그 내용은 온라인에 투명하게 공개된다. 어떤 직원은 자신이 중요한 거래처를 뚫었는데, 사실은 다른 부서의 어떤 직원이 귀띔을 해 주었다면서 그의 숨은 공로에 감사의 표시를 그 쿠폰으로 했다. 이런 식으로 경쟁이 아닌 배려와 협동의 관계를 만들어 감으로써 전체적으로 효율이 올라가는 것은 당연하다.

외국의 어느 기업에서는 한 달에 한 번 반려견을 데리고 출근하도록 한다. 그렇지 않아도 분주하고 어수선한 사무실에 웬 동물을? 직원들은 서로의 강아지들을 바라보고 쓰다듬어 주면서 정서적으로 교감할 수 있다. 저마다의 사생활에 대해서 자연스럽게 대화하다 보면 상대방에 대한 이해의 폭이 넓어지고, 그것은 업무

페미니즘, 리더십을 디자인하다

에 윤활제가 될 수 있다고 한다. 문화는 경험이나 의미를 공유하는 것이다. 함께 일하는 직원들이 다양한 방식으로 마음을 나눌 수 있다면, 일터는 보다 즐거운 삶터가 될 수 있다.

4. 마음을 움직이는 내면의 리더십

2000년에 개봉된 〈빌리 엘리어트〉라는 영화가 있다. 이 영화는 영국의 대처 수상이 급진적인 개혁을 한창 밀어붙이고 있던 1984년, 사양길로 접어든 어느 탄광촌을 배경으로 하고 있다. 주인공 엘리어트는 일찍이 어머니를 여의었고 아버지와 형은 매일 파업에 참여하느라 정신이 없다. 이 두 남자는 매우 거칠고 투박한 성격의 소유자다. 사내라면 당연히 권투를 해야 한다면서 아들에게 그것을 강요하는 아버지, "형, 죽음이 뭘까?"라고 동생이 물으면 "입 닥쳐!"라고 단호하게 말을 자르는 형, 그들의 이미지는 전형적인 가부장적 남성상이다. 그에 비해 엘리어트는 매우 여리고 섬세한 감성을 갖고 태어났다. 그래서 아버지의 등쌀에 떠밀려 억지로 해야 하는 권투가 늘 괴롭다.

어느 날, 권투 연습을 하던 엘리어트는 체육관 한 귀퉁이에서 실시되는 발레 수업에 우연히 참여하게 되고, 그 수업의 평화로운 분위기와 아름다운 음악에 매료돼 버린다. 발레 수업의 선생인 윌킨슨 부인의 권유로 간단한 레슨을 받게 된 엘리어트는 발레의

매력에 빠져들고, 엘리어트의 천재성을 발견한 윌킨슨 부인은 그에게 전혀 새로운 세상을 열어 준다.

그녀가 엘리어트를 정식으로 개인 지도하기 위해 처음 만나는 날, 그는 엘리어트로 하여금 자기가 가장 소중하게 생각하는 물건들을 챙겨오도록 숙제를 내준다. 엘리어트는 평소에 몰래 훔쳐 듣던 형의 디스코 음악 테이프, 몇몇 아끼는 소지품, 그리고 돌아가신 어머니가 남긴 편지 등을 가지고 선생님을 만난다. 윌킨슨 부인은 춤을 가르치기 위해서는 엘리어트가 무엇을 표현하고 싶어 하는지를 알아야 했다고 그 이유를 설명한다. 엘리어트가 소중하게 간직하는 엄마의 편지를 차근차근 읽으면서 공감대를 만들어 가는 윌킨슨 부인의 교육철학은 분명했다. 아이의 삶과 경험 그 자체에서 출발해야 한다는 것이다.

이것은 연극과 무용을 결합하는 독특한 연출로 무용의 새로운 경지를 개척한 피나 바우슈의 철학과도 일맥상통한다. 그녀가 이끈 무용단은 18개 나라에서 온 30여 명의 무용수로 구성돼 있었다. 문화적 배경이 다르고 그 한 명 한 명이 매우 개성적인 단원들을 하나의 작품으로 녹여 내는 일은 간단하지 않았다. 그런 경우 흔히 정교하게 시나리오를 짜고 세세한 배역과 동작을 지시하는 방식으로 과제를 해결하지만, 피나 바우슈는 다르게 접근했다. 겉으로 드러나는 몸짓이 아니라 그 이면에 깔려 있는 보이지 않는 동기에 착목한 것이다. 그녀는 이렇게 말했다. "나는 무용수들을 어떻게 움직일 것인지보다 무엇이 그들을 움직이게 하는지에 더 관심이 있

페미니즘, 리더십을 디자인하다

다." 작가 유선경은 피나 바우슈의 그러한 철학에 대해 이렇게 풀이한다.

> 그녀의 작품이 내적인 폭발력을 가지며 관객에게 커다란 울림으로 다가올 수 있었던 비결입니다. 그녀는 무용수들에게 이렇게 저렇게 움직이라고 지시를 내린 것이 아니라 움직일 수밖에 없도록 이끌었습니다. 움직일 수밖에 없는 필연적인 계기를 그들에게 주었습니다. 그러기 위해서는 30여 명의 단원 모두를 무용수로서뿐 아니라 인간으로서도 잘 알아야 합니다. 잘 알기 위해서는 한 명 한 명에 대한 호기심과 꾸준한 관심이 있어야 합니다. (…) 아무도 내가 진정으로 무엇을 원하는지에 대해 관심을 기울이지 않습니다. 그저 내가 전체의 부속품으로서 어떻게 잘, 혹은 잘못 기능하는지에 대해서만 주의합니다. (…) 사람은 자신의 갈망을 알아주고 건드려 주는 상대에게 본능적으로 이끌리며 반응하게 마련입니다. 사회 곳곳에 이런 리더가 많아졌으면 좋겠습니다.[3]

우리에게 익숙한 조직은 산업사회의 산물이고, 거기에서 구성원들은 특정한 목적을 달성하기 위한 수단으로 배치된다. 사람은 '인적자원'으로 사물화되어 오로지 효율성 재고를 위한 기능적인 결합의 대상으로 여겨질 뿐이다. 절대 빈곤을 극복해야 하는 고도성장기에는 그런 비인간화를 상쇄할 만한 물질적 보상이 주어졌다.

조금만 노력하면 돈을 벌 수 있고 승진을 하며 살림살이가 나아졌기에 일하는 보람이 있었다. 또한 선진국의 성공 모델을 복제하면서 재빠르게 따라잡기를 하는 식으로 경제를 성장시키는 상황에서는 상명하달식의 시스템이 효율적이기도 했다. 그러나 공급과잉이 만성화된 저성장기에 이러한 조직의 관성은 생산성을 떨어뜨리고 구성원들의 삶의 질도 크게 저하시킨다. 그 결과 개개인의 삶이 피폐해졌을 뿐 아니라, 조직 내의 스트레스 과다로 인해 갈등이 빈발하고 업무에 대한 몰입이 점점 어려워진다. 엄청난 비효율이 조직의 경쟁력을 좀먹는 것이다.

어떻게 달라져야 하는가. 구성원 개개인의 근원적인 동력이 최대한 살아나야 한다. 물론 무용단 같은 예술 공연단과 기업 조직이 같은 차원에서 비교될 수는 없다. 그러나 생존경쟁이 치열한 시장에서 창의성이 절실하게 요구되는 상황이기에 어느 정도 수렴하는 지점이 있다고 할 수 있다. 권력에 대한 갈망이나 금전적인 성취가 아니라, 일을 통해서 잠재력을 발현하고 성장해 가는 내적인 보람이 동기로 작용해야 한다. 그것을 촉진하려면 리더들이 구성원들의 마음을 깊이 살피고 통찰하는 안목을 가져야 한다. 이는 일차적으로 리더들의 개인적 자질과 태도의 문제지만, 그런 품성이 형성될 수 있도록 조직이 공동체적인 문화로 충전되어야 한다. 위계적인 권력을 창조적으로 해체하고 구성원들의 즐거운 자발성이 조직의 공공재로 모아질 수 있어야 한다. 리더가 그러한 변화의 촉매자가 될 수 있는가. 그것이 바로 지속 가능한 조직의 관건이라고 할 수

페미니즘, 리더십을 디자인하다

있다.

외적인 조건이나 보상 또는 처벌로 동기부여하는 데는 근본적인 한계가 있다. 안에서 솟아오르는 마음의 힘을 자연스럽게 이끌어 내는가가 관건이다. 미국에서 교사들의 영적 성장을 돕는 활동을 벌여온 파커 파머는 다음과 같이 말한다. "진정한 리더십의 힘은 외부에 있는 게 아니라 인간의 마음속에서 찾을 수 있다. 가정에서부터 국가에 이르기까지 어떤 환경에서나 진정한 리더는 자기 자신과 다른 사람들의 마음을 자유롭게 해방시키는 데 목표를 둔다. 그러면 그 마음의 힘은 세상을 해방시킬 수 있다."[4]

5. 창의적 시너지를 북돋는 영향력

권력에 짓눌리지 않고 파워 게임에 에너지를 소모하지 않으면서 저마다의 잠재력을 발현할 수 있는 조직은 어떻게 가능한가. 그러한 기풍을 이끌어 내는 리더십은 어디에서 창출될 수 있는가. 거기에 젠더라는 변수는 어떻게 맞물리는가. 〈빌리 엘리어트〉의 발레 교사 그리고 피나 바우슈가 모두 여성이라는 점은 우연이 아니라고 본다. 물론 웬만한 남성보다도 가혹하게 갑질을 해 대는 여성들, 자녀를 자기 욕심을 채우는 도구로 전락시키는 엄마들이 엄청나게 많다. 그리고 최근 연거푸 터져나오듯 아동을 잔인하게 학대하는 엄마들도 있다.

그러나 전체적으로 보면 그래도 남성들에 비해 돌봄의 문화와 평등 의식이 상대적으로 더 체질화되어 있는 것이 여성들이라고 할 수 있다. 문명사적으로 볼 때 남성이 군대를 조직화하여 전쟁과 정복을 일삼고 위계적인 권력 체계로 공적 영역을 독점해 온 데 비해, 여성들은 사적 영역에서 생명을 재생산하는 일에 힘을 써왔기 때문이라고 본다. 또한 사회화 과정에서 남자아이들에게는 공격성이, 여자아이들에게는 보살피는 품성이 장려되어 온 것도 결정적이다. 저성장 시대이자 여러 가지 돌발 사태가 수시로 발생하는 경제 상황에서 여성들의 그러한 자질이 긴요해졌다. 경영 전문가들에 따르면, 고도성장기에는 보스 기질이 있는 카리스마적인 리더가 유리했지만, 금융 위기 이후에는 위기 관리형 소통의 리더십이 중요해졌다. 바로 그 점에서 여성들이 강점을 많이 갖고 있기에 리더로 발탁되는 빈도가 높아졌다고 한다.[5] 마이클 무어가 제작한 다큐멘터리 〈다음 침공은 어디?〉에서도 아이슬란드의 금융 위기를 다루면서 남성 금융인들의 무모한 자금 운용이 문제로 지적되고 있다. 그 증거로 여성들이 CEO로 있었던 은행들은 파산하지 않았다는 것이다. 그 영상에 등장한 어느 여성은 2007년 글로벌 금융 위기의 진원지인 미국의 '리먼 브라더스'가 '리먼 시스터스'였다면 그런 어처구니없는 일은 벌어지지 않았을 것이라고 유머를 날렸다.

소통형 리더는 기존의 권위주의적인 조직 문화의 변화를 꾀해야 하는데, 한국에서는 특히 자신의 감정을 잘 다룰 줄 알아야 한다. 대한상공회의소와 매킨지가 2016년 발표한 '한국 기업의 조

페미니즘, 리더십을 디자인하다

직 경쟁력 진단'이라는 보고서에 따르면, 직장에서 상사의 지시에 질문하기 힘든 이유로 '상사의 감정적 대응이 염려되어서'라는 답이 45퍼센트로 가장 많이 나왔다. 질문이나 이의 제기를 일종의 도전으로 받아들이고 자신의 권위를 훼손한다고 생각하기에 부정적인 감정을 드러내는 것이다. 설령 그런 식으로 해석되고 불쾌한 느낌이 든다 해도, 즉흥적이고 습관적인 반응을 제어하고 상대방의 이야기에 겸손하게 귀 기울일 때 더 나은 방안을 찾아갈 수 있다. 그렇지 않으면 자기의 생각을 절대화하면서 밀어붙이다가 돌이킬 수 없는 실패에 이르기 쉽다.

그런데 그러한 실패 사례들이 끊임없이 나오지만, 리더들은 좀처럼 바뀌지 않는다. 남성이 여성보다 더욱 경직되기 쉽다고 보이는데, 거기에는 구성원들이 리더의 감정적인 행동을 바라보는 관점에서 드러내는 젠더적 편향이 맞물려 있다. 이와 관련한 흥미로운 연구가 있다. 2007년 미국의 예일대학교 빅토리아 브레스코 교수 연구팀의 실험이 그것이다. 남녀 배우에게 직장 상사의 역할을 맡기고 부하 직원의 보고서를 받아 보고 불같이 화내는 장면을 촬영하여 사람들에게 보여 준 다음 그 반응을 모니터링했다. 그 결과 화를 내는 상사가 남자냐 여자냐에 따라 해석이 달랐다. 남자 상사가 화를 내면 일 자체가 힘들다거나 보고서가 엉망일 것이라고 추정하는 반면, 여자 상사가 화를 내면 분노 조절을 잘 하지 못한다고 단정한다.

다시 말해, 남자 상사의 분노는 일에 대한 책임감과 열정과 추진력을 암시하는 반면, 여자 상사의 분노는 개인적인 감정에 치우친 히스테리 반응으로 여겨지는 것이다. 실제로 자신의 분노를 인식하는 방식에서 남녀 사이의 큰 차이가 나타나는데, 남성의 42퍼센트가 분노를 효과적인 조직 관리의 도구로 인식하는 반면, 여성은 23퍼센트만이 그렇게 인식한다. 그 결과 남자가 화를 내면 오히려 지위가 상승하지만, 여성이 화를 내면 조롱거리가 되면서 직장 내의 입지가 약해지기 쉽다. 문제는 여성들조차 여성의 분노를 남성들보다 더 부정적으로 평가한다는 것이다.[6]

　　인간관계를 맺거나 어떤 일을 수행하다 보면 여러 가지로 화가 나는 일이 생기기 마련이다. 문제는 분노를 도구화하여 권력을 휘두르는 것이다. 그리고 그것이 남성 지배 구조와 맞물려 있다는 것이다. 인상을 쓰고 고함을 질러서 리더의 위치 에너지를 확보하는 풍토 속에서는 눈치와 변명과 임기응변과 무사안일이 집단의 문화로 체질화되기 쉽다. 아랫사람의 기를 죽이고 위축시키면서 윗사람의 권위를 세우려는 조직에서는 구성원들의 가능성이 꽃을 피우기 어렵다. 줄서기와 편 가르기와 파워 게임에 골몰하면서 자신과 상대방의 능력을 박탈할 뿐이다.

　　창의성이 개인과 사회의 사활을 좌우하는 열쇠로 강조되는 시대다. 정부도 창조 경제를 주요 국정 목표로 내세운 바 있다. 그런데 창의성은 특정 소수의 탁월한 개인적 재능에서만 발현되는 것이 아니다. '집단 지성'이라는 개념으로 함축되듯이, 여러 사람 원활한 소통과 다양한 협업으로 시너지를 내는 것이 훨씬 더 결정적인

페미니즘, 리더십을 디자인하다

경우가 많다. 이른바 사회적 창의성이 그것이다. 정보와 지식이 폭발적으로 증가하고 전문 영역들이 날로 세분화되는 세상에서 경계를 자유롭게 넘나들면서 연결하고 화학반응을 일으키는 상상력과 용기가 절실하다.

리더는 그러한 상호작용을 촉매하면서 그 수준과 밀도를 재고해야 한다. 그것은 압축 성장 시대에 유효했던 상의하달형 지도력과는 전혀 다른 차원의 영향력을 요구한다. 감시의 눈초리를 보내면서 군림하는 권력이 아니라 서로의 마음을 응시하면서 지지하고 응원하는 기운이 감돌아야 한다. 평가와 경쟁에 맹목적으로 매달리는 대신 신뢰와 격려로 공동체를 창출하도록 힘을 북돋아 줄 때 내실 있는 부가가치를 이끌어 낼 수 있다. 그러한 리더십은 두려움을 확대재생산하지 않는다. 상호 존중의 마음으로 맺어지는 유대를 통해 관계를 고양시키고 구성원의 잠재력을 일깨우고 키워 낸다.

6. 공감 능력을 높이려면

우리는 공감하는 대신 조언을 하거나 상대방을 안심시키고 싶은 강한 충동을 느끼며, 우리의 견해나 느낌을 설명하려는 경향이 많다. 하지만 공감이란 우리의 모든 관심을 상대방이 말하는 것 그 자체에 두는 것이다. 그리고 상대방이 자신을 충분히 표현하고, 이해 받았다고 느낄 수 있는 시간과 공간을 주는 것이다. 불교에는 이러한 능력을 적절히 묘사하는 말이 있다.
"무언가를 하려고만 하지 말고 그냥 그곳에 있어라."

– 마셜 로젠버그, 《비폭력 대화》 중에서

조선 시대에 명화로 전해 내려온 그림이 있었다. 할아버지가 손자를 안고 밥을 떠먹여 주는 모습이 담긴 그림이었다. 어느 날 성종이 그 그림을 보고 엉터리라면서 내다 버리라고 했다. 곁에 있던 신하들이 이유를 물었을 때 그는 이렇게 말했다. "할아버지가 손자에게 밥을 먹일 때는 자기의 입도 자연스럽게 벌어지기 마련인데, 이 그림에서는 입을 다물고 있다."

사람은 타인을 바라볼 때 마치 그 사람이 된 듯 느낄 때가 종종 있다. 상대방의 경험을 자기의 것인 양 무의식적으로 착각하는 것이다. 그래서 자기와 전혀 관련이 없는 사람이 고통을 겪는 모습에 소름이 끼치고, 서로 증오했던 사람들이 화해하는 장면 앞에서 가슴이 뭉클해진다. 우리의 마음이 그렇게 작동하도록 만드는 것을 뇌과학에서는 '거울신경세포'라고 부르는데, 타자의 행동을 거울처럼 반영한다고 해서 붙여진 이름이다. 거울신경세포는 모방과 언어 습득에서 중요한 역할을 한다고 여겨지고, 일부 영장류나 조류에게도 발견되지만 인간에게서 가장 두드러진다. 아기에게 밥을 먹여 줄 때 입을 벌려 자기를 따라 하도록 하는 것은 사람뿐이다. 어린 시절에 양육자와 감정적인 연결을 제대로 맺지 못하면 성장에 많은 어려움을 겪게 된다.

페미니즘, 리더십을 디자인하다

어린아이에 국한된 이야기가 아니다. 어른의 세계에서도 온전한 삶을 영위하려면 관계 맺기와 교감이 매우 중요하다. 타인과 유대를 맺을 수 있는 감성은 지금처럼 마음이 황폐해지기 쉬운 시대에 매우 절실하다. 그리고 리더에게도 점점 필수적으로 요청되는 자질이다. 예전에 어느 초등학교 교감 선생님이 이런 경험담을 들려주었다. 하루는 교감실에 앉아 있는데, 5학년 아이 몇 명이 황급하게 자기에게 달려와 도움을 요청했다. 학급의 한 친구가 난리를 피우고 있다는 것이었다. 뛰어가 보니 한 아이가 울분을 못 이겨 물건을 마구 집어던지고 주위 아이들에게 폭력을 휘두르고 있었다. 교감 선생님은 매우 놀랐지만, 침착하게 아이에게 다가갔다. 아이를 말없이 꼭 껴안아 주었다. 그리고 입을 열었다. "정말로 미안하다, 미안하다……" 이렇게 말할 때 눈물도 함께 쏟아지더란다. 아이의 감정은 서서히 누그러들었다.

그 선생님은 아이를 물리적으로 제압하지 않았고, '너 왜 이러니?'라고 다그치지도 않았다. 그냥 미안하다는 말만 반복했다. 무엇이 미안했을까? 어린아이가 오죽 사는 게 힘들면 저렇게 몸부림을 칠까, 그런 세상을 만들어 놓은 것에 대해 어른으로서 미안함을 깊이 느꼈다고 했다. 그 진심을 온몸으로 표현했다. 거기에는 아이의 감정을 있는 그대로 받아들이는 너그러움이 깔려 있다. 존재의 전폭적인 승인이다. 말로 표현할 수 없어 거친 몸짓으로 터져 나온 분노가 한 어른에게 안전하게 수용되면서, 아이는 서서히 평온해졌다. 이후 교감 선생님은 그 아이를 볼 때마다 눈을 정면으로 응시하면서 안부를 묻고 용기를 북돋아 주는데, 표정과 언행이 몰라보게 달라졌다고 한다.

존재의 수용과 긍정은 관계 맺기의 핵심적 기반이 된다. 상대방을 인정한다는 것은 그의 모든 것을 존중하는 것을 의미한다. 거기에는 마음속에서 일어나는 여러 감정들까지 포함된다. 예를 들어 직장의 상사가 부하를 꾸지람하거나 부모가 아이를 혼낼 때, 지적받는 입장에서 느끼는 속상함이나 창피함을 배려해야 한다. 잘못했다고 해서 감정까지 무시되어서는 안 되는 것이다. 오류를 냉정하게 지적하고 질책하면서도 인격이 훼손되지 않도록 조심해야 한다. 부정적 감정에 너무 시달리는 듯하다면, 어깨를 두드리며 다독이고 원기를 북돋아 주어야 한다. 그렇게 해야 꾸지람의 효과도 제대로 생겨난다. 그렇지 않고 비난을 하고 마구 몰아세우면, 본능적으로 방어 태세를 취하고 방어 심리가 작동하기 쉽다.

조직에서 크고 작은 갈등이 끊이지 않는 것은 감정적 측면에서 섬세함이 부족하기 때문인 경우가 대부분이다. 특히 윗사람의 성찰과 배려가 결정적이다. 그것은 단순히 기분의 문제가 아니라 이제 생산성으로 직결된다. 감성 지능이라는 개념을 중심으로 방대한 연구를 해온 대니얼 골먼에 따르면, 리더가 다양한 역량들의 균형을 유지하며 뛰어난 공감 능력을 보일 때, 팀의 성과가 높아지는 경향이 있다. 그는 조직 내 리더십을 연구한 심리학자 드러스캣의 말을 인용하여 그 주장을 뒷받침한다. "추진력은 높지만 공감 능력이 낮은 목표 지향적인 리더의 특성은 오히려 팀의 성과를 끌어내

페미니즘, 리더십을 디자인하다

립니다. 그러나 더 중요한 사실은 공감 능력이 높지만 자기 통제가 취약하다면 이 또한 성과에 방해가 된다는 겁니다. 지나친 공감은 직원들의 잘못된 행동을 그대로 방치합니다."[7]

이런 흐름 속에서 21세기의 인재에게 요구되는 핵심 역량 가운데 하나로 '사회적 기술'은 빠지지 않는다. 그에 맞물려 교육에서도 의사소통과 공감 능력이 점점 강조된다. 타인을 이해하고 자기의 의사를 정확하게 전달하면서 어떤 목표를 향해 힘을 모아 내는 팀워크가 일의 성패를 좌우하기 때문이다. 비약적으로 혁신을 거듭하는 정보 네트워크도 그러한 사회 문화적 토대가 없이는 가치를 창출하지 못한다. 그 핵심 가운데 하나가 공감 능력이고, 이는 리더뿐 아니라 구성원 모두에게 요구되는 덕목이다. 조직의 공감 회로를 다양하게 증폭시키는 것은 리더의 책임이다. 어떻게 해야 할까. 대니얼 골먼은 다음과 같은 지침을 제시한다.

- 귀를 기울이기. 이 과정에서 구체적인 기대치를 제시하면서, 동기를 부여할 수 있는 거시적이고 진정한 비전에 대해 자세하게 설명해야 한다.
- 이끌어 주기. 이를 위해서는 우선 직원들이 인생과 경력, 그리고 현재 업무에서 무엇을 바라는지에 귀를 기울이는 노력이 필요하다. 직원들의 감정과 욕구에 주의를 기울이고 관심을 표현해야 한다.
- 전문가를 포함한 타인의 조언 듣기. 다른 구성원들과 협력하

고 필요할 때마다 합의를 통해 의사결정을 내려야 한다.

- 성과를 자축하고 웃고 함께 즐거운 시간을 보내는 일이 시간 낭비가 아니라 감정 자본을 쌓기 위한 방안이라는 사실을 이해해야 한다.[8]

과학 기술이 고도로 발달하고 각종 첨단 시스템이 세상을 지배하지만, 인간을 움직이는 힘은 여전히 논리보다 감정에 훨씬 더 많이 관련된다. 자신과 타인의 무의식 차원에서 형성되는 에너지를 어떻게 관리하느냐가 조직이나 공동체의 생명을 좌우한다. 세심하게 경청하며 다양한 욕구를 읽어 내는 감수성, 막히고 꼬여 있는 지점들을 정확하게 짚어 내는 통찰력, 그 실타래를 풀어서 흐름을 원활하게 이어 가도록 돕는 문제 해결력 등이 그것이다. 그 모든 것을 위해서 필요한 것은 그 구성원들이 축적하고 공유하는 '감정 자본'이다. 기쁨의 순간을 함께하고 그 기억들을 소중하게 간직하는 것은 긍정적인 기운을 주고받으면서 서로의 잠재력을 이끌어 내는 바탕이 된다. 리더에게는 그런 기풍(에토스)을 일궈 가는 깊은 지혜와 열린 가슴이 있어야 한다.

7. 신뢰 증진을 위한 성찰적 리더십

"서로가 배우는 것을 목적으로 하는 대화에 누군가를 참여시

페미니즘, 리더십을 디자인하다

키면 종종 변화가 일어난다. (…) 사람들은 자기를 이해해 주고 이야기를 잘 들어주고 존중해 준다고 생각하는 경우 변화할 가능성이 높다. 자신이 변화하지 않아도 된다는 자유를 느낄 때 변화의 가능성은 더욱 높아진다."

– 더글러스 스톤 외,《대화의 심리학》중에서

어느 워크숍에서 강사가 프로그램 하나를 내놓는다. 50여 명의 참가자들에게 풍선을 하나씩 나눠 주고 불게 한 다음 거기에 자기 이름을 써넣도록 한다. 그런 다음 옆에 있는 빈방 안에 그것을 모두 집어넣도록 한다. 그리고 제한된 시간 안에 각자 자기의 풍선을 찾는 게임을 하도록 한다. 어떤 상황이 펼쳐질까. 참가자들은 우르르 몰려다니면서 풍선들을 뒤적이지만 서로 부딪히고 발을 밟고 우왕좌왕하기만 한다. 자기 풍선을 찾아낸 사람은 거의 없다. 더 나은 방법은 없을까? 강사는 새로운 방식을 제안한다. 아무 풍선이나 하나씩 집은 다음에, 거기에 쓰여 있는 이름을 확인하고 주인을 찾아가 건네주는 것이다. 그렇게 했더니 순식간에 모두 자기의 풍선을 손에 쥐게 되었다.

앞에서 조직의 역량이 '감정 자본'에 비례한다고 한 바 있는데, 그것은 곧 구성원들 사이에 얼마나 긴밀한 유대와 신뢰가 형성되어 있느냐에 달려 있다. 이는 또한 그 조직이 놓여 있는 사회의 전반적인 토대가 얼마나 탄탄하냐에 밀접하게 관련된다. 그 점에서 한국은 어떤가. 우리는 스마트폰이나 각종 SNS에 엄청난 시간을 투자하고 타인들과 끊임없이 교신한다. 그리고 어디에 가나 학연이나 지연을 찾고 비슷한 성향을 갖는 사람들끼리 똘똘 뭉친다. 한국인들의 집단주의 행태가 두드러진다는 것은 학문적인 연구로도 입증된 바 있다. 비교문화심리학자 홉스테드는 국가 간 문화적 차이로서 개인주의와 성향을 분석했는데, 한국은 세계에서 가장 낮은 편에 속한다.*

　　한국인들이 관계 맺기에 그토록 열심이라면, 말 그대로 사람들 사이의 '관계'가 돈독해야 할 것이다. 하지만 실상은 그렇지 않다. 2015년 OECD가 발표한 '더 나은 삶 지수Better Life Index' 가운데 '공동체 지수'가 있는데, 한국은 회원국과 러시아·브라질을 포함한 36개 국가 중 점수가 가장 낮았다. 공동체 지수는 '어려움에 처했을 때 이웃이나 친구 등 사회적 네트워크의 도움을 받을 수 있다'고 응답한 비율이다. 이 설문에서 한국인은 72퍼센트가 '도움을 받을 수 있다'고 답했는데 이는 전체 평균인 88퍼센트보다 16퍼센트 포인트 낮은 수치다. 이는 프랜시스 후쿠야마가 《트러스트》라는 책에서 한국을 신뢰 수준이 매우 낮은 나라로 분류한 것과 일맥상통한다.

　　신뢰는 '사회적 자본'으로서, 개개인의 역량이 모아지고 시너지를 일으키면서 집단의 효율을 재고하는 토대가 된다. 뿐만 아니라 마음의 평안과 삶의 질을 좌우하는 결정적 변수이기도 하다. 말

---

*　　그의 연구는 50여 년 전에 이뤄진 연구라서 그 이후의 급격한 상황 변화를 반영하지 못했고, 연구 대상의 대표성 문제가 제기되기도 하지만, 문화의 일반적인 경향을 파악하는 데 여전히 중요한 참고 자료가 된다.

　　　　　　　　　　　　　　　페미니즘, 리더십을 디자인하다

하자면 구성원들 사이의 연결 고리를 원활하게 맺어 주는 접착제 같은 것이 신뢰다. 한국 사회는 IMF 금융 위기 이후 저성장 기조가 지속되는 가운데, 신뢰의 기반이 급속하게 해체되어 왔다고 진단된다. 커다란 공공 영역에서 작은 모임에 이르기까지 갈등이 점철되고 파열음이 끊이지 않는 것, 일상을 함께하는 가족, 직장, 학교에서 가까운 사람들 사이에 폭력적인 언행이 늘어나는 것이 그 단적인 징후다.

따라서 지금 어떤 집단에서든 리더에게 긴박하게 요청되는 과제는 그 구성원들 사이의 신뢰 수준을 재고하는 일이다. 그런데 그것은 조직이나 공동체를 대상으로 놓고 어떤 정책을 시행하거나 특정한 전략을 구사하는 것만으로는 가능하지 않다. 상황에 대한 정밀한 진단과 그에 따른 처방과 접근이 필요하기는 하지만, 근본적으로 리더 자신의 내적인 변화가 선행되지 않으면 안 된다. 구체적으로 어떻게 해야 할까? 그 한 가지 단서가 될 만한 책으로 《상자 안에 있는 사람, 상자 밖에 있는 사람》이 있다. 아빈저 연구소에서 펴낸 것으로서 원제는 《리더십과 자기기만 Leadership and Self-Deception》[9]이라는 책이다. 이 책은 자기계발서로 분류될 수 있지만 인간의 마음에 대해 깊은 통찰을 담고 있다.

이 책에서는 밤에 아이가 보채는 상황을 놓고 아이를 갓 낳은 부부 사이에서 벌어지는 심리적 사태를 예리하게 분석한다. 남편은 자기가 일어나서 기꺼이 아이를 돌보아 줄 수도 있고, 아내에게 떠넘기고 그냥 계속 자는 척을 할 수도 있다. 그 둘 중에 어떤 선택을 하느냐에 따라 아내에 대한 생각이 달라진다. 후자를 선택할 때 남편은 아내를 '인정 없는' 사람으로, 그리고 자신은 '근면하고 자상한' 사람으로 규정하면서 자기의 행동을 정당화하는데, 바로 그러한 인식의 틀을 그 책에서는 '상자'라고 명명한다. 논리는 간단하지만 이 책에서는 그 단순한 상황 하나를 집요하게 파고들면서 인간이 빠질 수 있는 자기기만과 자기 배반의 속성을 분석하고 있다. 부부 간에 벌어지는 정말로 사소한 갈등을 사례로 리더십에 대한 논의를 전개하는 것이 매우 의미심장하다.

상황을 객관화하고 자아를 성찰하는 태도에서 신뢰가 싹트고 서로를 존중하는 마음이 자라난다. 무의식적으로 키워 온 고정관념의 틀, 자기 방어의 논리, 조종과 통제의 습성 등을 정직하게 밝혀 내고 극복해 가야 한다. 남 탓만 하지 말고 모두가 일정 부분 그런 문화를 조성하는 데 일조했음을 인정하고 함께 바꿔 가는 길을 모색해야 한다. 여기에서 선행되어야 하는 것은 리더의 솔직함과 진정성이다. 자신에게 주어진 지위와 권력을 지배 욕망을 충족하기 위한 통로로 삼지 말고, 조직의 궁극적인 목표를 효율적으로 달성하는 수단으로 받아들여야 하는 것이다. 리더는 구성원들 사이에서 이뤄지는 의사소통의 질을 책임져야 한다. 여러 차원에서 작동하는 관계의 생태학을 면밀하게 주시하면서 마음의 힘을 북돋고 생각의 폭을 넓혀 가는 것, 함께 일하는 보람과 생활을 공유하는 즐거움을 고양해 가는 것이 공동체 리더십이다.

페미니즘, 리더십을 디자인하다

FEMINISM

LEADERSHIP

DESIGN

5장

공유감정으로 소통하다:
마을만들기 여성 리더십

김 엘 리

이화여자대학교 리더십개발원 전 특임교수. 여성학으로 박사 학위를 받고
지금은 연세대학교, 성공회대학교 등에서 여성학과 평화학을 강의한다.
(사)한국이주여성인권센터 공동대표로 일한다. 여성 군인의 주체 구성, 남성성의 변화,
에로틱한 평화운동, 감정의 정치 등에 관심이 있다. 쓴 책으로 《성 사랑 사회》(공저),
《나의 페미니즘 레시피》(공저), 논문은 〈여성 군인의 우수 인력 담론 구성〉, 〈여성의
군 참여 논쟁〉 등이 있으며 옮긴 책으로는 《여성, 총 앞에 서다》, 《군사주의는 어떻게
패션이 되었는가?》가 있다.

1. 사람의 마음은 무엇으로 움직이는가?

'여성 리더'라고 하면, 무엇이 연상되는가? 사람들은 흔히 힐러리 클린턴이나 앙겔라 메르켈 총리와 같은 정치인, 혹은 칼리 피오리나 전 휼렛패커드 최고 경영자와 같은 기업인을 떠올린다. 여성의 '장애'를 극복하고 남성 못지않은 능력을 발휘하는 여성. 일과 가정을 양립하느라 하루를 48시간처럼 쓰면서 자기 관리가 투철한 초능력 여성. 이른바 배포 큰 여장부처럼 남다른 능력과 자질을 가진 여성들을 그린다.

특별난 여성들, 성공한 여성들. 그 영상은 전형적인 젠더 문법과도 좀 어긋난 여성들이다. 그만큼 리더라는 말은 역사적으로 남성들의 언어이자 영역이었다. '남자로 태어났으면 큰일을 할 사람인데.'라는 어르신들의 말이 구시대의 유물이 된 지는 얼마 되지 않았다.

그런데 여성 리더란 이른바 '잘나가는' 여성들만을 호명하는가? 대체적으로 언론 미디어나 사회가 재현하는 여성 리더의 서사는 꽤 단조롭고 정형적이다. 어떤 분야의 최초의 여성, 철의 여인,

여전사, 유리 천장을 뚫은 여풍 시대, 못할 게 없는 여성들로 점철된다. 하지만 평범한 공간에서 자신의 소신을 펼치며 다양한 리더십을 '행하는' 여성들은 꽤 많다. 서너 명의 팀에서부터 수십만 명의 기업까지 다양한 조직과 관계에서 좋은 기운으로 영향을 미치며 새로운 세상을 여는 여성들은 어디에서든 있다. 여성 리더들은 다양하며, 다양한 만큼 다채로운 이야기들을 꽃피운다. 이 글은 그중에서도 마을만들기 여성활동가들의 리더십 이야기에 주목한다.

마을만들기 여성활동가들의 이야기가 눈길을 끄는 것은 21세기 리더십의 주요한 키워드로 거론되는 소통, 공감, 수평 리더십을 일상에서 행하는 리더들이기 때문이다. 더군다나 그들은 경제적으로 높은 연봉을 받는 것도 아니고 사회적으로 안정된 지위에서 그 힘을 발휘하는 것도 아닌데도 사람의 마음을 움직인다. 변화를 만든다. 그 비법은 무엇일까? 그것은 사람들과 소통하려는 몸의 움직임이다.

소통은 요즘 사회적 능력으로 통한다. 자기계발서나 리더십 교양서는 소통을 직장에서나 사회관계에서 요구되는 감정 능력이자 인성 능력으로 내세운다. 다른 사람들과 공조할 수 있는 감정 기술로서 소통은 개인의 자기 관리 기술이다. 그뿐 아니라 기업의 특징이자 이미지가 됐다. 휼렛패커드는 '사람들이 소통하고 서로에게 다가가는 회사'라고 홍보한다.

회사들은 관리자를 채용할 때 소통의 기술을 매우 주요하게 고려하고 직장에서 성공을 위한 필수적인 요소로 꼽는다. 커뮤니케

페미니즘, 리더십을 디자인하다

이션 연구자들은 설득과 소통에는 감정과 정서가 매우 중요하다고 강조한다. 대화에서 논리적인 언어 표현이 3퍼센트 영향을 미친다면, 비언어적 감정과 정서의 요소는 93퍼센트 영향을 미친다는 것이다.[1] 그래서 소통을 위해서 마음을 움직이는 감정과 정서적 접근은 사회적으로 부쩍 부각된다.

그러나 한편으로 감정은 이성과 대립되는 것으로 비합리적으로 여겨졌다. 게다가 감정은 젠더 정치에 따라 다른 얼굴을 한다. 이성에 온전히 통제되지 않는 예측 불가능한 감정은 때로 두려운 것이기도 하고, 덜 문명화된 여성/성과 같은 것으로 취급받았다. 남녀를 구별하며 사회 위계를 만들듯 이 감정 또한 위계가 만들어진다. 냉정한 합리성이나 적극적인 용기로 재현되는 남성성은 친절함이나 동정심을 내포하는 여성성보다 더 책임 있고 리더다운 면모라고 여겨진다.

감정과 소통 담론은 이렇듯 젠더에 따라 다르게 배치되지만 힐링과 치유·공감이라는 말들과 함께 시대적 트렌드가 됐다. 에바 일루즈는 이를 경제 영역과 감정 영역이 상호 침투하여 경제 논리가 감정 생활을 지배하고 감정이 경제 논리의 도구가 된 현상이라며, 감정자본주의라는 용어로 풀어낸다.[2] 그녀는 자본주의가 형성되는 과정은 곧 감정 문화가 형성된 과정과 궤를 같이 한다며 시장 논리와 심리학의 언어가 결합하여 만들어 내는 사회 문화에 주목한다. 한병철은 이를 신자유주의 통치술로 설명한다. 신자유주의 체제는 생산성을 높이기 위해 감정이라는 자원을 동원한다. 정보,

서비스, 문화를 생산하는 비물질 생산양식에는 소통의 중요성이 커지고 감성적 능력이 주요한 자질로서 요구되기 때문이다.[3]

그런데 감정마저 자본의 회로에 포획된 시대에 마을만들기 여성활동가들은 소통과 감정을 매우 다른 방식으로 움직인다. 그들은 사람들과 함께하는 즐거움, 기쁨, 재미, 흥과 같은 공유감정을 통해 사람을 움직인다. 감정은 사소한 개인의 것이 아니라 사회 문화적이며, 인식과 판단, 정치적 행동에 주요한 몫을 한다는 점을 보여 준다. 거기에는 경제성장이나 개인들의 소비문화보다는 공동체성과 생태주의, 공유와 나눔의 가치가 배어 있다. 그들은 이 가치들을 마을만들기 기획으로 녹여내면서 개인의 이야기들을 공적인 언어로 바꾼다. 여기서 소통은 공동체의 공론 공간이다. 이를 추동하는 소통 리더십은 구성원들의 공유감정으로 움직이는 공론 공간의 사회적 관계이다. 단순히 성공을 향한 개인의 감정 기술이 아니다.

그렇다면 마을만들기 여성활동가들은 소통 리더십을 어떻게 수행할까? 이 글은 조직 구조와 영향력의 수단, 가치와 비전이 어울려 빚어내는 맥락에서 살펴본다. 리더십이란 개인의 태도나 자질에서 나오는 것이 아니라 영향력이 일어나는 사회적 관계에서 구성되기 때문이다. 마을만들기 여성 리더의 이야기는 이화리더십개발원의 리더십 교육에 참여한 마을만들기 여성활동가 12명의 인터뷰 내용을 바탕으로 한다.[*] 그리고 교육과정에서 4회에 걸쳐 총 25명과 가진 간담회의 내용과 세 명의 면접 사례도 참조한다.

페미니즘, 리더십을 디자인하다

2. 여성 리더의 비전과 가치

마을 사람들이 함께 엮어 가는 공유감정은 자아와 타인과의 관계에서 일어난다. 여성활동가들은 그 관계성을 새롭게 조직하려는 마을만들기를 기획한다. 마을만들기는 자신이 사는 지역에서 일상적으로 만나는 의제들을 정치화하여 보다 나은 삶을 만드는 사회운동이다. 여기에는 주민들의 자발적 참여가 있고 특정한 지역을 중심으로 구체적인 생활 의제들이 다루어진다는 면에서 풀뿌리운동이라고 한다. 풀뿌리운동에서 핵심은 자신이 당면한 문제를 스스로 인식하고 이를 해결하려는 주체이다. 마을만들기는 마을을 만드는 주체가 스스로 참여하는 자발성과 자율성을 기반으로 한다.

마을만들기에서 지역이란 일종의 지리적인 공간 개념이기도 하지만 시민들이 상호 관계를 만들고 유지하는 생활 단위를 일컫는다. 마을만들기는 이러한 생활공간에서 먹거리, 육아, 교육, 환경, 동네의 안전한 거리 등 일상생활의 이슈를 사회적 이슈로 확대한다.

★   열두 사례는 생활협동조합 여섯 사례, 지역 마을 단체 여섯 사례이다. 이중 혼성 조직은 일곱 사례, 여성 회원만으로 이루어진 조직은 다섯 사례이다. 여성활동가들이 NGO에서 일한 경력은 자원 활동을 포함하여 5년에서 22년이다. 그들의 공식적인 직책은 활동가, 사무국장, 팀장, 센터장, 교사, 대표, 이사이다. 그들 모두 결혼한 경험이 있고, 자녀들이 있으며 나이는 30대 후반에서 50대 초반이다. 인터뷰는 2013년 10월 7일부터 12월 19일까지 진행됐다. 주로 활동가들이 일하는 사무실이나 그들이 운영하는 카페에서 이루어졌으며, 그 내용은 면접 참여자들의 동의를 얻어 녹취를 했다. 이 글에 쓴 여성활동가들의 이름은 모두 가명이다. 그들의 특성 중에서 (인터뷰한 시기를 기준으로 한) 지역 활동 기간과 나이만을 밝혔다. 자신의 경험과 생각을 나누어 준 익명의 여성활동가들에게 고마움을 전한다. 그리고 NGO 여성활동가 리더십 사례 수집에 함께한, 전지는 전 이화리더십개발원 연구원의 노고도 여기에 녹아 있음을 밝힌다.

그래서 마을만들기 기획은 제도와 법을 바꾸려 했던 공적 정치와
는 다르다. 개인이 생활 속에서 부딪히는 문제들을 스스로 해결하
는 생활 정치이자 주민 자치의 성격을 띤다.

그뿐 아니라 미래지향적인 공동체의 삶을 비전으로 삼는다.
경제성장 중심과 가족이기주의에서 벗어난 사회 공동체를 지향한
다. 필자가 만난 여성활동가들은 저마다 마을만들기에 관한 자신
의 비전과 가치를 이렇게 표방한다.

> 공동체성을 파괴하는 이 자본주의사회의 모습들에서 공동체성
> 을 복원하기 위해서 어떤 지향이 필요한데 그 지향은 뭘까? (⋯)
> 동네 자치 활성화가 필요하다. 후에 대안으로서는 무너진 공동
> 체성을 새롭게 재구성하는 그래서 지금 일어나고 있는 여러 가
> 지 사회문제들, 지역의 문제들을 해결할 수 있다고 보는 거죠.
> (⋯) 대체로 공동체적인 관계망이 깨어진 서울의 도시에서 새롭
> 게 시도하고 노력하는 거라 힘들지만. 그러나 진정성을 가진 사
> 람들이 공동체를 형성하고 대안을 마련해 가는 거라 낙천적인
> 생각으로 힘을 받기도 하고 네트워킹도 만들고 관계도 깊어지
> 는 거죠. (현아, 5년차, 40대 초반)

> 대안적인 삶으로서 마을 공동체를 이루어 가고 싶다, 다양한
> 욕구를 반영하는 거죠. 공동체 구성원들의 개성을 존중하고 의
> 견을 수렴하여 다양한 공동체를 아이들의 세대에 물려주자는

거죠. (영희, 9년차, 40대 중반)

생협이 먹거리 사업에서 더 나아가서 마을 공동체나 이와 관련
해서 계속 활동하시는 분들도 많은데 그런 연속선에서 이루어
져야 한다고 생각해요. 조합원들이 자칫하면 내 가족 아니면 조
금만 이상해도 반품하고 이기적으로 갈 수 있는데, 사람들 스
스로 가치를 느끼게 하려면 상품의 경쟁력으로 보는 게 아니라
가치를 실현하는 대안 운동으로 나가야 하는 거죠. (미애, 22년차,
40대 중반)

여성활동가들이 공통적으로 말하는 비전은 마을 공동체를
만들면서 사회의 변화를 꾀하는 것이다. 경제, 환경, 소비문화와 생
활 방식, 교육체계를 문제화하고 비판적으로 분석하면서 대안적 사
회를 제시하려는 노력이다. 이러한 여성활동가들의 활동에는 다양
한 가치가 복합적으로 흐른다. 지렁이 텃밭 만들기나 생태 공원과
생태 마을 조성 그리고 도시와 농촌을 잇는 착한 소비와 먹거리 사
업들에서 나타나는 '생태주의'에서부터 길거리 청소녀들의 자립이나
여성들의 자치 공간 만들기와 같은 '페미니즘', 안전한 마을만들기와
같은 '평화주의', 마을 도서관과 마을 방송, 카페 운영, 공동육아와
같은 '공동체주의' 등의 가치가 마을만들기 기획에 녹아 있다.
　　자신의 삶에서 출발하는 마을만들기 기획은 정치적이다. 그
들에게 사적인 일은 곧 마을의 일이고 국가의 정치이며 글로벌한

신자유주의 자본화가 만들어 내는 조건과 깊이 연계해 있다는 인
식에서 그렇다. 그리하여 마을만들기 기획은 말 그대로 공과 사의
경계를 허문다. 사적 공간에서 주로 엄마들의 역할이던 육아를 마
을 공동 과제로 가져와서 마을 공동체가 함께 해결한다. 또한 가족
안에서 이루어진 정서적 친밀성을 가족 밖으로 확장시켜 동네 사
람들과 함께 일상의 감정과 유대를 빚는다. 이는 사적인 것들을 공
적인 영역에서 상품화하는 자본화된 시장의 세태와는 대조적이다.

그들에게 이러한 노력은 직업인으로 하는 단순한 조직 활동
으로만 그치지 않는다. 자신이 추구하는 삶의 방향과 맞물려 있으
므로 마을만들기 기획은 곧 자신의 삶의 기획과 같다. 그래서 여성
활동가들의 비전과 활동, 공적인 삶과 개인의 삶, 가치와 인품은 일
관된다.

3. 주부에서 시민 주체로

마을만들기 여성활동가들은 지금의 활동가가 되기까지 어
떤 경험을 활동가의 정체성으로 구성했을까? 자아가 변모하는 과
정은 사생활이라는 단단한 껍질에서 나와서 개인이 사회의 정치 경
제적 담론에 매여 있다는 자각에서 시작한다. 가정에서 세상으로
나와서 지역 활동에 참여하기 시작한 것은 개인이 부딪히는 일상
의 문제였다. 무엇보다 '나'의 상실감이 컸다.

페미니즘, 리더십을 디자인하다

결혼하고 나서는 육아에 전념했어요. 아이를 키우니까 어떻게 잘 키울까에 집중했어요. 그런데 아이에게 몰입할수록 힘든 거예요. 뭔가 좋은 결과가 나와야 하고, 뭔가를 바라거나 집착하면 좋은 결과에 집착하게 되어 너무 힘들어진다는 것을 깨달았어요. 이러한 경험이 나를 변화하게 만든 계기가 된 것 같아요. 내가 좋아서 했는데 둘째 아이를 키우면서 우울증이 심하게 왔어요. 그래서 기체조와 요가도 하고. 육아 관련해서 주변 사람들과 대화를 나누기 시작했어요. 엄마들을 만나면서 다른 분들도 저와 비슷한 어려움을 겪고 있다는 것을 알았어요. 아, 이게 단순히 개인의 문제가 아니구나. 이웃과 단절되면서 사회와 단절되면서 문제가 더 크게 된다는 걸 인식하게 됐어요. 지역 차원에서 엄마들의 육아 문제가 해결되지 않으면 이러한 개별적인 고민은 해결되지 않을 테고. 엄마들이 뭔가 돈으로 문제를 해결하려는 흐름을 막기가 힘들죠. 소비문화는 더 커지고, 엄마들은 정신적으로 힘들고. 그래서 의미 있는 활동을 함께할 사람들을 만나야겠다는 생각을 했어요. 그러던 중 지역 네트워크를 만났고요. 사람들을 만나면서 신뢰가 쌓이고 자연스레 동네에서 이웃들과 함께 공동 돌봄을 하게 되었어요. 그리고 만나서 이야기하다 보면 동네에서 필요하고도 중요한 의미 있는 일을 하자 도모하게 돼요. (현아, 5년차, 40대 초반)

현아는 아이에게 집중하며 좋은 엄마가 되려 하나 상품화

된 교육과 소비문화에 좇아가기 바쁜 생활에 회의를 느낀다. 그녀는
'나도 살고, 아이도 행복한, 그런 삶을 어떻게 만들까?'를 고민하고 찾
으면서 자신의 문제의식에 공감하는 사람들과 접속한다. 사회와 단
절된 주부 생활과 육아 중심의 생활, 개별적이고 이기적인 가족 중
심의 삶, 자본주의 소비사회에 맞추어진 한국 사회의 생활양식. 이
러한 자신의 문제의식이 개인의 일이 아니라 사회적인 일이라는 점
을 의제로 삼으면서 지역 주민들과 함께 지역 네트워크를 조직한다.
윤아(12년차, 40대 후반)도 현아와 유사하다. 결혼하여 아이를 낳고 키우
면서 잘 산다고 생각했는데 언제부터인가 우울증이 오기 시작했고,
뭔가 새로운 일을 하고 싶었던 차에 지역마을 단체를 알게 됐다.

　　여성활동가들은 사회와 단절된 가족 중심의 생활 패턴에 자
아 상실감을 느끼면서 문제의식을 갖게 되자(윤아·수영·현아), 사회적
으로 의미 있는 일을 하려(소연·수영·윤아·현아·미현·유진) 세상으로 나
왔고, 현재의 생활 패턴과는 다른 삶의 양식을 찾았다. 그 과정에서
마을에서 일어나는 사회운동을 만난다. 자신이 원하는 삶의 방식을
구체적으로 실현하려는 과정이 자아실현이라면, 필자가 만난 대부
분의 여성들은 여기에서 출발한다.

　　또 다른 계기는 더 나은 자녀 교육을 위해 동분서주하다 발
견한 지역 운동이다. 생활협동조합에서 일하는 영희(9년차, 40대 중반)
와 수지(7년차, 40대 초반)는 아이들의 더 나은 교육과 먹거리를 찾아
탐색하다 지금 살고 있는 마을에 왔다. 아이들이 자유롭게 성장할
수 있는 거주 조건을 마련하려다가 마을 주민들과 함께 전시 축제

도 하고 마을 숲도 만들고 폭력 없는 마을 문화를 만들면서 자신의 생활양식이 달라졌다.

> 도시에 살다가 아이한테 일반적인 교육은 어려움이 있겠다 싶어 자유로운 학교를 찾아 이 동네로 이사를 오게 됐어요. 거기서 생협을 알게 됐고, 조합원으로서만 참여했어요. 이 동네 학교에 이주민의 아이들도 새로 오고 뜻있는 젊은 부모들이 찾아들어오고 해서 자유롭게 교육에 참여하게 됐는데, 정부가 학교를 통폐합하려고 했어요. 그래서 마을 사람들이 학교를 살리자 해서 지역 주민들이 다 함께 학교를 홍보하고 축제도 열고 했는데 이것을 계기로 이 지역 운동에 참여하게 됐어요. (수지, 7년차, 40대 초반)

영희도 수지처럼 처음부터 지역 단체에서 활동가로서 일하려 한 건 아니었는데 학교교육에 관심을 두고 일하다보니 어느새 활동가가 되었다. 이처럼 아이들에게 더 나은 교육의 조건을 마련하려 시작한 활동이 지역의 여러 사안들로 점점 확대되면서(수지·영희·고은) 활동가로서의 변태가 일어난 경우이다.

역으로, 지역이 당면한 사안에 참여하면서 이를 자녀 교육과 연계하여 활동한 미현의 경우도 있다. 미현(5년차, 40대 초반)은 살면서 사회운동에 직접적으로 참여한 경험이 없다. 직장 생활을 하다가 결혼을 하고, 지금 살고 있는 마을로 이사를 왔다. 우연한 기회에 미현은 지역의 다리 재개발 사건을 둘러싼 두 마을의 갈등을 접했는데, 자신이 살고 있는 동네를 비하하는 발언에 분노하게 된다. 주민들의 지역이기주의, 계층의 위계화, 소외감에 부당함을 느끼고 지역에서 필요한 일들이 눈에 하나둘씩 들어오면서 마을 운동에 참여하였다. 민영의 사례는 좀 다르다. 민영(15년차, 50대 초반)은 개인적으로 부부 갈등을 겪다가 지역 여성 단체에서 여성들과 공부를 시작했는데, 자신의 문제가 개인적인 문제가 아닌 사회 구조적인 문제라는 점을 깨치고 적극적인 활동가가 된 경우이다.

여성들은 이 과정에서 세 번의 변화를 가진다. 첫째는 인식의 지평이 넓어지고 실천이 확장되는 변화이다. 그들은 그동안 관심을 두지 않았거나 생각하지 못한 사회현상에 대해서 눈을 뜬다. 앎은 인식의 확장을 가져오고 새로운 실천들로 이어졌다. 고은은 그렇게 시작했다.

어느 날 후쿠시마 원자력발전소 사고에 관한 교육 프로그램이 있었어요. (…) 그런데 에너지가 나한테 오기까지 많은 사람들이 고통을 받는 것을 생각해 본 적이 없었던 거예요. 자원은 한정돼 있고 계속 가질 수 있는 것이 아닌데 미래 세대를 위해 우리가 지켜야 하는 게 있구나 하는 의식 변화가 온 거죠. 저는 이것도 사회적인 큰 문제구나 생각이 바뀌면서 관심이 굉장히 많아졌고 그래서 관련 단체와 연대하고, 마을 학교에 있는 난로에 적정 기술에 관한 워크숍도 진행하고. 제가 의식이 변화하면

페미니즘, 리더십을 디자인하다

서 새로운 활동들이 생기는 거죠. (고은, 5년차, 30대 후반)

그들에게 찾아온 두 번째 변화는 여성들이 공동체의 새로운 비전을 꿈꾸기 시작했다는 것이다. 마을 활동을 하면서 자신의 문제로부터 출발한 것들이 혼자만의 삶이 아니라 여러 사람들과 함께 이루는 공동체적인 것임을 실감하고 깨닫는 변화이다. 개인의 삶은 소소한 문제가 아니라 사회 조건에서 태동한 것임을 알게 되면서 그 조건을 새롭게 구성하는 공동체의 꿈을 그린다. 고은은 마을 학교를 세우고 마을 도서관 운영에 참여하면서 자신의 어린 시절 동네에서 컸던 당시의 공동체에 관해서 엄마들하고 이야기를 나누기 시작했다. 어떤 마을 공동체를 만들어야 할까 시행착오도 많았지만 이런 저런 일들을 시도해 본다. 여성활동가들은 내가 무엇을 바라는가, 어떤 세상을 만들까에 관해 사람들과 이야기를 나누고 공부도 하면서 새로운 삶을 꿈꾸고 시도한다.

그리하면서 여성들은 실제로 사회가 변화할 수 있다는 체험을 한다.

학교 없으니까 만들어야지. 만들 수 있어? 그럼 누굴 만나야 하는 거야? 그래서 교육청에 먼저 건의를 해 보자, 서명을 받아 보자 이렇게 해서 시작했어요. (…) 마침 선거철이라서 국회의원들도 주민이 목소리를 내니까 들어주고요. 지역구 의원, 시의원, 시장님까지 만나게 된 거에요. 그 분들도 국민들 세금 가지고 활동하는 건데, 그래 너하고 나하고는 다르지 않아. 너는 내 심부름꾼. 의식이 이렇게 생기니까 별로 뭐 낯설다 무섭다 그런 게 사라진 것 같아요. (…) 이런 일에 대해서 내가 적극적으로 말할 수 있구나 하는 걸 알았어요. 집에만 있다가 활동을 시작했어요. 학교만들기추진위원회를 만들어서 관련된 분들을 만나고 모임도 하고 같이 간담회도 많이 하고, 관련 법도 공부하고, 정치인들도 만나면서 아, 내가 집에서 소극적으로 누군가의 정보만 받기만 했지 내가 원하는 것을 말할 수도 있는 거구나. 그때 좀 많이 깨달았던 것 같아요. 나 혼자 불편한 게 아니라 모든 사람이 그런 건데 그 힘을 모아서 바꿀 수도 있구나. (고은, 5년차, 30대 후반)

고은은 추진한 사업들이 실현되었는가의 여부를 떠나, 이를 이루는 과정에서 매우 많은 가능성을 실감했다. 자신의 힘을 느끼는 과정이었고, 사회의 한 구성원으로서 목소리를 낼 수 있는 시민 의식의 성장이었다.

이 변화들은 리더로서 성장하는 생애 전환의 마디들을 만든다. 하나는 엄마/주부로서의 정체성에서 사회적 시민의 정체성으로 확장하면서 시민성을 행한다. 또 하나는 집안의 개인적 돌봄에서 사회적 돌봄으로 자신의 행위를 확장하면서 공공성을 얻는다. 이 변화는 마을활동가로서 변태하는 과정이자 시민 주체로 구성되는 과정이다.

페미니즘, 리더십을 디자인하다

4. 소통을 잇는 수평적 조직 구조

여성활동가들은 현재 하고 있는 일이 참 좋은 까닭을 '사람들과의 만남'으로 꼽는다. 사람들을 만나고 연결하면서 사람들과 함께 사업을 기획하고 실행하는 그들의 활동은 '사람'이 중심이자 주체이다. 현장의 일이란 단순히 일의 성과를 올리는 것이 아니라 사람과 마을의 변화가 궁극적이므로 사람 자체가 자원이자 목적이기도 하다.

그러니 여성활동가들이 일을 하면서 소통을 가장 주요한 요소로 꼽는 것은 당연한 이치이다. 사람들을 만나서 관계를 만들고 조직하고, 생각을 나누고 함께 실행하는 이 모든 일들은 사람들 사이에서 소통이 얼마나 원활한가에 달려 있다. 소통은 구성원들이 조직의 목표와 사업을 이루는 과정에서 정보나 의견을 서로 전달하는 과정이다. 이 과정에서 구성원들은 가치와 방향뿐 아니라 공감과 신뢰, 재미와 같은 감정도 공유하고 서로 결속하면서 일의 추진력을 가진다. 이렇듯 소통은 구성원 사이에서 일어나는 상호작용이자 조직 문화를 구성하는 주요한 요소이다.

소통 능력은 리더가 갖추어야 할 사회관계 역량에 속한다.[*] 사회관계 역량은 회원이나 마을 주민 등 다양한 사람들의 욕구를

---

[*] 리더십을 구성하는 요소에 관한 의견은 학자들마다 다양하지만 크게 ①비전과 가치, ②일 추진 역량, ③사회관계 역량, ④자기 관리 역량으로 나눌 수 있다.

파악하고 이해하면서 그들의 욕구와 조직의 목표가 잘 조화되도록 하거나 그들의 욕구를 조직의 구체적인 사업으로 발전시키는 과정에서 필요한 능력을 말한다. 이 과정에서 사람들에게 동기부여를 하고 성장 기회를 제공하고 사람들을 임파워링 한다. 마을만들기 사업의 특성상 사회관계 역량은 일 추진 역량과 많은 부분 겹친다.

> 여기 조직은 정말 관계예요. 맨날 실무자로 앉아서 오늘 무슨 회의 오세요 그게 아니고. 늘 관계하고 저 사람이 어떤가, 혹은 저 사람의 상태가 어떤가 늘 살피는 것. 그러다 보니까 관계가 만들어지는 거 같아요. (…) 그렇게 하다가 제가 교육 기획 쪽도 같이 하다 보니 소통해 가는 것? 이런 일들이 중요하죠. (영희, 9년차, 40대 중반)

> 마을에서 있으면서 동네를 매일 돌았어요. 돌아서 그 집 할머니가 뭘 하고 계신지 그 집 어머니가 뭘 좋아하는지 마을 반장님이 뭐를, 어떤 거 했을 때 제일 좀 즐거워하는지 그런 것들이 저한텐 줄지 않는 자원이 된 거고요. 그러면서 제가 연극하고 경운기 책방하고 마을 책방하고 비닐하우스 음악회 했을 때 다 바탕이 되는 거죠. (…) 저희가 관계가 소통되지 않으면 다시 일을 시작해야 해요. 소통에는 왕도가 없어요. 수련회라든지 자주 모일 수 있는 기회를 통해서 서로 알아 가는 거예요. 사람들하고 이야기를 하잖아요. 저는 내가 살아온 이야기, 내가 경험

한 이야기를 많이 해요. 제가 맘 열고 내 이야기를 먼저 하니까 예전의 서먹서먹한 관계들이 한 단계씩 벗겨진 것 같아요. (수지, 7년차, 40대 초반)

영희와 수지의 이야기는 관계를 형성하고 소통하는 일들이 마을만들기 사업을 추진하는 데 얼마나 주요한 기반이 되는지 보여 준다. 이러한 소통이 순조롭게 이루어지기 위해서 구성원들이 민주적으로 참여할 수 있는 조직 구조는 필수적이다. 조직 구조는 일반적으로 수직적인 권력 구조인가 혹은 수평적인 권력 구조인가 라는 기준에서 논의되는 경향이 크다. 수직적이고 위계적인 구조에서 나타나는 리더십은 이질적인 것들을 통제하는 권력 장치들을 고안하여 위계적인 질서를 구조화하고 자원을 강제적으로 동원한다. 반면 수평적이고 개방적인 구조일수록 리더십은 사회적 합의로 마련된 제도적 장치를 통해 다양성을 유지하며 구성원들의 선택과 참여, 지지를 기반으로 자원을 동원한다.[4]

마을만들기 기획은 수평적이고 개방적인 조직 구조에서 사람들의 자발적 참여를 지향한다. 여성활동가들은 각자 조직에서 직책이 있지만, 직위에서 오는 권위로 권력을 행사하지 않는다.

여기는 거의 그래도 많이 공유를 하면서, 똑같아. 직책만 있을 뿐이지. 거의 똑같이 생각하고 있어요. (소연, 20년차, 50대 초반)

소연의 말처럼, 직위는 하나의 역할 분담이자 책임의 정도일 뿐 개별 구성원들은 동등한 주체이다. 영희는 자신의 조직이 민주적이고 수평적인 조직 구조라며 예전의 직장 생활과 대비한다.

결혼 생활 전에 학교 막 졸업하고 직장 생활을 했죠. 위계질서가 강한 국가기관이었는데 당시 여직원은 사무적인 보조를 주로 했어요. 나는 당시 커피 심부름을 했어요. 나는 그냥 미스 김이고. 사무 보조하는 직원들과 나를 같이 대해서 어린 마음에 부당한 거예요. 너무 이상했는데 불편했어요. 일을 할 때도 내가 담당한 업무에서 만나는 사람들이 나이 드신 분이 많았는데 남자들만 찾는 구조예요. 과장까지 올라가는 정도. 이제는 조금 달라졌더라고요. 그런 구조였어요. 그런데 여기 오니까 이 조직은 다 대장이야. 여기 하나하나가 다 실무자 하나하나가 다 일을 주도해서 맡는 사람들인 거예요. 그래서 당당해요. 여기는 기획부터 마무리까지 한 사람이 다 하잖아요. 그 일들을 좀 쉽게 받아들였죠. 여기서는 주로 어떻게 사람을 조직하고 내 사람으로 만들까 그리고 자기 성장을 어떻게 해야 되는지 자기를 들여다보는 그런 것들을 6-7년 배웠어요. 전에 있던 직장 같은 경우는 체계가 워낙 완고하고 지시 명령 전달해서 해결하지만, 여기 조직은 그런 구조가 탄탄하지 않아요. 각자 일하죠. 여기는 정말 현장이에요. (영희, 9년차, 40대 중반)

페미니즘, 리더십을 디자인하다

활동가들은 각자 자율적으로 일하지만, 협력하여 조직의 사업들을 진행한다. 활동가들은 지시 명령과 같이 하향식 전달이나 일방적 소통으로 일을 진행하기보다 사업을 기획하고 조직하는 과정에서 구성원들과 함께 논의하고 합의한다. NGO에서 소통은 회의나 보고와 같은 조직 체계에 따라 이루어지는 공식적 소통이 있는가 하면, 교육과 소모임을 통해서 사업 방향을 공유하고 사람들의 의견을 모으는 여론형 소통도 있다. 또는 회식이나 SNS, 친분으로 이루어지는 정보 교환 등 공식과 비공식의 경계가 모호하지만 조직 운영에 요긴한 소통라인도 있다. 최근 순조로운 소통 구조를 강화하는 수단 중의 하나가 카카오톡과 같은 SNS의 활용이다. 구성원들은 사이버 방에서 의견과 정보를 나누면서 신속하면서도 동시적인 참여를 도모한다.

그런데 다양한 사람들이 모이니 서로 다른 의견들이 오고가며 긴장이 깃들 때도 있다. 하지만 소통은 공통의 것과 차이, 두 가지를 다 필요로 한다. 소통을 하려면 공통의 것이 있어야 하고, 차이가 있으니 소통을 해야 한다. 말하지 않아도 다 안다면 소통할 필요가 없고, 차이만 있다면 소통이 일어나지 않는다. 그러하니 소통은 차이 속에서 공통의 것을 만드는 과정이라 할 수 있다.[5] 활동가들은 이 기묘한 소통의 줄타기를 잘 한다. 수영(5년차, 40대 중반)은 '소통이란 조직의 소식이나 정보를 공유하는 과정이지만, 무엇보다 자신과 의견이 맞지 않는 구성원의 의견을 잘 전달하는 일도 소통에서 중요하다'고 생각한다. 주영(13년차, 40대 후반) 역시도 소통은 '다양성 안에서 머리를 서로 모으고 서로 화합도 하면서 정말 이게 참다운 길이라는 걸 찾으면서 가는 것'이라고 말한다. 소통은 최소한 이렇게 열린 구조에서 더 역동적으로 움직인다.

5. 공유감정으로 소통하다

소통은 수평적인 조직 구조 못지않게 구성원들이 공유하는 감정을 통해 움직인다. 사람들이 마을만들기 사업에 지속적으로 참여하는 것은 사람들 관계의 밀도를 구성하는 감정에서 비롯한다. 여러 연구에서 드러나듯이 참여 경험을 통해 얻게 되는 감정은 운동이 지속되는 주요한 동기로 작용한다.[6] 사람들은 추진하는 일이 성공할 것이라는 인지적 믿음 때문이 아니라 참여하면서 얻는 자부심과 기쁨, 즐거움 때문에 참여한다.

여기서 여성활동가들은 감정의 발생과 구성의 촉매제이다. 그들은 사람들에게 참여를 강제하거나 논리적 설명으로 설득하지 않는다. 상대방의 가치관이나 자존감에 기대어 마음에 접근한다.[7] 이러한 정서적 접근은 그 일이 상대방의 생각이나 가치, 비전과 얼마나 부합한가를 스스로 느끼게 하고, 상대방이 할 수 있다는 믿음을 준다. 리더십이 사람들에게 영향을 미치는 힘이라면, 여성활동가들이 선호하는 영향력의 수단은 바로 이 정서적 접근이다.

페미니즘, 리더십을 디자인하다

일하면서 새로운 엄마들을 이제 많이 만나잖아요. 툭 던져 보는 거죠. 우리는 뭘 한다. 그것을 설명하고 인지시키는 게 아니라 서서히 젖어드는 거, 나도 모르게 내가 이런 생각을 하고 거기 가고 싶다는 생각을 하게끔 하죠. 제 경우도 그랬지만, 시민 단체는 나와 상관이 없었던 일들이었고, 학교 문제나 정치 문제 이런 거 전혀 상관이 없었던 사람이었잖아요. 그런데 처음은 모르지만 서서히 가면 갈수록 이해가 되는. 제가 그랬기 때문에 다른 엄마들도 이건 이런 거고, 저건 저런 거고 설명하고 설득하는 게 아니라 같이하면서 지금은 생소하고 모르지만 하다 보면 스스로 느끼고 알아 가면서 익숙해지는 것이 아닐까. 꼭 우리가 같이하고 싶다면 자연스럽게 와서 즐기다가 가고, 다시 오고 싶고. 그러다가 젖어드는 게 가장 좋은 방법이라고 생각을 해요. (미현, 5년차, 40대 초반)

미현은 '자연스럽게 와서 즐기고 다시 오고 싶은', 그러니까 강제나 논리적 설명이 아닌 스스로 필요성을 느끼는 자발성과 앎, 그리고 그 과정에서 얻는 즐거움을 중시한다. 미현은 이미 주민들과 함께 추진하는 대안 학교 사업이 비록 성공하지는 못했지만 그 과정에서 사람들과 함께하는 기쁨, 자신이 생각하는 도덕적 원칙을 확인하게 되었을 때 갖게 된 자신감을 느껴 본 적이 있다. 이러한 감정은 또 다른 후속 사업을 지속하는 힘이 되었다. 미현은 자신의 경험에 비추어 사람들이 조직이나 사업에 대해 부담감을 느끼지 않고 편안하게 참여하면서 '자연스럽게' 신뢰를 갖는 과정이 필요하다고 본다. 여기에는 '우리와 함께하는' 경험과 이로부터 얻는 감정이 있다.

수지(7년차, 40대 초반)도 사업을 진행하면서 함께 나누는 경험과 감정을 마을만들기 활동에서 매우 주요한 요소로 꼽는다. 연극 대사를 못 외운다며 꽁무니 빼는 동네 주민들을 찾아다니면서 8개월간 함께 연극 연습을 하고 이 사업을 끝냈을 때를 이렇게 기억한다. "(…) 뭔가를 이뤘을 때 그게 저만 좋은 거 아닌데 몰랐던 사람이 그 감정을 공유하잖아요. 함께 뭔가를 한다는 것. 그분들이 너무나 행복해 하고, 우리는 해냈어. 그런 어떤 힘. 이건 정말 흥이지. 이런 즐거움들은 누가 시켜서 하는 게 아닌데. 본인들이 이렇게 다르지만 따로 또 같이 느끼는 거잖아요."

공유감정은 참여의 기쁨을 증폭시키고 운동의 지속성을 이끈다. 굿윈 등은 운동에 참여하면서 나누는 의례, 노래, 전설 등과 같은 문화 활동이 풍부할수록 그러한 기쁨은 더 커진다고 말한다.[8] 현아(5년차, 40대 초반)는 잔치나 파티와 같은 놀이 문화를 통해 사람들의 참여를 이끌어 내고 사람들을 연결하고 서로 소통하게 한다. 할 수 있다면, 영화제와 같은 축제도 마련하려 한다. 그녀는 자신이 좋아서이기도 하지만 의도적으로 분위기를 만드는 일이 필요하다고 생각한다. 그래서 여러 마을을 돌아다니면서 선보인 춤과 노래만도 여럿이다.

페미니즘, 리더십을 디자인하다

예전에 술자리는 누군가가 주도하는 그런 문화였다면, 지금은 아주 다양하게 다양한 방식으로 소통할 수 있는 것들. 그럼 그것에 되게 즐거워하고 신나 하고. 그 순간은 하나가 되는 느낌을 받는 거예요. (…) 힘들고 고될수록 왜 이렇게 노동요 부르면서 노래도 하고 뭐 그러잖아요. 마을에서 함께하는 게 재밌고 즐겁다면서 뭔가 같이 해 보는 공동의 경험이 필요하거든요. 그 다양성을 인정해 주면서, 판을 한번 묶어 주고 각자 개성 맞게 놀다가, 이렇게 해 주면 좋겠다는 생각이 들더라고요. 그래서 그런 거 보면 너무 신나고 재밌어요. 저렇게 사람이 태도가 변하는 거. 마을에서 사람들과 함께한다라는 것을 맛본 것 같은 느낌? 그럴 때 사람이 막 붙거든요. 막 이제 좀 서먹했던 사람들이 여기 와서 노는 거예요. 내가 의도하지 않았는데도, 이렇게 끌어당기지 않았는데 (…) 오히려 끌어당기면 처음에는 어색하고 부담스럽고 할 수 있는데, 이제는 그게 자연스럽게 와 닿으면, 자기 마음에 꽂히면(웃음), 내가 뭐라 안 해도 자기들이 와서 판 벌리고 노는 거예요. 그때 또 재밌고. (현아, 5년차, 40대 초반)

현아는 '이념이나 목적을 가지고 사람을 만났으면 일적인 관계'로만 머무르며 공동체성이 지속되지 못했으리라 본다. 그녀는 '편안하게 재밌게'라는 자기 철학이 있다. 현아는 '편안하고 재밌게' 정서적으로 다가가 사람들에게 '어떻게 사는지' 물어보면서 '자연스러운' 이웃 관계를 만든다. 그렇게 대화와 놀이를 하면서 마을 공동체에 관한 사람들의 관심은 깊어지고, 사람들은 생산적인 주민 공간들을 '자연스럽게' 만들어 간다.

그렇다고 해서 그들의 공유감정은 공동체 내부의 결속을 위해 다른 사람들을 배타하지 않는다. 이원화된 사유로 구성된 사회는 우리의 정체성을 구성하고 우리 내부의 결속력을 강화하기 위해, 타자를 만들고 타자에 대한 분노나 적대감에 기댄다. 그러나 여성활동가들이 말하는 공유감정은 타인과 상호작용하는 과정에서 자아를 확장시켜 타자의 입장에까지 서는 능력을 통해 형성된다. 그래서 폐쇄된 우리가 아니라 유연하게 열려 있는 공동체이다.

사실 감정은 이성과 대립되는, 비합리적이고 예측 불가능한 것으로서 배제해야 할 열등한 그런 것과는 다르다. 감정은 합리적인 행위를 위해 버려야 하거나 억제해야 할 성질이 아니라, 합리적 행위를 위해 필요한 인간 에너지이다. 어떤 사실이나 대상에 대해 느끼는 감정은 나의 인식과 인지력에 따라 다르게 구성될 수 있고, 특정한 감정은 실천을 유발한다. 인지력과 감정은 상호적이며 합리적 행위에는 특정한 감정이 작동한다. 말하자면 마을만들기 기획을 움직이는 공유감정은 앎에서 태동하고 특정한 실천을 수반한다는 점에서 이성적이고 합리적인 행위와 분리된 어떤 것이 아니다.

이러한 점에서 마을만들기 여성활동가들의 리더십은 이원화된 틀에서 벗어나 있다. 이성-감정, 남성/성-여성/성으로 비대칭을 이루는 이원화된 사유와 행위에서 도출되지 않는다. 따라서 여성활동가들이 정서적 접근을 통해 공유감정을 창출하는 것은 그들

페미니즘, 리더십을 디자인하다

이 여성적이기 때문도 아니고, 여성의 타고난 자질이나 역할을 행해서도 아니다. 그들은 지향하는 가치와 비전을 구체화하는 과정에서 수평적이고 상호적인 영향력을 행사하기에 가장 적합한 방식을 선택할 뿐이다.

6. 보이지 않으나 맛을 내는 소금처럼

여성활동가들 대부분은 리더나 리더십이라는 언어로 자신의 활동을 해석하고 풀어내는 일을 낯설어한다. 리더라는 말이 낯선 이유는 흔히 리더라고 하면 주로 자본화된 경쟁 체제에서 기업에 맞춘 리더형이 통용된 경향도 없잖아 있다. 하지만 자신의 활동을 리더 혹은 리더십이라는 언어로 해석한 경험이 거의 없고, 리더에게 필요한 역량에 관해 구체적으로 생각한 적이 드물며, 무엇을 어떻게 해야 하는지에 관한 구체적인 방법을 소개받거나 체계적인 교육을 받아 본 기회가 부족한 까닭도 있다.

무엇보다 그들은 기존의 리더가 갖고 있는 일반적인 통념, 그러니까 특정한 소수가 다수의 대중을 이끈다는 식의 리더 개념을 비판하며 매우 불편해 했다. 거기에는 영웅적이거나 엘리트적인 의식이 배어 있다고 생각한다.

모든 사람이 다 리더가 되었으면 좋겠어요. 특정 한 사람이 끌고 가는 게 아니라 모두가 리더라는 의식을 가지고 리더가 되었으면 좋겠죠. 그런데 누구 하나 총대 메고 으쌰 하는 게 필요하긴 한데, 아직 제가 그런 역량 상태는 안 된 것 같고. 모든 사람들이 그런 의식. 내가 하는 일에 대한 주체적인 마음을 가지고 같이하는 게 리더가 아닐까. (고은, 5년차, 30대 후반)

고은은 주체적으로 일하는 사람은 모두 리더라고 표현한다. 대부분의 여성활동가들은 '모두가 리더이다.'라는 생각을 은연중에 내비친다. 마을만들기 기획이 지향하는 사업이나 목표는 구성원들을 시민 주체로, 삶의 주체로 세우는 일이기 때문이다. 리더와 팔로어를 고정시키는 구도와는 사뭇 다르다. 리더는 특정한 사람들의 것이 아니라 누구나 리더가 될 수 있고, 리더와 팔로어의 위치는 사안에 따라 매우 유연하게 전치된다.

영희 또한 리더의 통념을 비판한다. 그리고 리더의 의미를 자신의 조직 문화에서 새롭게 재정의한다. '여러 사람들의 의견을 모아 묶어 내는 사람들'이 리더라는 것이다.

저는 흠 (…) 리더라는 게 실은 굉장히 불편해요. 좋은 말을 좀 찾았으면 좋겠어요. 그렇죠? 우리가 끌고 가는 건 아니잖아. 함께 가는 거. 그렇죠? 그래서 저도 좀 이렇게 함께 가는 사람이고 싶고요. 또 뭐를 척척척 해결해 주는 사람이라기보다는 그 고민되는 걸 나누고 싶은 사람이에요. 왜냐하면 나도 끊임없이

페미니즘, 리더십을 디자인하다

모르겠거든. 이 활동은 이건 이렇게 해야 돼요. 실은 이런 식으로 ABC가 나올 수가 없는 활동인데 사람들은 어떤 거를 명확한 걸 원하잖아요. 도표로, 혹은 어떤 형식으로 해답을 주길 원해요. 많이들 그러시더라고요. 그런데 저는 사람들하고 얘기하거나 할 때 내가 그렇게 생각을 하는데 그게 맞을까?라는 걸 물어보는 편이에요. 이렇게 하면 어떨까요. 혹은 이렇게 해도 될까. 아니면 이 방법은 어떻고 이 방법은 어떻고 막 여러 가지 방법들을 좀 제시를 하는 사람? 제시해서 좀 그거를 묶어 내는 사람이고 싶어요. 해서 끌고 가는 사람보다 특히 생협은 그런 사람도 필요하지만, 더 필요한 사람은 의견들을 묶어 낼 수 있는 사람들. (영희, 9년차, 40대 중반)

여성활동가들은 문제해결형보다는 소통하고 연결하고 성장시키는 과정참여형 리더를 선호한다. 이러한 경향은 수평적 조직문화를 형성하고, 사람 관계 중심으로 일하는 마을만들기 운동의 성격과도 맞닿는다.

그들이 소망하는 리더 상*에 면면히 흐르는 진정한 리더란

---

*   면접 참여자들이 말하는 리더 상은 다들 비슷하다. 경청하는 사람, 부드러운 리더(소연), 다양성을 조정하는 사람(주영), 맘을 알아주고 보듬으며 그 과정을 함께하는 사람(수지), 여러 의견을 묶어 추진하는 사람(영희), 지시가 아닌 자발과 창의성을 발휘하도록 하는 성장 촉진자(미애), 소통하는 사람(수영), 구심점(미현), 주도형이 아닌 의사소통하는 사람(민영), 소통과 참여 촉진자(윤아), 결단력이 있는 리더(유진), 모두가 리더(고은), 경청과 소통의 달인, 개인 역량을 파악하여 적재적소에 배치하는 사람(현아).

다양성을 연결하는 허브와 같은 존재이다. 여러 사람들의 의견을 모아서 함께 문제를 풀어 가는 과정을 이끌어 내는 촉진자이자 구심점이다. 그리고 이를 잘 수행하는 사람으로서 리더는 소통하는 사람이라고 표현한다. 그들이 가장 많이 언급하는 언어가 소통하는 리더이다. 궁극적으로 리더는 보이지 않으나 그 맛을 내는 사람이다. 수지는 이렇게 말한다.

> 저는 학부모회를 하면서 학부모장을 하니까 리더라고 생각했었어요. 그때는 추진력 있는 사람이 리더라고 생각했죠. 근데 그게 다가 아니더라고요. 중요한 건 처음 출발할 때 다정함, 그리고 함께하는 거, 마음을 알아주는 거. 그래서 모아 주는 거. 그게 리더가 아닌가. 아, 그게 리더였구나. (…) 그러면서 리더라는 부분들이 아까 얘기했던 것처럼 과정을, 그 과정을 사람들한테 아울러 주고 같이 가자 보듬어 주고 그런 것들을 겪어 내면서 보이지는 않지만 사라져 버리는 거라 하더라도, 그게 제대로 된 리더구나. (수지, 7년차, 40대 초반)

7. 페미니스트 리더는 남다른 뭔가가 있다

'여성의 리더십과 남성의 리더십은 차이가 있는가? 있다면 무엇이 다른가?'라는 학자들의 논의는 꽤 오랫동안 있었다. 흔히 남

페미니즘, 리더십을 디자인하다

성 리더는 성과 중심적인 리더십을 발휘하는 반면, 여성 리더는 관계 지향적인 리더십을 발휘한다고 말한다. 여성은 리더십을 발휘하는 데 민주적인 성향을 선호하는 반면, 남성은 지시적이고 카리스마적인 성향을 선호한다고 생각한다. 이러한 남녀의 구분은 감정의 문화를 토대로 한다. 남성은 냉정한 이성과 용기를, 여성은 따뜻한 감성과 동정을 보이도록 기대된다. 이 입장에서 본다면, 마을만들기 여성활동가들의 소통 리더십은 여성으로서 여성적 특성을 발휘하는 당연한 결과라고 말할지 모른다.

그러나 꼼꼼히 생각해 보자. 여성 리더가 여성적 특성을 발휘한다는 생각은 성 역할에 대한 고정관념을 투영한 것은 아닐까? 리와 알바레스는 남성과 여성이 민주적이고 관계 지향적인 리더십을 행했을 때 구성원들에게 동등한 평가를 받지만, 여성이 지시적이고 카리스마적인 리더십을 행했을 때 남자 리더보다 더 평가 절하된다는 결과를 밝혔다.[9] 이 연구는 여성 리더를 평가하는 데 성 고정관념이 반영되는 현실을 보여 준다. 여성 장교들의 경우도 유사하다. 남성 중심적인 군대에서 여성 장교들이 반드시 여성이라고 해서 여성적 리더십을 발휘하는 것은 아니다. 초기에는 카리스마적인 리더십을 발휘하지만 시간이 지날수록 '여성'이 드러나지 않는 방식으로 다양한 리더십을 행한다. 오히려 군이나 주변 군인들이 여성 장교들에게 여성적 특성을 발휘하도록 기대한다.

여성활동가들이 행하는 보살핌은 여성이라면 누구나 잘할 수 있는 타고난 자질처럼 보이지만 이는 피상적인 이해이다. 마을만들기의 보살핌은 페미니즘, 생태주의, 평화주의, 공동체주의의 가치를 담은 사회적인 것이다. 여성활동가들이 택한 정서적 접근도 여성 특유의 감성적인 발휘가 아니라 체현된 합리성에 근거한다. 그래서 이성과 감정을 나누고, 여성과 남성을 차별하는 이원화된 사유틀에서는 설명할 수 없는 행위이다.

페미니즘은 이렇게 여성들이 리더로 변태하는 과정에서 그들의 행위를 다른 차원으로 변화시킨다. 페미니즘은 그들에게 세상을 보는 렌즈가 되고, 여성의 경험을 사회문제로 해석하게 하며, 미래 지향적인 공동체를 구성하는 데 필요한 관점이자 힘으로 작용한다. 그들이 페미니즘을 만나 페미니스트 리더인 것은 여성적 특성을 행하기 때문이 아니라 시민성과 공공성으로 질적 변화를 일으키기 때문이다.

그리하여 페미니즘 감수성으로 리더십을 행하는 리더는 성고정관념을 가지고 사람을 판단하지 않는다. 수평적 소통을 방해하는 권력관계를 읽고 해소하려는 감수성이 남다르다. 현아는 필자와 이야기하는 내내 페미니즘 감수성을 빛낸 리더 가운데 한 사람이다.

저는 남녀보다는 나이에 대한 차이를 좀 더 느껴요. 젊은 세대일수록 남자라고 해도 그런 게 훨씬 더 부드럽게 표현하고, 더 디테일하고 섬세하다는 걸 좀 느끼구요. (…) 그니까 소통의 방식이 여기는 여러 사람이 모였으니까 공적인 얘기만 해야 돼 이

페미니즘, 리더십을 디자인하다

런 게 아니라. 아주 자기 일상에서부터 진짜 무슨 정치 사안 얘기까지 다양하게 얘기가 오가요. 그니까 나는 예전에 운동했었던 사람들이, 활동했었던 사람들이 의사소통했던 방식보다 훨씬 좀 변화되어 온 거라고 보는데. 얼마 전에 여러 사람이 섞여 있는 방에 개인적인 톡은 하지 말래는 거야. (…) 그런 게 나는 딱 남성 중심적인, 그동안 지배해 왔던 문화다 저게. 여기는 한참 더 깨져야 되겠구나 그런 생각도 하고. (웃음) 나이 차이를 떠나서 편안하게 얘기할 수 있는 분위기를 연출하는 것. 일종의 권력이 작동하는 거잖아요. 내가 의식하지 않아도 그 사람이 갖고 있는 직함이나 이런 것 때문에 얘기할 때 어려움 같은 걸 겪어요. 그걸 어떡하면 넘어설 수 있을까. 좀 더 편안하게 얘기할 수 있는 분위기를 조성할 수 있을까. 이거조차도 어찌 보면 평등한 여성주의적 노력이 아닐까 생각을 하는 거죠. (현아, 5년차, 40대 초반)

지배적인 전통적 리더십은 남성 중심성을 띤다고 말하면서도 대안적 리더십을 여성적 특성으로 언어화하지 않는 현아의 말에는 젠더를 넘어서는 언어의 필요성이 담겨 있다. 다름 아닌 소통과 대화를 방해하는 위계화된 권력에 대한 비판이다. 그것이 젠더, 나이, 섹슈얼리티, 인종, 계급이든 무엇이든지 간에 자아와 타인과의 관계를 수평적으로 재배치하려는 페미니즘 감수성은 그들이 어떤 리더십을 수행할 것인가를 잡아 준다.

FEMINISM

6장

LEADERSHIP

DESIGN

'여성' 리더와 리더 사이:
대기업 여성 중간 관리자들의
융합 리더십

김 엘 리

이화여자대학교 리더십개발원 전 특임교수. 여성학으로 박사 학위를 받고
지금은 연세대학교, 성공회대학교 등에서 여성학과 평화학을 강의한다.
㈜한국이주여성인권센터 공동대표로 일한다. 여성 군인의 주체 구성, 남성성의 변화,
에로틱한 평화운동, 감정의 정치 등에 관심이 있다. 쓴 책으로 《성 사랑 사회》(공저),
《나의 페미니즘 레시피》(공저), 논문은 〈여성 군인의 우수 인력 담론 구성〉, 〈여성의
군 참여 논쟁〉 등이 있으며 옮긴 책으로는 《여성, 총 앞에 서다》, 《군사주의는 어떻게
패션이 되었는가?》가 있다.

1. 남성의 위기?

　21세기는 여성의 시대라고 말한다. 나눔, 소통, 섬김, 수평 리더십이 대세라는 시대정신에 좀 더 부합하는 인간형이 여성이라고 진단하기도 한다. 여성은 미래의 자원으로 어떤 영역에서든 각광을 받기 시작했다. 실제로 여성들은 정치인이나 법률인, 기업 경영인으로서 부각되는 것만이 아니라 각 영역에서 차세대 리더로서 재능을 발휘한다. 저널리스트인 해나 로진은《남자의 종말》이라는 책에서[1] 여성들이 세상을 지배하는 시대가 오고 있다고 말한다. 그녀는 가부장성이 강한 한국에서조차 이제 아들보다는 딸을 선호하며, 결혼을 늦추는 여성들의 등장으로 연애와 결혼 판도가 달라지는 풍경을 주시한다. 최근 몇 십 년 동안 남자 일색인 일들에 여성들의 진출은 두드러지게 눈에 띈다. 하지만 남성들은 전통적인 여성의 영역으로 진입하기를 머뭇거린다. 여성은 이전에 남자와 여자가 맡았던 일들을 동시에 해내며 초인 종족으로 변이하지만, 남성은 직위나 가장의 역할을 통해 남성성을 유지하며 그 생활 방식을 고수한다. 그래서 문화심리학자 김정운은 남성들에게 밤문화에서 위안을 받고 직위 권력을 통해 자신의 존재감을 찾는 '남성의 물건'에 집착하지 말라고 말한다. 그보다는 인생의 의미와 재미를 만드는 창의적인 자기만의 물건을 개발하라고 조언한다.[2]

　여성들의 사회 진출이 증가하고 활약이 두드러지면서 이제 여성과 남성, 한국 사회가 서로 맺는 관계를 새롭게 재편하는 혹은 재편해야만 하는 변화를 실감한다. 그런데 때로 이 변화는 남성들에게는 위기로, 여성들에게는 업무 과다로 다가오면서 갈등을 유발하기도 한다. 최근 일부 남성들은 '평등'이라는 언어를 자신의 것으로 전유하여 남성에 대한 역차별을 운운하고 여성혐오를 노골적으로 드러내며 유연한 여성과 뻣뻣한 남성들이 빚어내는 문화 지체의 불안감과 피곤함을 특정 대상에 대한 공격으로 돌린다. 이 이면에는 불확실하고 불안정한 신자유주의 경쟁 사회가 자리한다.

　남성의 위기라는 진단은 유난 떨 만큼 지층의 변화를 일으키는 지진과 같은 것은 아니다. 남성의 위기는 여성들의 활동이 두드려져 보일 때마다 운운했던 시대적 단골 언어이다. 그리고 자세히 들여다보면 남성의 위기설은 남성과 여성의 권력관계가 변화하는 성정치학에서 시작되기보다 변화하는 산업구조와 소비문화에 포섭된 남성성의 변형에서 더 실감된다.* 더욱이 경제와 사회 문화 자본에서 드러나는 남성들 사이의 차이는 그 위기와 갈등의 유발자이지만 마치 없는 것처럼 남성 동성 사회 뒤로 숨는다. 그래서 남성 개개인이 직면하는 불안감은 무한 경쟁을 부추기는 부정의한 능력주의나 남성들의 계급적 차이가 가져오는 사회적 위계감과 관련

　페미니즘, 리더십을 디자인하다

되어 있으나, 이는 드러나지 않은 채 남성과 여성과의 대립에서 파생되는 문제로만 부각된다.

여성들의 실상은 어떠한가? 여성들이 사회 리더로 부상하는 시대라고 해서 여성들에게 밝은 미래가 보장되는 것은 아니다. 21세기가 여성 시대라는 말은 여성들을 차별하는 제도적 제한선이 사라지고 여성 개인의 선택이 자유로워진 시대적 흐름을 나타내지만, 실상은 소문난 잔치에 먹을 것이 없다는 옛말처럼 화려한 수사일 수 있다. 여전히 '남성이 스펙'이라는 사회에서 고군분투하는 여성들이 대다수이다. 공적 영역에서 여성들은 여성에 대한 선입견과 부딪히면서 여성이라서 더 엄격한 잣대를 통과해야 한다. 남성 중심으로 이어 온 조직 문화에서 여성들은 여성스러움을 잃지 않으면서도 그 조직 문화에서 형성된 관례적인 리더십을 행하도록 기대되기 때문이다.

그렇기 때문에 부드럽고 감성적이고 관계 중심적인 리더십을 역설하는 요즘, 여성들이 여성적이므로 그러한 리더십을 잘하리라고 단언하기 전에, 관계 중심의 리더십에 관한 언설이 여성들에게 어떻게 작동하는가를 주시해야 한다. 그러면 관계 중심의 리더

★　　최근 남성성은 강한 남성성에서 부드러운 남성성으로 변화하는 추세이다. 이제는 강하면서도 부드러운 하이브리드 남성성이 대세이다. 이는 중공업 산업에서 지식과 정보 산업으로 전환한 시대가 요구하는 남성성이기도 하고, 패션과 화장 업계와 같은 소비문화가 주조하는 남성성이기도 하다. 그런데 이 변화는 여성들의 사회 진출을 배경으로 삼아 마치 기존의 남성성이 붕괴되는 위기처럼 느끼게 하고, 남성의 자리가 흔들리고 있다는 착각을 불러일으키곤 했다. 거기에는 남성과 남성성을 동일한 것으로 혼동하는 오해도 한몫한다.

십 담론에 여성 리더십을 구성하는 통념들이 보인다. 여성들은 조직 생활에서 이들을 어떻게 요리할까?

이 글은 대기업에서 일하는 여성 중간 관리자들의 이야기를 풀어낸다. 그들을 통해 여성들의 리더십을 들여다보는 이유는 '여성이 미래의 자원이다.'라는 언설이 단순한 수사가 아닌 실제 현실이 되길 바라는 의도에서이다. 4차 산업혁명을 논하고 앞으로 사라질 직업을 예측하면서 한국 기업의 변화를 역설하는 시대에 생각해 볼 창의적이고 유연한 리더십의 창출은 공공 영역으로 점점 더 진출하는 여성들의 경험에 귀 기울이는 일에서 시작되어야 한다. 그래야 부풀어진 성평등의 거품을 덜어 내고 미래 사회의 진정한 자원으로 여성들의 리더십을 어떻게 구성할지 이야기할 수 있을 것이다.

여성들의 이야기는 전자, 전력, 건설, 금융 서비스 등 대기업에서 일하는 중간 관리자 18명과의 면접과 47명의 리더십 교육 과제 내용을 바탕으로 한다.* 1990년대부터 평사원에서 시작하여 21세기에 중간 관리자가 된 여성들은 한국 사회의 변화와 함께 성장했다.

---

* 이 글은 2012년 1월 30일부터 5월 30일 동안 이화리더십개발원의 리더십 프로그램에 참여한 여성 중간 관리자들 18명과 이루어진 인터뷰 내용을 바탕으로 한다. 이 글에 등장하는 여성 중간 관리자들의 이름은 모두 가명이다. 면접할 당시 그들의 직위는 차장·부장·수석이었고 30대 후반과 50대 초반인 두 명을 제외하고는 모두 40대였다. 비혼 두 명을 제외하면 모두 자녀를 둔 기혼자들이다. 이 사례 연구 프로젝트에는 당시 함께 일했던 이화리더십개발원의 전지은·허지민·이혜련 연구원의 행정적·정서적 지원이 담겨 있다. 그들 모두에게 고마움을 전한다.

2. 응답하라, 1990년대: 대졸 여성의 공채

여성 중간 관리자들이 입사한 1990년대 초중반. 그때만 해도 대졸 여성 직원이라는 존재는 참 드물었던 시절이었다. 1990년 대졸 여성 취업자는 여성 총 취업자의 5.2퍼센트인데 반해 고졸 이하 여성 취업자는 91.7퍼센트였다. 당시 기업에서 일하는 여성 대부분은 고졸 사무직 여성들이었다. 1990년대 글로벌 시대를 강조한 정부는 신 인력 정책을 내세우며 고학력 여성 인력 자원의 활용에 힘을 실었다. 1987년 남녀고용평등법이 제정된 이후 여성들의 평등한 고용정책 요구가 일어나고 고학력 여성들이 증가하며 기업의 우수한 여성 인재 확보가 맞물리면서 대졸 여성 취업자는 1995년에는 8.2퍼센트로, 2000년에는 10.9퍼센트로 서서히 증가하기 시작했다.[**] 대졸 여성들이 하나둘씩 기업에 진출하기 시작할 무렵 영채(A 기업 차장, 20년차)도 대기업에 입사했다.

이십 년이 지난 오늘날 생각하면 우습기도 하고 조금은 의아한 일들이 불쑥불쑥 등장했다. 영채는 입사 후 신입 사원 연수 프로그램에 참가하러 교육장에 갔다. 이전에 여성 연수생을 본 적 없는 교육장 준비 측은 여성 직원을 전혀 상상해 본 적이 없는지라

[**] 1993년 삼성 그룹이 대졸 여성 500명 채용을 발표한 것을 시작으로 대졸 여성의 채용 규모가 증가했다. 당시 대기업들이 한 해 뽑는 대졸 여성 직원은 1,500명 안팎이었다. 당시 삼성 전체에서 여성 임원은 여덟 명이었고, 여성 직원만의 유니폼 착용은 여성 차별이라고 지적한 이건희 회장의 지시에 따라 1995년에 유니폼 착용도 폐지되었다(조일훈 지음, 《이건희 개혁 20년: 또 다른 도전》, 김영사, 2013, 239-247쪽).

여성 직원을 위한 숙박 시설을 준비하지 못했다. 당연히 남성일 것이라 생각하여 남성 직원과 같은 방에 배치했다. '그녀'가 참석한 것을 나중에 안 주최 측은 부랴부랴 그녀를 맞을 준비를 해야 했다. 결국 그녀는 숙박 건물의 한 층을 독점했다. 그 층에는 말 그대로 '그녀만' 있었다.

　　회사에서 '대졸 여성 직원'이 무엇인지 모호했던 그 시절, 여성에 대한 인식은 낯섦과 무지였고 이는 차별로 얼룩졌다. 대졸 여성 직원들을 호명해 본 적 없고 명명할 언어를 생각해 보지도 못한 회사 직원들은 당시 고졸 여성 직원들의 통칭인 '미스 김'으로 그들을 불렀다(민혜, G기업 차장, 17년차). 그리고 그들에게 차 심부름도 시켰다(경혜, F기업 차장, 22년차; 세하, B기업 부장, 18년차; 호희, B기업 부장, 17년차). 1990년대만 해도 결혼을 하면 회사를 그만두어야 하는 분위기였고,* 관습대로 여직원만 입는 유니폼을 입었다(영채, 호희). 명함을 제작해 주기를 총무과에 요청했더니 '여성이 무슨 명함이냐?'며 황당해 하는 담당자를 보며 당황스러웠던 시절이었다(경혜).

　　금융업은 그 양상이 또 달랐다. 은행에서 일했던 서림은 성전환 수술을 해야 했다. 그 이야기는 이렇다.

<small>*　1970년대부터 금융노조의 여성활동가 등은 결혼 퇴직 각서 폐지 운동을 했다. 그러나 그 관행은 계속되었는데, 1985년 한 비혼 여성의 손해배상 청구 소송에서 결혼퇴직제를 전제하여 판결을 내린 법원의 행태를 계기로 여성 조기 정년제 철폐 운동이 다시 촉발됐다. 이후 1987년 제정된 남녀고용평등법에서는 '혼인과 임신, 출산을 퇴직 사유로 하는 근로계약을 체결해서는 안 된다'는 조항을 두었다(김엘림, 《남녀평등과 법》, 한국방송통신대출판부, 2016, 137-139쪽). 그러나 1990년대만 해도 법과는 달리 보이지 않는 압력과 문화가 잔존했다.</small>

　　　　　　　　　　　　　　　페미니즘, 리더십을 디자인하다

내가 입사할 때는 남자와 여자의 트랙이 달랐어요. 남녀가 똑같이 학교를 졸업하고 들어와도 여성 행원과 남성 행원의 호봉과 직급이 다르니까 급여나 승진에 있어서 남자와 여자 차이가 굉장히 많이 났어요. 그러다가 어느 정도 경력이 되면 여성 행원들이 남성 행원과 같은 트랙으로 전환할 수 있는 시험을 볼 수 있었어요. 그 시험을 성전환 수술이라고 불러요. 거의 고시에 준하는 시험인데 그걸 통과하면 여자가 남자가 돼서 남자 직원과 똑같이 고과를 받아서 올라가는 거죠. 이 제도는 1996년까지 있었는데, 저 같이 성전환 수술한 사람은 10퍼센트도 안 돼요. 여성들이 6급에서 5급이 되는 것도 힘들었어요. 5급 계장이 되려면 남자들은 90프로 안쪽에만 들면 됐는데 여자들은 10프로 안에 들어야 계장이 됐어요. 그러니까 계장이 된 여자들은 독한 사람이 되는 거죠. 그리고 직급이 같아져서 남자 대 여자의 구도가 되면 여자가 항상 불리해요. 예전에는 여자들이 결혼하면 그만둘 것이라는 인식이 있어서 여자한테 잘해 줘 봤자 남자들만 손해라는 생각들이 있었어요. (서림, F기업 차장, 20년차)

동일한 학력을 가지고 입사를 해도 여성들은 남성과 다른 위치에 있었으므로 성을 전환하는 시험을 보아야 했다. 남성 직원과 동일한 트랙을 갖기 위해서였다. 성전환 수술을 해야 제도적으로 남성과 그나마 동등한 조건을 갖게 되는 현실은, 직장이란 곧 남성의 공간이라는 뜻이었다. 남성이 어떤 것을 판단하고 결정하는 기준으로 여겨지는 현실은 역사적으로 오랜 시간 전승된 구조이자 문화이다. 이렇게 시작한 그들의 직장 생활은 이십 년이 지나는 동안 꽤 많이 바뀌었다.

여성들의 대학 진학률이 높아지고 전문직과 사무직에 진출하는 고학력 여성들이 꾸준히 증가하면서 결혼을 해도 지속적으로 일하는 여성들의 수가 늘어났다. 그리고 관리자급 여성들의 수도 함께 증가하였다. 사회도 변화했다. 비록 기업은 여성들이 지속적으로 일할 수 있는 안정적인 시스템을 근본적으로 구축하지는 않았지만, 차별을 덜 받으며 일할 수 있는 조건을 마련하는 법에 기대어 최소한의 정책을 적용하고 마련하려 했다. 일과 가정을 양립할 수 있는 제도를 마련하고, 육아휴직을 실시했다.

그러나 '남성처럼 평범하게 일하면 잘했다 하지 않고, 훨씬 뛰어나게 잘해야 잘했다'고(서림, 경혜) 하는 회사에서 '남자가 얻는 한 가지를 얻기 위해 여자는 스무 배 노력해야 한다'고 말할 만큼 (문정, H기업 부장, 24년차) 여성들에게는 각고의 시간이었다.

3. 자기계발, 전문성 갖추기

대졸 여성들이 공채로 입사한 1990년대 중반부터는 새로운 여성들의 자기계발 담론이 성행했다. 1980년대는 직장 사무실에서

페미니즘, 리더십을 디자인하다

여성들이 어떻게 처신해야 할까라는 내용이 주를 이루었다면, 대졸 여성들이 기업에 진출하기 시작한 1990년대는 일과 사랑에 성공한 여성들의 자기실현을 독려했다. 이에 걸맞게 '커리어 우먼', '프로 여성'이라는 새로운 여성 주체를 호명하는 언어들이 등장했다. '테러리스트'처럼 남성 우위의 사회에 정면으로 돌파하며 도전하라는 단호한 메시지가 나오는가 하면, 사회적 성공을 성취하기 위한 구체적인 노하우들이 제시됐다.[3] 여성 중간 관리자들도 강조하듯이 자기 브랜드를 개발하라는 이야기는 이미 이 시대에도 횡행했다. 무엇보다 남성 중심의 직장에서 자신의 존재감을 알리며 리더로서 갖춰야 할 주요한 요소는 전문성 갖추기이다. 전문성 갖추기는 하루아침에 이루어지는 것은 아니다. 무엇보다 자기를 탐색하는 긴 시간을 요한다. 여성 중간 관리자들은 성격검사나 자신의 장단점을 파악하는 심리검사를 통해 자신이 무엇을 더 잘하는가라는 객관적 데이터를 갖기도 하고, 직장에서 자신이 흥미롭거나 더 잘하는 분야는 무엇인지 모색한다.

그들은 여러 부서를 돌면서 업무 능력을 쌓는다. 그 과정에서 전문 지식을 좀 더 체계적으로 갖기 위해 대학원에 진학하거나 관련 자격증을 획득한다. 또한 회사 안팎에서 진행하는 교육 프로그램을 이수하고 어학원을 다니기도 한다. 그들은 지식만이 아니라 앞선 정보를 얻기 위해 자료를 모으고 현장 경험을 하고, 네트워킹을 활용한다. 여성 중간 관리자들의 경험을 들어보자.

이제 리더가 되면 각자 하는 일에 대해서 전문가적인 컨설팅을 해야 된다는 압박감이 있어요. 하지만 그렇게는 다 못하잖아요. 그래서 그 사람이 했던 일을 좀 다른 시야로 바라봐 줄 수 있고 조언해 줄 수 있는 사람이 되어야겠다, 그래서 남들보다 조금 더 열심히 그 분야에 대해서 인사이트를 갖기 위한 노력들을 하죠. 세미나도 열심히 참석하고 내 분야가 아닌 다른 분야는 어떤 일이 벌어지고 있는지에 대해서도 정보 수집도 하고요. (승은, C기업 부장, 15년차)

연수 프로그램도 다양해요. 가능하면 다 참석하면서 공부하죠. 거기서 배웠어요. 경영자의 경영 마인드가 어떤지 확인하라 이거예요. 직접 만나야 된다는 거예요. 저는 심사 업무를 하면서 기업에 대한 평가를 할 때 꼭 현장에 갔어요. 발로 뛰었어요. 사람들은 서류만 보고 판단하거나 대충 하는 경우가 있어요. 전 현장에 가서 라인을 둘러본 다음에 샘플 달라고 해서 보고서를 썼어요. 상사들이 볼 때 얘는 업무를 파악하고 있구나 생각을 하거든요. 내가 가진 정보를 기존의 정보에 더 늘려서 다른 사람들이 요청할 때 정확하게 제시하고, 문의해 오면 '이거 저거 하면 되요. 그것만 확인하세요.' 그러면 명쾌하죠. (경혜, F기업 차장, 22년차)

저는 국가에서 공인하는 자격증을 땄어요. 회사에서도 이 자격

페미니즘, 리더십을 디자인하다

증을 따면 박사 학위 소지자와 같은 대우를 해요. 근데 자격증을 땄다는 자체가 중요하게 아니라, 자격증이 있다는 것은 이를 위해 그동안 공부를 체계적으로 해 왔다는 것을 말해요. 나의 관점에서 해석을 하고 설명할 수 있는 논리력을 갖추었다는 거죠. 그리고 지식도 많이 갖추게 되고요. 나는 조직 관리에 관한 전문 서적도 많이 읽는데, 결국 중요한 것은 전문성이 없으면 안 된다는 거죠. 애들한테 밥 사주고 얘기 잘하고 그런 건 허상이에요. 정말 업무적으로 존경할 만한 사람이 되어야 한다고 생각해요. 그래야 조직 관리가 잘 되죠. (도영, A기업 수석, 17년차)

조직의 리더로서 능력을 입증하는 일은 전문성을 갖고 업무 성과를 내는 것이다. 구성원들보다 좀 더 앞선 통찰력으로 명확하게 판단하고 조언하는 일도 그 전문성에서 나온다. 그런데 결정적인 것은 기회 포착이다. 그동안 업무의 기술을 익히고 개발한 자신의 능력을 유감없이 증명할 기회를 잘 활용해야 한다. 무엇보다 순간이 기회가 되는 자기장은 나를 알아주는 상사와 동료와의 관계이다. 대부분의 여성 중간 관리자들은 자신의 가치를 알아보는 사람들이 길을 열어 주는 것, 특히 여성을 차별하지 않고 능력과 열정을 판단의 기준으로 삼는 상사와의 만남을 행운으로 여긴다.

그런데 여성 중간 관리자들 대부분은 경력 관리의 목표가 회사의 최고 자리라고 말하는 것을 주저한다. 그들은 높은 자리를 향한 승진을 위해 전문성을 갖춘다기보다 전문가로서 인정받는 자기실현에 더 의미를 둔다. 그들은 임원으로서 살아갈 삶의 방식을 상상하지 못하거나 그 길에 진입하기를 두려워한다. 그들에게 행복은 자신의 모든 시간과 힘을 회사에 헌신하여 얻는 일의 보상이 아니라, 가족들과 잘 지내며 자신이 하고 싶은 일을 하는 것이다.

필자가 만난 여성 중간 관리자들은 앞으로 유리 천장을 뚫고 임원의 장으로 나갈 것인가 아니면 지금의 위치에서 열심히 일하다가 회사 밖에서 내 일을 찾을 것인가라는 자신의 미래에 관해 말하기를 머뭇거린다. 오직 한 명만이 임원이 목표라고 분명히 말하며 자신의 포부를 거침없이 말할 뿐이었다. 야망을 가져 본 적이 없거나 야망이 무엇인지도 생각해 보지 못한 여성들의 지난한 삶은 유리 천장을 뚫고 나갈 힘을 만들지 못한다. 남성들이 주로 맡아 온 임원의 길을 자신의 길로 생각하기에는 생존경쟁이 참 치열하고 '성공'의 의미도 자신의 것과 다른 것처럼 여성들에게 느껴진다.

1990년대 성공한 여성들이란 직장과 결혼 생활을 잘 조율하여 발생할 수 있는 위험들을 능숙히 관리하는 여성들을 뜻했다. 항상 일과 가정생활을 어떻게 성공적으로 잘 양립했는가 하는 이야기는 성공한 여성들의 성공담에서 빠지지 않는 단골 소재이다. 여성들의 자기계발서를 분석한 엄혜진의 연구에 따르면, 2000년대 자기계발서는 개인들의 정서나 인성, 삶을 기획하고 관리하는 방식으로 더 정교해졌다. 여성들은 일이든 결혼이든 자기 생애를 철저히 기획하면서 선택할 것을 권유받는다. 최근 여성들에게 매력적인 선택지가 아니게 된 결혼 역시도 성공을 이루는 도정에서 준비하고

페미니즘, 리더십을 디자인하다

투자하는 기획으로 거론된다. 사람들과 관계 맺는 방법이나 남자 유형 가려내기, 경제 재테크의 요령과 알뜰한 소비 방법, 그리고 리더가 되기 위해서는 리더Reader가 되어야 한다는 등 실용적인 정보와 행동 지침이 범람한다.[4]

　　1990년대든 2000년대든 성공을 향한 자기계발의 핵심은 여성성을 어떻게 관리하고 전략적으로 활용할 것인가이다.* 남성들과 달리 여성은 일과 가정을 잘 양립해야 하고, 매력이 성적 대상으로 되어서는 안 되며 모성과 같은 여성성을 '좋은' 여성성으로 활용할 줄 알아야 평판과 경력 관리에서 이롭다. 그러나 무엇이 어디까지 적절한 것인가를 가늠하는 일은 상황에 따라 애매하다. 그러니 그 적절성과 균형 찾기는 '개인'과 여성 사이를 줄타기하며 저글링하는 여성들만의 자기계발이 된다. 이러한 상황에서 임원의 장으로 향하는 성공은 여성들에게 남성들보다 더 순탄치 않은 여정이다.

---

* 　엄혜진은 신자유주의 시대의 자기계발은 일과 사랑에 대한 낭만적 사고에서 탈피하여 시장과 사회와 협상하면서 욕망을 성취하는 성공하는 주체를 구성한다고 분석한다(엄혜진, 《한국여성학》, 32(2), 2016). 이는 남성과 달리 여성에게는 개인성과 여성성 간에 놓인 긴장과 갈등을 어떻게 관리할 것인지와 연결된다. 엄혜진이 분석하는 당당한 속물근성과는 성격이 다르지만, 직장과 같은 공공 영역에서 여성들이 '여성성'과 관련하여 유사한 상황에 놓이는 경우는 여성 군인에게도 나타난다. 남성성을 통치 원리로 삼는 군대에서 여성/성과 군인이 긴장하고 충돌하는 배치는 흔히 발생한다. '여성적인 것'을 어떻게 다루는가는 여성들의 군인되기를 구성하는 하나의 요소인 것이다(김엘리, 〈초남성 공간에서 여성들의 군인되기 경험〉, 《한국여성학》, 28(3), 2012).

4. '여성'과 리더 사이에서

여성 리더십의 규격화

여성이라서 좋은 점은 누구든 커뮤니케이션할 수 있다고 생각한다는 거예요. 팀원들이 너희 리더의 장점이 뭐냐 이렇게 물어볼 때 '무슨 얘기든 할 수 있을 거 같다.' 이렇게 얘기하거든요. 그러면 엄마 같은 사람이잖아요. 엄마 같은 사람이니까 어떤 얘기를 해도 들어줄 수 있을 거 같다는 생각을 하는 거 같아요. 그런데 권위는 없는 거죠, 사실. 남자들처럼 카리스마가 있거나 어떤 권위를 보여 주지는 못하지만 엄마처럼, 내가 얘기하면 다 들어줄 거 같다. 뭔가 공정하게 해 줄 것 같다는 점이죠. (…) 사실, 나는 굉장히 급해요. 그래서 '나를 따르라. 내가 하자는 대로 해.' 이렇게 얘기할 때도 있어요. 근데도 여자라는 이유 때문에, 엄마라는 이유 때문에 와서 다 자기 의견을 얘기할 수 있을 거 같다 이렇게 얘기하죠. (승은, C기업 부장, 15년차)

승은에게 여성 리더십은 묘하다. 자신의 리더십이 여성이라는 이유로 복잡 미묘한 효과를 내기 때문이다. 승은은 자신이 어느 정도 강력한 힘을 발휘하는 추진력이 있다고 생각한다. 그러나 조직 구성원들은 승은이 여성이라는 이유만으로 엄마 같은 사람이라고 예견하며 사람들의 이야기를 포용하리라 기대한다. 여성들의 리더십은 이렇게 특정한 이미지로 주조된다. '여성'이라는 틀에서 찍

페미니즘, 리더십을 디자인하다

어내는 듯하다.

'여성' 규범은 여성들의 의지와 상관없이 때로 그 행위의 성격을 규정짓는다. 그렇게 승은의 리더십은 엄마 리더십으로 규격화된다. 물론 엄마 리더십은, 남성에게 말하면 타깃이 될 수 있는 것들도 여성 상사에게는 편안하게 이야기할 수 있는 따뜻한 토양이 된다. 여성들은 소통과 배려에 능한 리더로 여겨질 수도 있다. 그러나 회사에서 궁극적으로 지녀야 할 권위는 삭제된다. 때로 여성들이 갖는 관계성은 조직 차원에서 리더십을 구성하는 사회적자본으로 영글기보다 개인적으로 편하고 착한 사람으로만 읽히기도 한다.

무엇보다 '모든' 여성들이 여성이라는 이유만으로 배려하고 소통하는 관계 중심적인 리더일까? 질문하게 된다. 승은이 수행할 수 있는 혹은 수행하고 싶은 리더십과는 상관없이 승은의 리더십이 미리 예단된다는 점에서 문제적이다. 여성 개개인은 다양한 리더십들을 행하지만 그 다양한 특성은 간과된다. 여성이면 누구나 여성스러운 특성을 가진 리더십을 발휘할 것이라는 젠더 관습이 작동하는 것이다. 승은의 이야기처럼 여성들이 수행하는 리더십은 젠더 문법에 근거하여 이해되거나 규정된다. 국방부 홍보 영상에서 여성 군인들이 세심한 친누이 같은 소대장으로 호명되거나, 여성 대통령의 통치력이 모성 리더십으로 해석되는 경우도 그 예이다.

반면 누구도 링컨은 남자이므로 타협에 능한 리더이고, 만델라는 남성이므로 열정적인 리더라고 말하지 않는다. 간디나 카터 등, 리더로서 알려진 모든 남성들이 남성이기 때문에 똑같은 하나의 방식으로 리더십을 발휘하였다고 말한다면, 우스꽝스러운 궤변이 될 것이다.[5] 그들은 그저 각자 자신의 리더십을 수행했을 뿐이다.

그러나 여성들은 개인으로 독립하지 못한다. 오히려 남성과 가족과의 관계에서 그 의미를 갖는 존재로서 여성 범주 안에 갇힌다. 그래서 여성들은 '여성'이라는 접두어를 리더라는 말 앞에 부착한 정체성을 가지면서, 보편적 리더에서 비껴 난 특별한 리더가 된다. 그뿐 아니라 여성이라는 선이해는 어떤 특정한 직무와 직급에 여성을 배제하는 관례가 되기도 하면서도, 어떤 특정한 일에서는 여성이 더 잘할 것으로 조장되기에 결과적으로 여성들의 능력은 특정한 영역이나 특성으로 제한되기 쉽다.

위협적이지 않으면서도 나약하지 않은 리더십

리더십 연구자들은 엄마와 같은 리더십을 여성적feminine 리더십이라고 말한다. 여성적 리더십이란 사회적으로 구성된 여성성을 행하는 리더십이다. 그러니까 젠더 규범에 따라 여성들이 좀 더 많이 수행하리라고 기대되는 특성, 이른바 부드러움, 비권위적, 공감의 리더십을 지칭한다. 사회적으로 여성들의 경험이 여성적 특성과 매우 밀접하여 여성들은 여성적 리더십을 더 잘 행하리라고 기대받는다. 21세기에 필요한 덕목이 수평적인 관계 지향성인 만큼 그 특성을 소유했으리라 기대되는 여성들의 리더십은 칭송된다.

여성적 리더십이라고 해서 반드시 여성만이 행하는 것은 아니다. 남성들도 할 수 있고, 실제 남성들이 수행하는 리더십이기도

페미니즘, 리더십을 디자인하다

하다. 옥정과 지선은 남성 상사들도 여성적 리더십의 특성으로 거론되는 배려, 포용, 부드러움과 같은 특성을 행하므로 굳이 여성에게 국한된 특성으로 볼 수 없다고 말한다.

나중에 여성 간부가 됐을 때 리더십을 어떻게 발휘할 것인가? 꼭 여성성을 발휘해야 된다? 그럴 필요는 없을 거 같아요. 그리고 여성이라고 해서 꼭 여성성을 발휘하지는 않아요. 여성 차장 중에도 씩씩한 차장도 있거든요. 여성이 씩씩해도, 일 잘하고 씩씩한 사람을 사람들은 다 좋아해요. 일을 깔끔하게 잘하면서 모든 사람한테 싹싹하고, 대인 관계 좋으면 좋잖아요. 이런 것들은 남자냐 여자냐 상관없이 공통적으로 갖고 있는 자질이라고 생각해요. 부장님도 그런 편이세요. 강하게 카리스마를 발휘하는 분이 아니고, 조용하면서도 배려하고 따뜻하고, 포용하세요. 그래서 직원들이 다 호감을 가지고 좋아해요. 직원들 입장에서 생각하고, 포근한 그런 자질을 갖고 있으면 다 좋아할 것 같아요. (옥정, D기업 차장, 15년차)

일해 보면, 여성 리더십이 따로 있다고 생각하지 않아요. 여성 리더십이라고 하면 부드럽고, 포용적인 리더십이라는 느낌을 갖고 있어요. 섬세하고 배려할 줄 알고. 근데 여성적 리더십을 갖고 있는 남자 상사들도 있어요. 여성 리더십이 따로 있는 게 아니라 성향의 차이라고 생각해요. 남자 분들도 강하게 밀어붙이기보다는 조용히 물어보고 어려운 거 도와주고, 남자들 중에서도 이런 분들이 있어요. 제 상사가 그런 분이에요. (지선, A기업 수석, 15년차)

반면 여성 중간 관리자들이 기억하는 여성 상사들은 남성 중심 문화와 동일시하며 철저하게 일하려 했으며, 이른바 남성성의 특성이 짙은 리더십을 행했다. 그나마 몇 되지 않는 여성 상사들은 남성 중심의 조직에서 '여성'이라는 선입견을 주지 않으려고 개인 생활을 희생하면서 남성들보다 더 회사 일에 집중했다.

회사 내에서 여성적인 리더십은 사실 찾기가 힘들어요. 일단 리더가 거의 남성들이구요. 여성 선배들은 여성적인 리더십을 발휘하기보다는 남성들처럼 강하고 저돌적인 경우가 많거든요. 그런데 남성들에게 공격을 많이 받는 것 같아요. 여성 리더들에게 전통적인 여성성을 기대하는데 여성들에게서 자기들의 모습을 보니, 그것도 별로 좋지 않은 모습을 보니 위기감을 느끼는 것 같아요. 그리고 경쟁의식도 느끼는 것 같구요. 제가 아는 분은 여성성으로 포근하게 감싸고 직원들을 배려하는 방식으로 업무를 보셨는데 남성적인 리더십을 원하는 사장과 맞지 않아서 결국 좌천된 경우도 있어요. 그러니까 뭘 해도 어려워요. (혜인, C기업 부장, 21년차)

혜인의 말처럼, 때로는 여성들이 행하는 여성적 리더십은 '결핍된 연약함'으로 보일 수 있는 반면 남성적 리더십은 '어울리지 않는 강함'으로 취급될 수 있다. 남성 중심 문화에서 여성들이 리더십을 행한다는 것은 위협이 되지 않으면서도 나약하게 보이지 않으려는 줄타기인 셈이다. 흥미롭게도 필자가 만난 여성 중간 관리자들 대부분은 '자신의 리더십은 남성화된 경향이 크다'고 자평한다. 이를 오랜 직장 생활 탓으로 돌린다. 반면 '여성적 리더십을 행한다'고 말하는 경우와 '중성적이거나 양성적'이라고 말하는 경우는 각각 네 명에 불과했다.

여성들이 생각하는 성차와 리더십의 연관성은 각자 상반되고 균질적이지 않았다.* 그들의 경험은 '개인 차이다.'에서부터 '여성이 여성적 리더십을 더 잘 행한다.'까지 다양했다. 그러면서도 성별에 따라 예견하는 특정한 리더십은 고정관념이라고도 말했다.

물론 여성성은 말썽쟁이이다. 여성성은 남성성의 비대칭 개념으로 열등과 비하를 함의한다. 그래서 여성성이나 모성을 급진적으로 재해석하거나 탈 젠더의 맥락에서 재구성하지 않은 채 사용하면 오독되기 쉽다. 그러나 젠더 규범을 넘어서 재구성한다면 매

---

* 여성 리더십 연구는 성차가 리더십에 어떤 영향을 미치는가에 관심을 두었다. 흔히 여성적 리더십은 표현적이고 관계적이며 감정적인 반면, 남성적 리더십은 도구적이고 합리적이고 추진력이 있다고 말한다. 이원화된 틀에서 이러한 구분과 이해는 여성과 남성이 발휘하는 리더십에 대한 선입견을 강화한다. 성차가 리더십 유효성에 어떤 영향을 미치는가를 문헌 조사한 조경순, 이신자, 김호원의 연구(〈성차와 리더십: 문헌적 고찰〉, 《아시아여성연구》, 43집 1호, 2004)는 그동안의 서구 학계의 실증 연구에 근거하여, 두 요소 간의 일관성을 발견하지 못했다고 밝힌다.

우 다른 힘을 가진다. 여성적 리더십을 주장한 로든은 최근 회사들이 팀으로 구조조정을 하면서 협동적이고 민주적인 운영 방식으로 변화하고 있는 현실에서 전통적 리더십보다 여성적 리더십이 더 유용하다는 인식을 가지고 여성적 리더십을 주장한다.[6] 여성주의 리더십 연구자들인 조형 등도 돌봄과 모성 같은 여성적 리더십을 변화의 힘으로 보고 하나의 사회적 가치이자 원리로서 제시한다.[7] 모성은 가부장적 사회에서는 여성을 억압하는 이념이었지만 젠더 규범을 넘어 맥락을 달리하면 서로를 보살피고 살리는 긍정적인 힘이 된다. 여성적 리더십이 여성주의 리더십으로 발현한 경우이다.

그럼에도 불구하고 여성적 리더십이라는 말은 미묘하게 위험하다. 섹스-젠더 체계에 관한 충분한 고려 없이 여성이 남성과 '다른' 리더십을 발휘할 것이라는 차이만을 강조하는 이들에게 오인되기 쉽기 때문이다. 오히려 여성적, 남성적이라는 용어와 거리를 두고, 다른 언어를 통해 리더십을 설명하는 것이 젠더 체계로부터 자유로울지도 모른다.

여성성 다루기

여성적 리더십은 여성에 대한 편견을 강화하지만 여성의 특정한 경험을 생산적으로 전환할 수 있는 자원이 되기도 한다. 여성들은 '여성적'이라고 불리는 일들에 사회 문화적으로 익숙하여 관계 중심적인 일을 더 잘할 수 있는 능력이 상대적으로 발달해 있지만, 그 제한된 경험을 명분으로 특정한 분야에 한정적으로 배치되기도 한다.

'여성' 범주는 어떤 맥락에서 작동하느냐에 따라 여성들에게 차별이 되지만 혜택을 주기도 한다. 남성이 수적으로 많은 조직에서 여성들의 위치를 연구한 로즌 연구팀은[8] 여성이 단순히 소수라는 이유로 차별을 받지만은 않고 경쟁력이 있느냐 없느냐에 따라 토큰의 효과가 달라진다고 주장한다. 소수자가 경쟁력이 없으면 차별이 아닌 혜택이 있다는 것이다. 물론 여기서 혜택이란 온정적인 보호의 차원이다. 말하자면, 남성 중심성에 위협이 되지 않는 범위 안에서 약자에게 베푸는 혹은 약자를 보호하는 정도의 혜택이다.

그 혜택의 정도와 효과가 무엇이든, 여성적 특성이 조직 생활에서 혜택과 차별이라는 양날의 칼처럼 움직이는 조직일수록 이를 어떻게 다룰 것인가 하는 문제는 여성 개개인에게 직장 생활의 '지혜로움'을 요한다. 여성 중간 관리자들은 어떻게 할까? 무관심형과 인지형 그리고 활용형으로 조응한다.

첫 번째는 '무관심형'이다. 무관심형은 조직에서 여성에 대한 차별이나 혜택은 없다며 이를 무시하거나 무관심한 경우이다. 무관심형은 조직의 남성 중심성에 대해 의심하거나 비판하기보다 그 조직의 기준에 부합하는 능력을 갖추려 한다. 그리고 그 기준에 맞지 않는 여성 직원들을 남성 직원들과 비교하며 여성 직원들의 자세나 능력을 비판한다.

두 번째는 '인지형'이다. 인지형은 여성에 대한 차별이 있음을 알고 있으나 능력과 전문성을 갖추어 극복하려는 경우이다. 인지형은 남성 중심성이 강한 조직 문화를 비판하지만 자신의 전문성을 키워서 성과를 내며 인정받는 개인의 노력으로 남성 중심성을 넘어서려 한다. 그들은 회사에서 여성성을 내세우거나 활용하는 것은 여성들의 능력을 폄하하는 효과를 내거나 역차별을 가져온다며 경계한다.

세 번째는 '활용형'이다. 활용형은 조직의 남성 중심성을 인지하면서 여성성을 활용하는 경우이다. 그들은 남성 중심 조직에서 여자라는 이유로 더 주목받거나 혜택을 받는 경험을 긍정적으로 본다. 여성들이 가진 정직하고 청렴한 이미지라든가 직원들을 이해하고 돌볼 수 있는 모성성은 실제 조직 생활에 도움이 될 뿐 아니라 유익한 능력이라고 생각한다.

여성 중간 관리자들에게서 가장 많이 나타나는 유형은 인지형이다. 인지형의 여성들은 여성이라는 담론과 규범으로부터 거리를 두면서 '개인'으로서 자신의 능력을 발휘하려 한다. 남성들과 같아지거나 '여성' 리더로 호명되기보다 개인의 특성을 살리는 리더가 중립적이라고 생각하기 때문이다. 젠더 문법에서 자유롭고 싶은 것이다.

5. 융합 리더십

여성 중간 관리자들이 행하는 영향력의 수단은 두 가지이다. 하나는 지위와 같은 존재적being 권위이다. 지위라는 존재성 자체가 보유하는 영향력을 말한다. 또 하나는 관계적 행위doing를 통해 미치는 영향력이다. 조직 구성원들과의 관계 속에서 리더가 일정한 행동을 통해 미치는 영향력이다. 전자가 위계적 조직에서 발현된다면, 후자는 수평적 관계에서 발현된다.

조직이 위계적일수록 지위는 그 자체로 권력을 의미한다. 지위는 영향력을 가지는 권위를 내재하기 때문이다. 그래서 공식적인 논의 자리에서나 비공식적인 의사소통 관계에서 상대적으로 높은 지위에 있는 사람은 사람과 자원을 통제하고 동원하는 영향력을 크게 행사할 수 있다. 여성 중간 관리자들은 회사의 전체 조직 구도에서 보면 결정권과 책임 권한이 한정된다. 하지만 중간 관리자들은 특정한 부서나 팀의 조직 구성원들을 이끌면서 인적자원과 과제 수행에 책임을 지는 지위에 있으므로, 자신이 속한 한정된 영역에서 지위를 통해 제한된 영향력을 행사한다고 볼 수 있다.

그런데 여성 중간 관리자들은 위계적 조직 구조에서 지위가 갖는 권력에 대해 남성과 좀 다른 풍경을 펼친다. 여성들은 그러한 조직 문화에서 낯설면서도 미끄러지는 경험을 고백한다. 지위로부터 나오는 권력에 대해 남성들이 순종하고 복속한다면, 여성들은 무조건 받아들이는 정도가 약하다. 여성 중간 관리자들이 보기에 남성들은 상사에게 순종하고 맞추는 문화적 코드가 매우 자연스러워 보인다. 상사가 원하는 행동을 자신의 의지처럼 스스로 하려 하고, 미리 알아서 따른다. 상사와 구성원들 사이에 강한 동일화가 즉

각적으로 일어나는 것이다. 그 권력의 사용에는 상사와 구성원들 사이에 존재하는 행위 선택의 차이나 매개를 통한 시간의 지체는 없다. 소통의 방향은 일방적으로 흐를 뿐이다.

대부분의 여성 중간 관리자들은 낯설고 의아했다. 상명하달의 당연함이나 알아서 모시는 눈치가 자연스럽게 이루어지는 문화를 그들 대부분은 군대 문화의 직장판이라고 해석한다. 대부분 여성들이 군대를 언급하는 것으로 보아 군대 문화와 지배적 권력형은 한국 사회에서 남성들'만'의 조직 문화를 구성하는 밀접한 요소임을 확인해 준다.

> 남자는 복종을 해요. "이거 좀 할래?" 그러면 군소리가 없어요. "네." 하고 해요. "이걸 왜 저한테 시켜요?"라는 남자는 한 명도 없어요. 속으로는 그런 맘이 있어도 다 해요. (…) 그런데 여자는 이유가 많아요. (문정, H기업 부장, 24년차)

> 저는 그게 용납이 안 됐어요. 근데 남자들은 저 사람이 보스이고 대장이면 그 사람을 따라야 한다고 여기잖아요. 반면 여성들은 정의감에 불타서 이를 표출하잖아요. (지선, A기업 수석, 15년차)

> 제 생각에는 군대서 몸에 밴 것 같아요. 자연스럽게 상사에게 잘 맞추면서 잘 챙겨 주니까, 옆에서 보면, 나는 그렇게 해야 한다는 것을 못할 때도 있고, 생각해서 좀 하려고 해도 자연스럽

페미니즘, 리더십을 디자인하다

게 몸에 배서 하는 것하고는 다른 거예요. 남자들은 조직 생리를 훨씬 더 잘 알아요. 그러다 보면 남성들이 유리하죠. (옥정, D기업 차장, 15년차)

직장 생활하면서 어려운 것은 함께 일하는 사람들, 내 후배들? 내 컨트롤 안에 있어야 하는 사람들이 내 말을 안 들을 때죠. 새삼스러운 것 아니라고 생각해요. 그런데 여자라는 이유 때문에 더 관리하기가 어려운 경우가 있어요. 왜냐면 대부분이 남자들이고 남자들은 자기 커뮤니케이션의 채널들이 있잖아요. 남자들은 계급 조직인데. 그 문화가 군대 문화, 계급 문화인데, 이런 문화에 잘 익숙하지 않으니까 쉽지 않죠. (승은, B기업 부장, 17년차)

남성 중심적인 조직에서 형성된 조직 문화는 여성들에게 때로 불편하고 남성들에게 유리하다. 여성 중간 관리자들은 이 지위의 권력을 다르게 다룬다. 리더십에서 권력이 다른 구성원들을 움직이는 힘이라면, 여성 중간 관리자들은 즉각적 행동을 유발하는 지배적 권력형이 아니다. 그들은 리더와 구성원들 사이에 있을 법한 편차를 여러 매개를 통해 다룬다. 그들이 처한 상황을 합리적으로 설명하면서 조직 구성원들로 하여금 선택하게 하거나(영채), 조직 구성원들을 친구처럼 대하고(승은), 성실성과 신뢰로 사람들을 움직이거나(경혜), 칭찬을 통해 구성원들을 격려하고 스스로 일하게 하는 힘을 준다(서립). 그러한 일들은 꽤 시간이 걸리고 정성이 들어간다. 여성 중간 관리자들은 주로 설명과 설득을 하는 논리적 접근과 감화와 신뢰를 동원하는 정서적 접근 모두를 사용하면서 관계의 진정성을 추구한다. 일방적으로 주도하거나 지배하는 리더가 아닌 조직 구성원들의 이야기에 귀 기울이며 협력하는 리더를 꿈꾼다.

'여성 리더들이 왜 더 올라가지 못하는가?' 이유들에 대해서 자꾸 생각을 하게 되는데요. 여성들을 보면 일을 훨씬 잘해요. 일을 잘하는 걸로 성과를 인정받으니까 일만 잘하는 리더가 되는 경향이 있어요. 나는 그런 리더가 되면 안 되겠다 요즘 많이 생각하게 되요. 일 잘하는 리더보다 포용해 줄 수 있는 사람, 후배들이 성과를 내는데 지원해 줄 수 있는 사람. 일로 승부를 거는 게 아니라 그 사람이 갖고 있는 재능을 더 발휘하도록, 훌륭하게 만들어 주는 그런 리더. 그 친구들이 자기 스스로 동기부여를 받아서 일을 더 잘할 수 있도록 하는 리더. 그리고 후배들의 재능이 뭔지 잘 파악해서 적절한 일을 잘 맡기는 것, 그런 생각을 많이 하고요. 그것이 내가 나갈 방향이 아닌가 싶어요. (승은, C기업 부장, 17년차)

남자 직원들은 여자가 보스로 와서 잘난 척하는 걸 보고 싶지 않고, 깔아 누르고 싶겠지요. 그리고 사실, 남자들이 나에게 더 어렵게 용어를 이야기하고 자신의 지식을 자랑할 때는 보스인

페미니즘, 리더십을 디자인하다

내게 인정받고 싶은 거거든요. 그래서 솔직히 말했어요. 그들이 갖고 있는 전문성을 인정해 주고, 각자 잘할 수 있는 것을 하자고 했어요. 그들이 자부심을 갖는 그 전문성을 존중하고, 더 잘할 수 있도록 격려해 줬어요. 그게 계기가 되어서 남자 직원들이 절 인간적으로 대하기 시작했어요. 그래서 팀장과 팀원이 합심해서 나간다는 느낌을 가졌어요. (…) 리더가 되니까 업무보다는 사람 중심의 접근을 해야 한다고 생각해요. 한 조직에서 스스로 생명력 있게 돌아가도록 에너지를 방출해 주는, 자연스럽게 조직에 대한 열정이나 충성심을 발휘하도록 하는 조직을 만들고 싶어요. 리더는 그런 조직을 만들도록 하는 촉진제인 것 같아요. 조직을 운영하면서 보니까 신뢰가 가장 중요한 것 같아요. 서로 믿고 인정해 주는 것. 사실 말은 쉽지만 이 신뢰가 형성되기까지는 굉장히 어려워요. 나를 리더로서 믿고 따라올 수 있는 신뢰감이 그들에게 있을까 하는 게 항상 제 머릿속에 있어요. 그리고 제일 중요한 건 재미있는 일터를 만드는 일이예요. 즐겁게 일할 수 있는 회사를 만드는 일이라고 봐요. (영채, A기업 차장, 20년차)

특히 영채의 이야기는 리더십이란 리더의 개인 자질에 의존하여 일방적으로 일어나는 것이 아니라 특정한 조직 문화 안에서 리더와 조직 구성원 간의 상호작용으로 만들어진다는 것을 보여준다. 그러하니 리더십은 고정되어 있거나 획일적이지 않다. 리더십은 관계성에 따라 변화하고 진화한다.

여성 중간 관리자들은 지위의 힘을 활용하나 그 힘을 수평적 협력 관계 안에서 재구성한다. 그들은 업무를 성취하기 위해 강한 추진력과 카리스마가 필요하다고 말하지만, 그 앞에 상반될 수도 있는 특성을 덧붙여서 새로운 의미를 만든다. '배려와 따뜻함을 겸비한 카리스마'이다. 호희(B기업 부장, 17년차)가 삼는 롤 모델도 비슷하다. '남성적인 면도 강하지만 굉장히 인간적인 리더, 너무 높은데 너무 편한 사람, 열려 있는 사람'이 그녀가 되고 싶은 리더 상이다. 그들은 강하면서도 부드럽고, 큰 그림을 그리며 방향을 제시하지만 사람을 세심히 보살피고, 권위는 있으나 사람들이 스스로 힘과 능력이 있다고 느끼도록 하는, 그런 리더십을 디자인한다. 서로 상반되는 요소들을 동시에 구현하는 융합 리더십이다.

융합 리더십은 업무 중심적인 성취 지향성과 수평적 관계 지향성을 모두 가지고, 상황에 따라 유연하면서도 복합적으로 행하는 리더십을 말한다. 그러니까 조직 구성원들의 정서와 능력을 존중하고 그들과 따뜻한 신뢰 관계를 만들면서도, 조직의 업무를 추진하고 결정하며 구성원들을 동원하여 행동하도록 원칙을 제시하는 리더십인 것이다. 여성 중간 관리자들은 기업 조직 문화에서 지속되는 전통적인 리더십을 행하면서도 혁신과 변화의 시대에 바람직하다고 요청되는 수평적 리더십을 조직의 상황과 관계성에 따라 유동적으로 수행한다.

그래서 여성 중간 관리자들이 말하는 리더십은 복합적이다.

페미니즘, 리더십을 디자인하다

'여성' 리더와 리더의 경계에 있는 그들은 하나의 리더십에 착상하지 않아도 되는, 서로 다른 요소들을 다 취할 수 있는 유연한 입지에 있다.

6. 리더십은 삶이다

리더가 된다는 것은 어느 날 갑자기 이루어지는 것이 아니다. 중간 관리자들이 리더가 되는 여정도 그렇다. 그들은 리더가 되는 주요한 요소로 전문성 갖추기를 꼽는데, 이는 꽤 오랜 시간을 거쳐야 한다. 그들은 자기 탐색을 하고 여러 부서를 돌면서 적절한 업무 능력을 배우고 필요한 지식과 기술을 익히기 위해 자기계발을 한다. 그 과정에서 사람과의 협력 관계가 매우 중요하다는 현실도 알아 간다. 혼자서 빠른 시간 내에 할 수 있다고 생각하는 일도 조직 구성원에게 맡기고 기다리며 그 일을 하도록 후원하는 태도가 리더에게 필수적이라는 점을 깨닫는다.

성과를 내야 하는 조직에서 여전히 중요한 것은 분명한 목표와 동기부여이다. 조직 구성원들을 움직이게 하는 것은 과제의 목표가 무엇이며 각 개인의 노력이 이 과제에 어떻게 기여하는가를 충분히 알게 하는 것이다. 그 과정에서 경청, 대화, 포용, 신뢰, 배려, 온화, 부드러움, 돌봄, 조정 능력 등이 필요하다고 여성 중간 관리자들은 언급한다.

이 능력은 중간 관리자가 되면 자연스럽게 획득되는 것은 아니다. 일정 기간 동안 연습하면 취득되는 기술도 아니다. 리더가 갖추어야 할 주요한 요소로 언급되는 수평 관계의 협동 능력은 보다 근본적인 삶의 방식이다. '내가 사람들과 어떻게 관계를 맺을 것인가?' 하는 일상의 삶에서 몸에 밴 태도이다. 그러므로 수평 리더십은 '내가 세상을 어떻게 인식하고 살 것인가?'라는 인문학적 사유에 뿌리를 둔다. 사람에 대한 존중과 다양성에 대한 인정, 차별 민감성은 수평 리더십을 행하는데 필요한 가치관이자 세계관이다. 그런 까닭에 수평 리더십은 어느 날 결심하여 바로 실행하는 영역이 아니라 일상 속에서 움트고 형성되며 성장하는 성질을 갖는다.

여기서 페미니즘은 여성 중간 관리자들이 추구하는 융합 리더십과 만난다. 융합 리더십은 기존의 권력 행사 방식과 다른 방식의 리더십이다. 융합 리더십은 하나의 목소리로 통합하는 것이 아니라 구성원들의 웅성거림을 밝히는 다양성과 유연성의 성질을 지닌다. 기업의 목표와 조직 문화가 비록 페미니즘 가치와 충돌하는 지점이 있다 할지라도 페미니즘은 융합 리더십을 구성하는 이런 결들과 접속한다.

우선, 여성 중간 관리자들이 기존의 리더십과 다른 방식을 추구한다는 것은 그 방식의 가치관으로 나를 전환하는 것을 말한다. 나를 재구성하는 일이다. 이는 곧 나를 만나는 일이다. '나는 누구인가?', '내가 어떤 리더가 될 것인가?'라는 물음의 답을 찾는 과정은 여성에 대한 편견과 싸우고 지혜롭게 여성성을 다루며 자의든

타의든 오랜 시간 자신을 단단하게 만드는 과정 안에 있다. 그 과정에서 여성들은 '여성으로 산다는 것'이 무엇인지를 느끼면서 자신의 조직과 사회에서 나는 어디에 위치해 있는지를 깨닫는다. 그 깨달음은 바로 자신이 '내부에 있는 외부인'이라는[9] 여성 중간 관리자의 입지를 알아 가는 것이다.

페미니스트 철학자인 샌드라 하딩은 '외부인'이란 단순히 바깥이 아니라 자신의 결핍을 느끼면서도 내부와 외부의 그 경계선에 서서 얻게 되는 전략적 시선의 이점에 주목하는 사람이라고 말한다.[10] 여성 리더와 리더 '사이에' 있는 여성 중간 관리자들은 '그 경계선에서' 여성에 대한 편견과 차별의 현실을 실감한다. 여성으로 산다는 것을 몸으로 부대끼며 자신을 다시 보게 된다. 무엇보다 여성들이 직장의 문화틀에 잘 들어맞지 못하고 미끄러지면서 그 문화를 남성 중심성이라고 짚을 수 있는 것은 그들이 처한 '내부에 있는 외부인'의 위치에서 온다. 사회학자 패트리샤 힐 콜린스의 말대로 외부인은 그 문화 속에 빠져 있는 사람들이 파악하기 힘든 것들도 볼 수 있기 때문이다.[11]

융합은 그 사이에서, 그 경계에서 이루어진다. 여성들이 경계에서 전체를 보고 정체성을 새롭게 가지면, 자신이 서 있는 자리는 새로운 공간을 열어 갈 거점이 된다. 서로 이질적이거나 상반된 요소들을 취하면서 다른 공간들을 횡단할 가능성으로 충만한 경계라는 입지는 융합 리더십을 창출할 거점이 된다. 물론 경계에 서서 새로운 리더십을 만드는 과정이 순탄하지만은 않다. 자신을 새롭게 다시 만드는 과정은 자신을 외롭게 만드는 일이다. 갈등이 난무하고 고통도 따른다. 중심을 향한 욕망과 흉내 내기의 유혹도 거리를 두고 바라볼 수 있는 여유와 내공이 있어야 한다.

그 점에서 여성들의 융합 리더십은 21세기 미래의 리더십으로 주목받는 융합과 통섭의 리더십과는 결을 달리한다. 여성 중간 관리자들이 만들어 가는 융합 리더십은 '내부에 있는 외부인'이라는 경계에서 자신의 주변성을 인식하는 것에서 시작하기 때문이다. 그러나 여성들의 융합 리더십이 '여성'이므로 남성이나 다른 집단들과 다르다는 것은 아니다. 여성이라서가 아니라 여성이 처한 내부의 외부인이라는 위치가 좀 다른 리더십을 생성하면서 자신을 새롭게 만드는 페미니즘과 접속할 가능성에 좀 더 열려 있다는 뜻이다. 접속의 순간마다 주변인은 다른 사회 소수자들에 대한 차별과 혐오 역시도 예민하게 포착하는 능력을 더한다. 그래서 보이지 않는 것을 보이게 하고 말하지 않는 것을 언어화하면서 보이지 않는 유리벽을 허물 변화의 힘을 낸다. 미약하나마 여성 후배들과 연결하려는 여성 중간 관리자들의 몸의 움직임은 바로 그 단초이다.

> 여성 후배들은 남성 조직의 생리를 잘 몰라요. 남성들은 어릴 때부터 위계질서를 배워서 몸에 배어 있기 때문에 (…) 남자들은 남자 상사가 뭔가 잘못되면 똘똘 뭉쳐서 케어를 해요. (…) 사실, 남성들이 여성 직원들을 잘한다면서 끌어 주는 듯하지만, 정말 그 여성 직원이 위로 올라갔을 때 남성들이 여성들을

페미니즘, 리더십을 디자인하다

케어하는가? 어느 단계에 오르면 그 여자는 남자 집단으로부터 경쟁 대상이 되고, 공공의 적이 되서 견디기가 힘들게 되요. 근데 후배들은 몰라요. 그러니까 여자 상사들이 어떤 일이 있어도 서로 밀어주고 여성을 케어하면서 같이 살 수 있다는 이야기를 후배들에게 해야 해요. (문정, H기업 부장, 24년차)

여성의 적은 여성이라는 말도 있고, 잘난 여자 후배를 질투한다는 말도 있고요. 그리고 여성 관리자들이 못하는 게 부하 직원들로 하여금 나를 키워 주고 있다는 생각을 들게 하지 못한다고 하잖아요? 근데 의외로 남자들은 잘난 남자 후배가 있으면 (…) 제압을 해 버려요. 제압을 해서 밑에 두죠. 여성들 사이에는 그런 문화가 없으니까 좀 다르게 보는 게 아닌가 싶어요. 나도 내 밑에 후배들이 있는데 지금 4년째 일하면서 완전히 품었다는 생각이 들어요. 이 친구를 키워 줘야겠다는 생각도 들고, 장점을 어떻게 강화시켜야 하는가도 알 것 같아요. (채윤, D기업 차장, 15년차)

예전에는 여자 선배가 없어서 멘토링을 받은 적이 없고, 저도 개인적으로 선배를 찾아가서 상담을 하는 게 쉽지 않더라고요. 그래서 저는 요즘 직급에 따라 후배들한테 멘토링을 다르게 하고 있어요. 지금 시작한 것은 우선, 모임을 가지면서 같이 점심 먹고 이야기를 나누어요. 서로 사는 이야기를 나누고, 정보를 교류하다보면, 필요한 일이 있을 때 서로 도움 받을 수 있어요. 여성들은 개인적으로 친해도 네트워크를 형성하는 게 남자보다 약하잖아요. (지선, A기업 수석, 15년차)

어떻게 보면 내가 오래 회사 생활을 잘 해내는 것만으로도 후배들한테 힘이 될 수 있겠구나 하는 생각이 많이 들어요. 그런 체험도 많이 했구요. 내가 어느 정도 안정되어서 잘되는 것이 곧 후배들을 위해서도 좋다고 생각해요. 여성들이 중간 관리자들이 되고 힘을 합쳐서 더 많은 여성 리더를 양산하고, 그 리더들이 더 높은 자리에 가서 여성 인력들을 더 많이 끌어 줄 수 있는 기회가 되면 좋겠지요. 그동안 30대에는 치열하게 싸워서 내 길을 만들었다면, 이제는 그 단계를 지나서 후배들이 올라올 때 정말 버팀목이 되는 선배가 될 수 있겠다는 생각을 해요. (혜인, C기업 부장, 21년차)

1990년대부터 버텨 온 여성 중간 관리자들의 존재는 그 자체로 여성들에게 시대적 모델이 된다. 그리고 여성 후배들이 세파를 건너갈 디딤돌이 된다. 여전히 그 길은 초고속 길이 아니라 띄엄띄엄 놓여 있는 징검다리지만, 여성 후배들과의 유대에서 시작한 그 파장이 여성들 간의 차이를 인지하고 연대하는 기운으로 확장되면, 융합 리더십은 소통하고 연결하는 그 지점에서 상황을 재구성하는 변화의 촉매제가 된다.

페미니즘, 리더십을 디자인하다

FEMINISM

7장

LEADERSHIP

DESIGN

나눔리더십,
여성 리더가 만드는
상상과 실천

양 민 석

이화여자대학교 호크마교양대학 교수로서 기초 교양 영역의 인성교육 교과목
〈나눔리더십〉을 담당하고 있다. 이화여자대학교 사회학과를 졸업하고 독일
베를린자유대학교에서 사회학 석사와 박사 학위를 취득했다. 독일 오스나브뤽대학교
초빙교수, 서울시 여성가족재단 연구위원을 역임했다. 주요 논문은 〈키치 문화 취향과
성별 아비튀스의 이데올로기적 연관성 연구〉, 〈성인지적 '팀제' 운영과 여성주의 리더십의
역할〉, 〈독일 여성의 정치적 대표성과 여성 정치 교육: 멘토링 프로그램을 중심으로〉,
〈여성의 지방의회 정치 참여 영향 요인 분석〉, 주요 저서는 《글로벌 시민사회의
나눔가치와 여성 리더십》, 《여성주의 리더십, 새로운 길찾기》(공저), 《여성주의 가치와
모성 리더십》(공저) 등이 있다. 교양교육, 문화 이데올로기, 여성 정치 교육, 여성 리더십
등의 세부 영역 연구를 진행하고 있다.

1. 나눔 가치와 공존의 리더십

비가 한바탕 퍼부은 후에 커다란 지진이 일어났다. 지진이 일어난 자리에는 땅이 갈라져 동굴이 생겼고, 기게스는 호기심을 이기지 못하고 갈라진 동굴 속으로 들어가 보았다. 동굴 안에서 기게스는 거인의 시체를 발견했다. 시체 손가락에는 금반지가 끼워져 있었다. 기게스는 거인의 손가락에서 반지를 빼 들고 밖으로 나왔다. 양치기 기게스는 반지의 흠집 난 곳을 안쪽으로 돌리면 자신의 모습이 다른 이들에게 보이지 않게 되고 바깥쪽으로 돌리면 다시 보인다는 사실을 알게 된다. '보이지 않는 능력'을 지니게 되자 기게스는 궁에 들어가 마법의 반지를 이용해 왕비를 겁탈하고 왕을 암살한 후 스스로 왕이 된다. 플라톤의 《국가》에 나오는 '기게스의 반지' 이야기이다.

투명인간처럼 타인의 시선에서 벗어날 수 있게 된다면 인간은 어떤 모습을 보일까? 기게스처럼 자신의 가치관을 던져 버리고 비도덕적이고 위선적인 행동을 거침없이 자행하게 될 지도 모른다. 가치판단을 이끄는 자기 내면의 목소리가 아니라 타인의 시선이 우리 행동의 준거가 되고 있다는 것이다. 실제로 사람들은 감시 카메라가 있는 곳에서 더 열심히 다른 사람들을 도우며, 선행을 칭찬받을 수 있는 상황에서 가난한 사람에게 더 관대해지고 다른 사람들과 더 공정하게 돈을 나눈다고 한다.[1] 우리가 순수하게 바라보는 나눔의 행위는 때로 이와 같이 지극히 위선적이고 진심과는 아무 상관이 없는 것이기도 하다. 나눔 행위라는 것이 나눔 가치의 내면화가 아니라 타인의 시선을 근거로 한 것이라면, 타인의 시선이 없는 곳에서 인간의 행위는 모래성과 같이 허무해지고 말 것이다. 사회적 격차가 갈수록 심해지고 끝없는 경쟁으로 인한 힘겨운 삶 속에서 한 점 나눔이 더욱 절실한 시기에 이렇게 시늉뿐인 미덕들은 우리를 참으로 아쉽게 한다.

신자유주의의 정치 경제적 흐름에 따라 국가의 보호 장벽이 무너지며 개인의 책임이 가중되고 정부의 공공 정책과 서비스가 사회적 욕구를 충족시켜 줄 수 없는 상황 속에서, 나눔은 그 어느 때보다도 강조되고 있다. 현재는 나눔이 필요한 시대인 것이다. 그러나 정부가 감당해야 하는 나눔의 몫이 오히려 개인 차원의 책무로 이전되어 권장되고 있는 것이 현실이다. 실상 주위를 둘러보면 도처에 이러한 '나눔'이 많다. 사회적 자선, 기부, 자원봉사와 같은 나눔의 행위들을 어렵지 않게 마주하게 된다. '커피를 줄이는 대신 방글라데시의 한 아이가 학교에 다닐 수 있게 되고, 사고 싶은 옷을 포기하는 대신 몽골의 아이가 건강을 찾는다'는 나눔 권장의 문구가 기업 광고로 다가오고, '어플만 받아도 기부 천사'가 되는 우리들의

페미니즘, 리더십을 디자인하다

일상이 펼쳐진다. '친구를 추천해 주면 행복나눔 등록금'을 받을 수 있다는 대부업체의 광고는 우리 시대에 나눔이 유행처럼 소비되고 있음을 단적으로 알 수 있게 한다. 물론 대부분의 나눔 행위는 자발적으로 이루어지는 것이며, 좋은 의미로 시작되는 나눔의 이러한 자발성은 공존의 사회를 구축하는 단초가 될 것이다. 그러나 "자발성이 소비에 머무는 순간 자유로운 자기실현의 이상을 실현하는 데 한계가 있다. 사회적·경제적·정치적 불평등 구조 안에서 오로지 소비 행위를 통해 나눔을 실천한다는 것은 자율이 아닌 타율의 틀 안에서 자기만족에 불과"하기 때문이다.[2] 그렇기 때문에 나눔 행위 자체가 중요한 것이 아니라 그에 대한 성찰이 필요하다. 즉 나눔을 어떻게 기획하고 실천할 것인지, 나눔의 가치와 의미를 어떤 방식으로 공유할 것인지를 질문해야 하는 것이다. 이 질문과 그 대안 모색을 공유하는 과정이 현대사회의 나눔에 대한 문제의식 속에서 길을 찾고 있는 '나눔리더십'의 형성 과정이라 할 수 있다.

'나눔리더십'이란 말을 두고, 종종 "'나눔'과 '리더십'이 함께 조합될 수 있는 개념이냐?"는 질문을 듣게 된다. 일반적으로 나눔은 자신이 가진 것을 부단히 누군가를 위해 덜어 주고 희생하는, 아래로 향하는 개념으로 알고 있다. 리더십은 흔히 높은 지위에서 카리스마적 통솔력이 발휘되는 상승의 개념으로 이해되기 쉽다. 나눔과 리더십에 대한 이러한 통념적 이해 속에서 두 개념의 접점을 찾기는 쉽지 않다. 그러나 우리가 알고 있는 나눔과 리더십의 개념을 확장적으로 이해한다면 두 단어의 의미가 어우러진 '나눔리더십'의 새로운 가능성을 발견할 수 있을 것이다.

일반적으로 나눔을 봉사나 기부라고 제한적으로 생각하는 경우가 많다. 게다가 입시 위주의 환경 속에서 우리가 체험하는 봉사는 자발적이기보다는 점수를 따기 위한 의무적·형식적 활동의 성격을 갖는다.* 그러나 '나눔'은 자신이 갖고 있는 경제적인 자원을 누군가에게 덜어 주는 유한한 양적 분할과 희생의 개념만 있는 것이 아니다. 나눌수록 더 커지는 공유와, 새로운 것을 창출해내는 '형성' 개념을 함께 갖고 있다. 나눔은 일방적인 것이 아니라 상호적인 것이고, 다른 사람들도 똑같은 욕구를 지닌 사람들로 서로가 연결된 관계망 속에 놓여 있는 것이다. 즉, 자기희생이 전제되는 높은 수준의 도덕성보다는, 나눔을 주고받는 사람 모두가 함께 삶의 질과 행복이 증대되는 공존의 질서를 이해하는 것이 중요하다. 나눔은 결국 혼자 살아남기 힘든 사회에서 공존을 위한 인간의 존재 방식인 것이다. 인간이 상호 의존관계에 있다는 공존의식과 연대 의식은 사회적 나눔을 새롭게 구성하게 된다.**

리더십***에 대한 기존의 접근들은 리더십의 기능과 유형에 천착하여 정작 리더십이 추구해야 하는 지향점을 간과하고 있다.

---

* 김형용에 따르면 우리나라의 자원봉사는 형식적 노력 봉사가 주류를 차지한다. "통계청 사회 조사(2011)에 따르면 우리나라의 자원봉사 참여율은 19.8퍼센트이다. 그런데 10대의 경우 77.7퍼센트가 참여하고 있고 20대 이상은 10퍼센트 초반에 머물며 60대 이상은 7.2퍼센트에 불과하다." 20세 이상 성인 자원봉사 참여율(2009년)도 10.2퍼센트에 불과한데, "미국 26.2퍼센트, 영국 59퍼센트, 호주 34퍼센트에 비교하여 상당히 낮은 수준"이라는 것이다(김형용, 〈포용적 사회와 나눔 문화의 현실-소비주의 나눔에 대한 비판적 해석〉, 《한국사회복지 행정학》 15권 제4호, 2013, 103쪽).

페미니즘, 리더십을 디자인하다

리더십이 기술적 차원의 의미와 관심을 벗어나지 못한다면 효율성을 추구하는 기능으로 머물 수밖에 없을 것이다. 이와 차별적으로 '나눔리더십'은 '비경쟁적 나눔'을 사회적으로 공유하는 연대 의식을 발전시키고 실천하는 과정 속에 지향점을 갖고 있다. 이것은 전통적 리더십의 개념을 벗어나서 '나눔'이라는 대안적 가치를 추구하는 개념이다. 나눔에 기반한 연대 의식을 실천함으로써 형성되고, 실천 과정 속에서 공유되는 과정적이고 실천적 개념인 것이다. 함께하는 과정 속에서, 실천하는 리더는 높은 지위에만 있는 것이 아니라 함께하는 사람들과의 연계망 그 중심에 있다고 하겠다. 예컨대 헬지슨S. Helgeson은 "여성 리더십을 '통합의 거미줄'에 비유하면서 권력이 종전과 달리 조직의 '머리'가 아니라 '가슴'에 있는 것이라고 하였다. 거미가 중심과 주변의 균형을 맞추면서 중심에서부터 사방으로 거미줄을 자아 가듯이 균형을 중시하고 사람들 사이의

** 　 드루아R. P. Droit에 의하면 나눔은 '나눔-분할'과 '나눔-결합'의 개념으로 설명될 수 있다. '케이크의 나눔'이라고 표현할 수 있는 자원, 이윤, 원료, 에너지 등 유한한 양적 분할로 성립되는 나눔이 있는 반면, '정보의 나눔'과 같이 전파, 증식, 반복, 복제, 전달되면서도 분할되거나 축소되지 않고 오히려 모으면서 결합되는 나눔이 있는 것이다. 또한 캉토 스페르베르M. Canto Sperber는 나눔은 현대사회의 고유한 상호 의존 문제를 이해하기 위한 것이며, 집단적 상호 의존, 연대 의식은 자선의 관계나 직접적 구호의 관계로 설정할 수 없는 나눔, 즉 보편적이며 제도적인 체제를 구성한다고 한다(프랑스와즈 바레 뒤크로 엮음, 《나눔, 너와 나를 위한 아름다운 약속》, 솔, 2007).

*** 　 기본적으로 리더십은 "조직의 목적을 달성하기 위하여 개인 또는 집단의 활동에 영향을 주는 과정"이다. 탄넨바움R. Tannenbaum은 리더십을 "어떤 상황 속에서 커뮤니케이션의 과정을 통하여 특정한 목표를 달성하기 위하여 실시되는 인간 상호 간의 영향력"이라고 정의했다. 또한 쿤츠H. D. Koontz와 오도넬C. O'Donnell은 리더십이란 "공동의 목표 달성에 따르도록 사람들에게 영향을 주는 것이다."라고 했으며, 스토그딜R. M. Stogdill은 "집단 활동에 영향을 주고 목표 설정과 목표 달성을 촉진하는 과정"이라고 하였다(강인호, 〈리더레스 리더십〉, 《비서학논총》, 1993).

연계를 중시하는 리더십"은 나눔의 가치와 더불어 실천을 공유하는 나눔리더십의 공고한 상호 의존적 구조를 표현해 주고 있다.[3]

이런 점에서 나눔리더십은 나눔이 서로에게 영향을 미치는 '과정'에 대한 인식과 성찰로부터 시작한다고 할 수 있을 것이다. 이러한 성찰과 학습의 과정 속에서 주체적 삶의 기획과 공동체적 삶의 공유를 가능하게 하는 영향력이 형성된다고 할 수 있다. 이렇듯 나눔리더십은 서로 나누고 공유하는 리더십으로 리더의 기능이 한 사람에 의해 모두 수행되는 것이 아니라 조직 구성원들이 모두 동등한 인격체로서 유기적인 관계를 통하여 공동의 목적을 달성해 나갈 것을 강조한다. 이러한 나눔리더십은 구성원들의 민주적 자발성에 근거한 셀프리더십*을 의미하는 동시에, 상호 의존적인 영향 관계를 중시하는 공존의 가치관 속에 있다. 리더십은 결국 구성원들의 자발적 의지와 상호 의존관계 속에서 나누어지고 더욱 커지는 것이다.

"리더십은 개인을 위한 것을 넘어 사회적 공존을 향한 지향성을 가질 때 개인의 협소한 울타리를 벗어나 자기 안의 리더십을 사회적으로 확장하는 변형력을 가질 수 있다."[4] 또한 이러한 가치가 셀프리더십을 발현하는 개인들의 연대를 통해 사회적으로 공감

---

* 셀프리더십은 자기통제 개념을 근간에 두고 자기 관리를 바탕으로 스스로를 이끌어 가는 리더십의 개념이다. 또한 문제를 해결해 가는 자기 주도와 자신에게 동기를 부여하기 위해 스스로에게 영향을 미치는 과정이다(임유신 외, 〈부하의 리더십 개발을 위한 셀프리더십의 선행 요인과 결과 요인에 관한 실증 연구〉, 《The Korean Journal of Human Resource Development》 Vol. 12, No. 3, 2010, 143쪽).

되고 사회적 가치로 성찰되고 수용될 때 리더십의 개별적 경험들은 다양한 사회 주체들의 경험으로 전환되어 실천될 수 있을 것이다. 나눔 가치를 지향하는 셀프리더십은 나눔이 타인과 주변에 대한 관심을 갖는 개인의 자발성으로부터 출발하여 나눔을 함께 기획하고 사회적 제도와 문화로 실현해 간다는 점에서 공동체 리더십의 차원을 갖는다. 나눔리더십은 이러한 셀프리더십과 공동체 리더십의 형성과 융합을 기반으로 한다.

이렇게 나눔을 둘러싼 개인들의 자발적인 상호작용의 공동체적 토대 위에서 실천적 나눔리더십은 나눔과 돌봄을 일상으로 실천해 온 여성의 경험에서 더욱 폭넓은 이해의 지평을 얻게 된다. 이 글은 기본적으로 여성주의 관점에서 나눔리더십에 대한 이해를 확장하고자 하는 생각에서 출발하고 있다. 앞서 살펴본 나눔리더십에 대한 개념화를 바탕으로 첫째, 나눔리더십이 여성주의와 어떻게 연관되고 있는지 고찰하고 둘째, 나눔 가치에 대한 실천적 관심을 공유하는 여성들의 활동을 살펴본다. 또한 나눔리더십이 여성주의와 여성주의 리더십에 어떤 가능성을 열어 줄 수 있는지 설명하고자 한다. 나눔리더십은 나눔 가치를 중심으로 공존의 연대 의식을 발전시켜 가는 모든 사람들이 행위 주체가 될 수 있으나, 이 글에서는 여성 리더에 초점을 맞추었다. 또한 여기서 살펴본 여성들의 나눔 실천 사례는 지역운동을 하고 있는 여성들과 이화여대 인성교과목 〈나눔리더십〉 수강 학생들의 나눔리더십 실천 활동 사례를 주로 다루었다.[**]

2. 나눔리더십은 여성주의와 어떻게 만나는가?

지향 가치의 측면

여성주의는 여성에 대한 것이라기보다 여성의 시각과 관점으로 세상을 바라보는 입장이라 할 수 있다. 그것은 여성을 '여성'으로 규정하는 방식이 누구의 시각에서 비롯되었으며 어떻게 가능했는지 질문하는 것이다. 또한 그 안에 작동하고 있는 권력관계를 포착하여 재구성하는 것이라 할 수 있다. 즉 우리가 일상적으로 경험하고 있는 남성 중심의 사고, 언어, 법, 규범 및 제도 등을 여성만을 위한 것으로 바꾸자는 것이 아니라 그것이 어떻게 형성되어 왔는지 문제의식을 갖고, 그런 역사적 생성 과정에 여성의 관점으로 개입하고자 하는 실천적 상상력이라 할 수 있다. 여성주의적 관점을 갖는다는 것은 그동안 소외되고 배제되어 왔던 '보는 방식'을 회복한다는 것이며, 이것을 위해서는 여성들의 언어와 지식이 필요하다. 그것을 통해 그동안 보편적·객관적이라고 수용되어 왔던 임의

** 여기서 〈나눔리더십〉은 이화여대 기초 필수 교양 과목으로서 2015년까지는 신입생들만 수강하였고, 2016년부터 전 학년으로 확대되었다. 〈나눔리더십〉에서는 다양한 주제의 교실 수업과 팀워크에 기반한 현장 중심 실천 활동을 통합적으로 운영한다. 학생들은 다양한 주제의 토론이 이루어지는 교실 수업을 통해 나눔과 공존의 가치를 중심으로 세상을 바라보는 관점과 호혜적 인간관에 대한 믿음을 키워 본다. 또한 관심 있는 주제의 현장 실천을 중심으로 세상을 경험하고 변화를 상상하는 팀 실천 활동을 진행한다. 이런 실천 활동을 통해 사람들을 만나고 세상과 소통하는 자기 안의 가능성을 발견하고, 놀라운 집단 지성의 힘을 체험하기도 한다. 이런 점에서 〈나눔리더십〉은 진로 설계, 취업 전략, 커리어 개발을 목적으로 하는 리더십과 차별성 있는 커리큘럼을 진행하고 있다. 사례로 다루어진 실천 활동과 학생들의 언술은 2015년 1학기부터 2016년 1학기까지 〈나눔리더십〉 수업을 들었던 학생들의 의견 중 발췌한 것으로 사전에 자료 활용과 관련된 동의를 얻었다.

페미니즘, 리더십을 디자인하다

적·주관적인 규정들을 여성의 관점에서 해체하고 재구성할 수 있기 때문이다. 이러한 여성 자신의 경험과 인식을 지식으로, 여성의 시각을 기반으로 지식화하는 것이 여성주의 인식론이다.

이런 점에서 여성주의는 억압되고 주변화되었던 여성의 역사적 경험을 극복하는 것이 아니라 새로운 인식의 토대로 삼는다. 역사 속에서 규정되어 온 주변인으로서의 위치성은 사회적 약자를 더 잘 이해할 수 있는 근거가 될 수 있기 때문이다. 기존의 인식 체계에서 별 것 아닌 것으로 폄하되어 왔던 나눔과 돌봄의 경험들은 사회의 방향성과 가치 지향을 위한 중요하고 소중한 자원이 되는 것이다. 가족을 위해 헌신하고 아이들과 노인, 병자를 돌보았던 여성의 행위는 자신만 살겠다는 생각이 아니라 인간의 생존을 위한 기본적인 조건이 상호 의존임을 말해 주는 공존의 역설이기 때문이다. 나눔과 보살핌을 토대로 한 여성의 역사적 경험은 소수자의 관심을 배려하고 구성원 사이의 협력과 연결을 추구해 가는 리더십의 가능성을 노정한다.

여성의 나눔 경험의 적극적이고 상호 의존적인 측면을 현 사회에 필요한 대안적 전망들과 연결하고 있는 여성주의는 나눔리더십의 가치 지향에 의미 있는 전망을 제시하고 있다. 또한 나눔리더십은 여성주의와 대안적 가치를 공유하고 나눔 행위를 통해 그것을 실천하고 있다. 상호 의존성에 기반한 여성들의 나눔 실천 경험은 나눔리더십의 형성 기반이기도 하기 때문이다.

나눔리더십이 현실 속에서 구현하고자 하는 '나눔의 순환적 구조'는 개인의 자립이 아니라 상호 의존적 관계를 바탕으로 하는 것이다. '순환적 나눔'은 자신이 준 것을 수혜자로부터 그대로 돌려받는 계산적 거래 관계가 아니라 나눔의 순환 속에서 각자에게 필요한 것을 얻게 된다는 기대를 바탕으로 한다. 여성주의가 중요하게 천착하며 윤리적 지향성을 갖는 사회적 돌봄 관계 역시 개인을 분리된 존재가 아니라 보살핌을 중심으로 한 상호 의존관계 속에 있는 존재로 본다. 이러한 의존관계의 연결망에 기초한 '보살핌의 상호호혜성'은 '순환적 나눔'의 성격과 동일한 맥락적 구조를 가질 뿐만 아니라 바로 나눔 행위를 통하여 실현되는 것이라고 볼 수 있다.*

행위 주체의 측면

현재 급변하는 무한 자유경쟁 사회에서는 역설적으로 정치경제적 갈등·균열의 해소와 사회적 약자에 대한 배려와 돌봄의 윤리적인 의무가 더욱 강조된다. 특히 이러한 정치적인 원칙들을 만들어 갈 수 있는 역량 있는 리더십에 대한 강한 필요성이 요청된다.

---

*   "사회는 세대에 세대를 거쳐 지속해 온 공동체이며, 이 공동체를 세대에 걸쳐 지속하게 해 온 보살핌은 교환적 상호 거래에 의해 이루어져 오지도 않았다. 다시 말해 보살핌을 받은 사람에게 직접 그 보살핌을 돌려주는 방식으로가 아니라, 다음 세대를 보살핌으로써 전 세대로부터 받은 것을 돌려주는 방식으로 이어지는 것이다. 이것은 한 세대 구성원들 사이에서도 마찬가지이다. 내가 보살핌을 행한 것은 그 수혜자로부터 직접 돌려받는다기보다는 언제가 또 다른 누구로부터 돌려받게 되거나 이미 누군가로부터 받아 온 것으로서 돌려받는 등, 보살핌의 상호 호혜성은 일종의 돌봄의 둥지를 형성하여 이루어지고 있는 것이다." (허라금, 〈여성주의 리더십 이해를 위한 시론〉,《지구화 시대의 현장 여성주의》, 이화여자대학교출판문화원, 2007, 39쪽.)

신자유주의로 대표되는 현대사회의 경제 상황 속에서 인간은 이미 출생과 함께 경쟁에서 차이가 나고 세대를 통해 기득권이 상속되는 양극화를 피하기 어려운 상황에 직면해 있기 때문이다.[5] 그래서 등장하는 것이 '노블리스 오블리주'** 리더십이다. 노블리스 오블리주는 특권 계층의 부의 독점을 정당화하고 기존의 사회적 관계를 재생산한다고 비판받는 반면, 지배의 권리에 비례하여 배려의 의무 또한 갖는다는 점에서 중요성이 강조되기도 한다. 또한 노블리스 오블리주가 프랑스를 비롯한 서양에만 있는 것이 아니라, 선비 정신 같은 한국 전통문화와 가치관에서도 발견할 수 있다는 시각도 있다. 학문을 갈고닦는 것뿐만 아니라 배운 지식을 통해 자신의 욕망을 절제하며 약자를 돕고 배려하는 삶의 철학인 선비 정신을 이 시대에 회복해야 한다는 것이다.***

그러나 여성주의 관점에서 보면 한국판 노블레스 오블리주, 선비 정신의 나눔에는 행위자 '선비'가 없다. 청빈 검약한 나눔과 베풂의 선비 정신은 그 뒤에서 허리띠를 졸라매고 집안의 빈곤을 감당해야 했던 가정 경제의 책임자인 여성이 있었기에 가능했기 때문이다. 경제와 살림에 욕심이 없고 무관심하나 접빈객들에게 후한

** 롤스는 귀족, 즉 가진 자의 의무인 노블레스 오블리주가 사회적 정의에 대한 책무로서 요청되지만 선행, 자비, 희생과 같은 행위가 권장될 뿐 이것을 반드시 요구하지는 않는다는 점에서 부의 사회적 불균형을 규제할 수 없다고 보며 민주주의를 통해서만 불평등의 문제를 완화해 갈 수 있다고 강조한다(롤스, J. 지음, 황경식 옮김, 《정의론》, 이학사, 2008).

*** 청빈과 검약을 통한 겸손한 생활을 하고 자신에게 박하고 남에게 후한 박기후인薄己厚人은 선비가 추구하는 생활 태도였음이 강조된다(정수현 외, 〈동서양 이상적 인간상의 가치 규범〉, 《한국사상과 문화》 제68권, 2013).

남편을 위해 옷과 장신구를 팔아 음식을 장만하던 여성들은 맨손으로 호구지책을 마련하고 버려진 산간도 경작했으며, 적극적으로 빈곤에 대처해야 했다. 여성은 남성과 빈곤을 다르게, 불평등하게 경험했던 것이다. 자신에게는 인색하면서도 위로는 봉제사와 접빈객, 아래로는 종들을 먹이고 빈자들을 알차고 풍성하게 돌보았던, 효도와 배려, 나눔과 보살핌의 행위는 결국 선비가 아닌 그의 부인, 즉 여성들이 쌓아 가는 공덕이었던 것이다.[6] 부엌에 매 끼니마다 한 숟갈씩 쌀을 덜어 내는 항아리를 두어 끼니를 거를 수밖에 없는 어려운 이웃에게 베풀었던 나눔은 선비나 양반 집안에서 가진 것을 함께하는 나눔의 전통으로 이해될 뿐, 결코 여성들의 경험과 실천으로 드러나지 않는다. 유명한 만석지기 경주 최 부자의 나눔에 대한 후한 평가와는 대조적이다.

대부분 위대한 남성들을 소개하고 있는 위인전들은 역사를 이끌어 온 주체가 남성들이었음을 과시하고 있다. 나눔을 실천해 온 리더들의 역사, 나눔 정신의 역사 또한 마찬가지이다. 나눔 실천의 역사 속에서 여성들은 진정 아무런 의미도 없는 존재였을까? 역사에서 재발견할 수 있는 여성들의 나눔 행위와 나눔리더십의 원형적 단초를 어떻게 평가하고 해석할 것인가? 그것은 나눔 행위의 주체를 어떤 관점으로 바라볼 것인가 하는 인식의 문제이며, 우리 사회의 현재와 미래를 설정하는 사회적 방향성의 문제이기도 하다.

여성의 관점에서 나눔의 역사를 재해석할 때 여성주의는 왜 나눔 행위자인 여성이 역사 속에 없는지 질문한다. 진정한 행위자 여성이 탈각된 채 나눔이 특권층 남성이 수행한 시대정신으로 이해되지 않기 위해서는 빈곤 속에서도 나눔의 삶을 이끌었던 여성들의 나눔 행위의 의미가 복원될 필요가 있다.* 그렇게 하지 않으면 여성의 경험은 현재에도 미래에도 가시화되지 않을 것이며, 감춰진 고난의 억압 상태도 당연한 것처럼 지속될 것이다. 여성주의의 관점에서 새롭게 인식된 여성들의 역사적 나눔 경험 속에서 우리는 나눔리더십의 원형을 찾을 수 있다. 나눔리더십이 나눔과 돌봄을 위한 여성들의 역사적 경험을, 삶을 풍성하게 하는 정신문명의 원형적 자원으로 이해할 때, 나눔리더십은, 리더십을 여성의 관점에서 새롭게 기획하는 여성주의 인식론과 맞닿게 된다.

대안 실천의 측면

나눔리더십이 지향하는 나눔과 공존의 가치는 여성주의 인식론과 맞닿아 있다. 다시 말해서 여성주의가 "억압의 역사 속에서도 여성들이 확보해 온 포용력과 보살핌의 능력, 상호 공조와 협력의 관계성, 일상과 환경의 연계성 속에서 미시적 문제의식을 거시적 구조 변화의 힘으로 변화시킬 수 있는 동력을 중요하게 포착"[7]하고 있다면, 나눔리더십의 의지적 상상과 실천은 여성주의를 소셜디

★ 실상 과거와 마찬가지로 현재에도 나눔은 여성들의 일상 속에서 주요한 특성으로 자리 잡고 있다. 국내 나눔 실태에 대한 통계를 보면 여성이 남성보다 기부와 자원봉사에서 더 적극적인 행위자로 나타나고 있으며, '향후 기부 의향과 자원봉사활동의 의향'에 있어서도 여성들이 남성들에 비해 각각 1.2퍼센트 포인트, 5.1퍼센트 포인트 앞서가는 경향을 보여 주고 있다(경인지방통계청, 〈2015 서울특별시 나눔 실태 결과〉 보도자료, 2015.12.21., 5쪽, 9쪽).

자인하고 사회적으로 재구성해내는 하나의 동력이 된다고 할 수 있다. 나눔리더십이 기존 리더십과 다른 권한의 분산, 다양성의 인정, 나눔과 돌봄의 의미와 가치들을 삶의 다양한 과정에서 구현하고자 하는 실천적 지향성을 갖기 때문이다. 이런 점에서 나눔리더십은 여성주의 인식론에 기초한 여성주의 리더십의 실천 과정과 맥락을 함께하고 있으며 또 하나의 여성주의적 가능성을 열어 가는 리더십의 의미를 갖는다.

나눔리더십과 여성주의 리더십은 대안적 가치를 지향하는 변화 동력으로써 실천을 통해 구성되는 개념이다. 리더십이 기술이나 기능이 아니라 변화를 이끌어 가는 힘이 되기 위해서는 현실의 다양한 맥락 속에서 실천을 추동하는 계기와 의지가 필요하다. 나눔리더십을 위한 실천적 계기는 나눔에 대한 인식과 개인적 경험 속에서 발견되기도 한다. 비영리 벤처 자본인 어큐먼 펀드를 설립한 노보그라츠의 '블루 스웨터'*와 같은 개인적인 경험이 나눔리더십의 실천적 계기가 되기도 하고, '십시일밥'**과 같이 옆에서 같이 공부하는 친구의 어려운 사정이 나눔 행위를 실천하게 하는 계기

---

*   미국 체이스 맨하탄 은행의 금융 전문가였던 재클린 노보그라츠는 어릴 적 선물로 받았던 블루 스웨터를 즐겨 입다가 헌옷 가게로 보낸다. 나중에 그녀는 르완다의 한 거리에서 자신의 블루 스웨터를 입고 있는 소년을 발견하게 된다. 20년이 가까운 세월 동안 미국에서 아프리카까지 먼 거리를 여행한 블루 스웨터를 보며 노보그라츠는 자본주의의 냉혹한 영리사업과 자선사업 사이에서 자본과 기업인의 역할을 고민하고 부자와 빈자 사이에 다리를 놓고 세상을 변혁할 수 있는 어큐먼 펀드를 설립하게 된다. 어큐먼 펀드는 세계의 빈곤 문제를 해결하는 비즈니스 모델을 가진 기업에 투자하는 비영리 벤처 펀드이다(이원재 외, 《소셜 픽션 지금 세계는 무엇을 상상하고 있는가》, 어크로스, 2014, 33쪽).

가 되기도 한다.

　중요한 것은 고개만 돌리면 발견할 수 있지만 그만큼 쉽게 외면할 수도 있는 나눔이 필요한 계기들을 자신의 삶과 적극적으로 연관 짓는 실천적 나눔리더십이다. 나눔리더십의 대안적 전망을 현실로 바꾸어 내려는 의지는 나눔으로 인하여 다른 사람들의 삶이 가능해지고 그것이 자신의 삶과도 연관성을 갖는다는 믿음에서 출발할 수 있다. 인간은 다른 사람에게 자신이 필요한 존재라는 것을 실감할 때, 자신이 혼자 사는 개인이 아니라 함께하는 사회적 존재임을 더욱 깊이 깨닫게 된다. '인간적 삶'에 대한 고민은 '함께 살아간다는 것'에 대한 질문이기도 하다. 그 사회가 자신에게 어떤 의미를 지니는지 끊임없이 질문을 던지고 인간이 서로 상호 호혜적 존재라는 믿음을 가질 수 있다면, 나눔 가치를 현실로 옮기고자 하는 의지는 실천력을 확보하고 현실 속에서 그 의미를 확장하게 된다. 이것은 나눔을 통한 공존의 제도화로 구현될 수도 있고, 불평등의 고리를 단절할 수 있는 '관계적 시민성'을 형성할 수도 있다.

　이런 점에서 나눔리더십 실천은 나눔의 계기와 나눔 활동의 유형이 어떻게 주어지든 일회적인 기부나 봉사를 넘어서 나눔을 통한 공동체 즉 연대의 사회적 관계를 구축하려는 시도라고 할 수 있

** 　'십시일밥'은 대학생들이 강의와 강의 사이 자투리 시간인 공강 시간에 학생 식당에서 봉사활동을 하고, 그 대가로 식권을 받아 취약 계층 학우들에게 전하는 활동이다. 십시일밥 활동을 하는 학생들은 "월세비가 없어 침낭을 들고 강의실을 전전하며 잠을 청해야 하고, 친구가 다 먹은 빈 식판을 받아 리필로 한 끼를 떼워야 하는 친구들"을 보며 나눔과 돌봄의 인식을 공유하고 있다.

다. 또한 이것은 인간을 호모 리시프로칸homo reciprocan, 즉 상호 호혜
적 존재로서 재발견하고 그에 대한 신뢰를 회복하려는 시도이기도
하다. 나눔리더십의 실천적 동력은 이와 같이 사회가 직면한 문제
들을 공동으로 해결하는 새로운 관계를 창조하는 리더십, 관계적
시민성을 공유하는 리더십을 가능하게 한다. 가치와 경험, 실천 방
법을 공유한다는 점에서 나눔리더십은 여성의 미시적 경험을 구조
적 변화로 전환시키는 여성주의의 실천적 구상, 즉 여성주의 리더십
을 또 하나의 장에서 열어 가고 있는 것이다.

3. 나눔 상상과 실천 그리고 리더십의 대안적 전망

나눔리더십의 실천적 행위자는 특정 계층이나 세대에 국한
되지 않는다. 집단이 될 수도 있고 개인이 될 수도 있으며, 나눔과
공존을 기반으로 인간을 움직이고 변화를 이끌어 가는 행위자라
면 젊은 청년이나 당연히 남성도 그 역할을 수행할 수 있다. 그럼에
도 이 글은 지역에서 적극적인 나눔 상상력을 펼쳐 가고 있는 여성
활동가들과 청년 세대라 할 수 있는 여대생들에 초점을 맞추어 여
성 리더로서 그들이 펼치는 나눔 실천 활동을 살펴본다. 특히 이
글에서는 '나눔리더십'의 개념이 동명의 교과목에서부터 출발하였
기에 나눔과 공유 사회에 대한 여대생들의 인식과 실천을 주목하
고자 한다. 이를 통해 정리되는 나눔리더십 이념형은 다양한 사회

적 맥락 속에 접목되고 이해될 수 있을 것이다.

여대생들은 소위 '88만 원 세대'라고 불리는 청년 세대의 일부로 '부지런히 땀 흘려도 벗어날 수 없는' 시대적 질곡에서 힘들어하고 있다. 동시에, 남자들과 똑같이 스펙과 능력으로 대변되는 경쟁 상황 속에서 능력 있는 여성으로 살아남아야 한다는 생존 위기에 시달린다. 남녀를 차별하는 임금구조와 노동조건이 어깨를 누르고, 하물며 아르바이트를 하더라도 별도의 '여성성'이 요구되는 성차별적 구조와 문화 또한 청년 여성의 발목을 잡고 있다.*

다른 한편 그들은 기술 문명의 혜택으로 디지털 문화와 가까운 소위 N세대, '경계 없는 신인류homo boundless'[8]로 불리는 세대로, 새로운 사회적 가치인 상호성과 연대, 협력 관계를 체험하고 실천할 수 있는 물적 토대를 가지고 있다. 시대의 풍요로운 가능성을 기회로 안고 있는 세대이기도 하다는 것이다. 실상 놀이와 경제활동과 배움을 동시에 진행할 수 있으며, 페이스북이나 인스타그램 업데이트와 같은 '실시간 커뮤니케이터'를 통해 정체성을 확인하고 시공간의 제약 없이 개인 생활과 관계를 유지하기도 한다.

---

*   OECD는 2016년 3월 8일 '세계 여성의 날'에 국가별 남녀 임금 격차 통계를 제시했다. 한국은 OECD가 관련 통계를 생산하기 시작한 2000년 이래 15년째 부동의 1위를 유지하고 있다. 한국의 남녀 임금 격차는 2014년 기준 36.7퍼센트로 OECD 평균 15.6퍼센트의 두 배가 넘는다(OECD 페이스북 홈페이지, 검색 날짜, 2016.03.08.). 또한 여성의 아르바이트 현장 실태를 살펴보면 업무와 무관한 여성성을 강요하는 관행들이 버젓이 요구되고 있다. 예컨대 주유소에서 아르바이트를 했던 여성 청소년은 업무 효율로 봤을 때 치마를 입는 것보다 활동성이 좋은 바지를 입는 게 훨씬 효율적이었음에도 치마 유니폼만 선택하게 한다든가, 손님을 대하면서도 여성스럽게 말을 하라는 주문을 받았다고 고백한다(문화 미래 〈이프〉 홈페이지, 2012.02.15.).

가장 풍부한 소통의 도구를 확보한 세대이지만 역설적이게
도 소통을 가장 어려운 과제로 여기는 세대이기도 하다. 그것은 가
상공간이 아닌 현실 속에서는 타인과 인간관계에 대한 두려움이
크다는 점과 나누고 공존할 수 있는 관계에 대한 신뢰의 부재를 반
증하는 것이기도 하다. 종종 나눔리더십 실천 활동을 진행하는 학
생들의 경험에서 함께 살아가는 타자 또는 관계 맺기에 대한 두려
움이 드러난다. 예컨대 어떤 학생은 실천 활동을 하면서 다른 사람
들에게 말을 걸기가 두려워서 한 시간을 거리에서 망설였다고 한
다. 그러다 간신히 용기를 내서 부딪쳐 보니 의외로 도와주는 사람
들도 많았고, 거기에서 자신감이 생겨 그 지역이 친근감이 들 정도
로 활동을 열심히 할 수 있었다고 한다. 사회적 관계에 대한 두려움
의 극복 역시 관계성의 회복 속에서 이루어진다는 사실은 나눔리
더십 실천의 중요성을 인식하게 한다.

　　이 장에서는 나눔을 상상하고 공유하는 나눔리더십을 논의
및 전망해 보고 더불어 나눔리더십을 실천하는 여성들에 대한 이
야기를 소개한다. 처음에는 에너지 절전 운동을 하고 있는 성대골
마을 여성들의 사례를 다루며, 두 번째 세 번째에서는 이화여자대
학교 〈나눔리더십〉 수업을 듣고 있는 학생들의 실천 활동 단상에
나오는 경험을 소개한다. 여기 소개하는 학생들의 의견은 2015년
1학기부터 2016년 1학기까지 〈나눔리더십〉을 수강했던 학생들이
제출한 과제물에서 발췌한 것이다.[*]

소셜 픽션, 여성들이 만드는 나눔리더십

주기적으로 부각되고 있는 글로벌한 경제 위기, 로컬한 정치 위기 속에서 개인의 삶이 방향을 잃고 표류하고 있는 것도 현실이다. 사회적 위기가 심화될수록 호혜적 관계가 유지되고 함께 살아갈 수 있는 나눔과 공존의 사회에 대한 요구와 관심이 더욱 커지지만, 그 가능성은 잘 보이지 않는다. 그러나 사람들은 희망을 놓치지 않는다. 우선 '나눔'이 감성적 헌신뿐만 아니라 인간 행위에 영향을 미치는 공존의 가치관으로 자리 잡고 작용할 수 있음을 주목해야 한다. 나눔 가치의 인식을 공유 가치 증식을 위한 인간의 나눔 행위로 전환할 수 있는 다양한 계기를 생각해 볼 필요가 있다. 사회 전반에 '나눔 역량'이 증진될 수 있는 '나눔과 공존의 사회'를 형성할 수 있는 가능성을 상상해 보는 소셜 픽션**이 아마도 필요할 것이다. 뜬금없는 공상이 아니라 미래를 상상하고 현재 무엇을 해야 하는지 가늠해 보는 실천 의지를 가질 수 있다면 나눔과 공존의 사

---

* 〈나눔리더십〉은 이화여대의 대표적인 인성 교육 교과목이며, 여기에 발췌한 내용은 '정보 활용 동의서'를 작성하여 사전에 활용과 관련된 수락을 얻은 내용들에 한하여 수록하였다. '정보 활용 동의서'에는 학생들이 제출한 실천 활동 동영상과 활동지, 제출 과제물을 〈나눔리더십〉 수업, 관련 행사, 수업 발전을 위한 연구의 참고 자료로 사용하고자 할 때 동의하는가의 문항이 들어 있었다.

** 소셜 픽션이란 제약 조건 없이 상상하고 이상적인 미래를 그리는 기획 방법이다. 여기서 상상이란 "공상이나 예측과 달리 의지가 담긴다. '이런 미래가 올 것'이라는 막연한 예측이 아니라 '이렇게 되면 좋겠다'는 염원이다. 즉 여기서 상상이란 예언자나 공상과학 소설가가 하는 일이 아니라, 특정한 사회나 조직의 변화를 원하는 사람들의 마음 속 염원을 확인하는 일이 된다. 상상을 통해 먼 미래의 이상적인 모습을 그리고 나면, 거기서부터 현재 무엇을 해야 하는지를 차례대로 생각하고 기획하는 일이 가능"한 것이다. (이원재 외, 《소셜 픽션 지금 세계는 무엇을 상상하고 있는가》, 어크로스, 2014, 13쪽.)

회도, 그것을 이끌어 내는 나눔리더십의 확장도 아마 불가능한 것은 아닐 것이다.

나눔 가치를 기반으로 '함께 살고 싶은 사회'를 상상해 보고 '무엇이 문제인지' 현재의 장애물과 과제를 발견하고 대안적 방법과 아이디어를 논의하는 창조적 상상력을 펼쳐 보는 소셜 픽션은 개인이 사회적 존재로서 자신을 인식하는 "스스로 어떤 사회에 살고 싶은가?"에 대한 질문이며, 이 질문의 확장은 "사회적 존재로서 우리가 어떤 모습으로 공존해야 하는가?"라는 평등 의식에 기반한 여성주의적 성찰이기도 하다. 나눔리더십의 실천이 우리들의 삶을 단순히 '선행'의 차원으로 확장하는 것이 아니라 여성주의가 지향하고 있는 함께 공존하는 방식, 대안적 삶을 고민해 보는 과정이 될 수 있기 때문이다.

예컨대 서울특별시 동작구 사당동에 있는 성대골 공동체가 그 사례를 만든다. 성대골 에너지 자립마을은 "아톰의 시대에 코난의 시대를 준비하는 사람들"로 유명하다. 기술 발전이 극대화된 시기에 지구 멸망 이후의 시기를 대비한다는 취지의 에너지 자립 활동은 마을 주민들의 자발적이고 협동적인 활동을 기반으로 하여 가능한 것이 되었다. 에너지뿐만이 아니라 성대골은 공동육아, 마을학교, 공동 살림, 커뮤니티 등 다양한 테마들을 공유하고 있는데, 2010년도에 성대골 어린이도서관으로 시작한 성대골 공동체의 특징은 초창기 20-30대 젊은 주부들을 중심으로 한 여성들의 자발적 나눔 활동을 원동력으로 했다는 것이다. 미래 세대인 자녀들의

페미니즘, 리더십을 디자인하다

세상을 후쿠시마 원전 사고와 같은 재앙 없는 세상으로 만들겠다
는 '성대골 사람들'의 소셜 픽션은 성대골 어린이도서관에서 시작하
여 2013년 말부터 에너지 협동조합 '마을닷살림'이 사업을 시작하
면서 '에너지 슈퍼마켓'으로 공간을 옮겨 현재까지 이어지고 있고,
마을의 젊은이들이 만든 커뮤니티 관련 소셜 벤처 기업 'BLANK'
와 함께 연계되어 전개되고 있다.[*] 에너지 자립마을답게 2톤 트럭을
개조하여 태양열과 자전거 발전기를 이용한 친환경 에너지 카페를
운영하고, 프랑스 파리에 가서 유엔기후협약에 대한 성명서를 발표
하는 마을 사람들은 불과 6년 전만 해도 행정동에 학교도 도서관
도 없어 멀리 돌아다녀야 했던 아이들을 위해 두 달 동안 발품을
팔아 도서관을 만들었던 여성들이다. 그들이 '상상했던 세상'은 이
제 마을 청년들과 함께 현실화되고 있으며, 성대골을 벗어나 더 많
은 사람들에게 큰 파장으로 확산되고 있다.

전기 요금을 덜 내기 위해 절전을 하는 것이 아니라 내가 조금
씩 아낀 전기가 다른 사람이 쓸 수 있는 전기를 생산하는 것과
같고 서울 시민이 쓰고 있는 에너지의 12퍼센트만 줄여도 핵발

---

[*] "성대골 어린이도서관이 개관하면서 공동체 구성원들이 운영을 돕기 위해 자발적으로 모이기
시작했는데, 자원활동가 대부분은 아이를 가진 엄마들이었다. 이 점은 초기 어린이도서관에서
공동체가 형성되는 데에 결정적인 영향을 주었을 뿐만 아니라 에너지 문제가 아이들과 미래
세대의 문제라는 점이 '엄마들'이 운동을 지속하게 된 원동력이 되었다." (박종문·윤순진, 〈서
울시 성대골 사례를 통해 본 도시지역 공동체 에너지 전환 운동에서의 에너지 시민성 형성 과
정〉, 《공간과 사회》, 55, 2016, 97쪽.)

전소 하나를 폐기할 수 있다는 놀라운 이야기를 들으면서 우리 집의 전기 소비를 돌아보게 되었다.[9]

사람이 '의식한다'는 건 내가 깨어 있다는 것입니다. 불편하지만 외출 시 코드 점검을 하고 늘 전기 사용량에 신경을 쓰고, 낭비 되는 전력이 없나 의식하고, 주위에도 알리게 되고, 그러다 보니 에너지 감수성이 높아지고 있습니다. 동네 장터를 에너지 장터로 바꾸어 성황리에 끝낸 점이 가장 기억에 남아요. 두 번째로는 국사봉중학교에서 에너지 동아리를 운영하고 절전소를 만들었고, 또 장승중학교로도 확산되었죠. 우리의 취지를 알리고 함께 동참하자고 이야기하는 곳이 늘어난 점이 기억에 많이 남아요."[10]

공동육아 등 여성의 경험에서 출발하여 대안적 미래를 위한 뜻을 나누고 실천을 공유해 갔던 성대골 공동체의 현재와 미래는 나눔리더십과 여성주의 리더십의 실천 과정이라 하겠다.

돌봄의 체험과 나눔리더십

가을이 시작되며 날씨가 쌀쌀해지면 학생들의 '나눔리더십' 실천 활동은 종종 추운 겨울을 홀로 견뎌내야 하는 독거 어르신들을 위한 활동으로 기획된다. 외로운 어르신들을 찾아가 소통하는 활동도 있고, 어르신들의 따뜻한 겨울나기를 위해 창문에 단열재

페미니즘, 리더십을 디자인하다

를 붙이는 봉사활동도 열심이다. 할머니 손에서 성장한 학생은 어린 시절 경로당 경험을 바탕으로 할머니들과 어떻게 소통해야 하는지 노하우도 공유하고, 그렇게 만난 독거 할머니들을 다시 찾는 학생들도 많다. 어린 시절 우리를 돌봐 주셨던 분들을 이제 우리가 보살필 수 있다는 경험은 우리가 서로 돌봄의 관계망 속에 존재한다는 인식과 책임감을 환기해 준다.

여성주의적 관심은 여성의 보살핌 경험을 사회적 차원으로 전환하는 '돌봄 사회'에 대한 관심으로 확대되고 있다. 국가 중심적 복지제도의 한계와 가족의 해체로 사회적 안전망이 붕괴하고 있는 현실에도 불구하고 노령 인구의 증가와 비혼 인구 및 저출산의 증가는 더 이상 돌봄이 가족이나 여성만의 과제가 아님을 보여 주고 있기 때문이다. 조한혜정은 사회 자체가 돌봄 공동체로 전환하면서 일과 삶에 대한 새로운 접근을 가능하게 해야 한다고 보면서, '돌봄 사회'로의 전환은 아래로부터의 '공동체적 삶의 디자인design for community living'을 통해서 가능할 것이라고 본다.[11] 독거 노인들을 위한 학생들의 나눔리더십 실천 활동은 사회적 돌봄에 대한 여성주의적 관심을 이해하고 돌봄에 기반한 공동체적 삶을 어떻게 디자인할 것인가를 참여를 통해 상상해 볼 수 있는 배움의 기회이다.

'겨울맞이 한 줄 목도리 뜨기' 활동은 '모두가 한 줄씩 떠서 완성한 목도리'를 홀로 사는 외로운 독거 어르신들에게 전달하는 활동이었다. 학생들은 학생문화관 앞에 의자를 갖다 놓고 공강 시간을 활용하여 독거 할머니들을 위한 목도리 뜨기를 함께 했다. 목도리 뜨기에 참여하는 사람들은 그 길을 지나가던 학생들을 비롯하여 교내 구성원들, 방문객들까지 활동에 관심을 가졌던 모든 사람들이었다. 뜨개질을 못하는 사람들은 즉석에서 배워서 뜨기도 했고, 뜨개질을 위한 실과 바늘도 활동의 취지에 공감하는 사람들의 기부로 이루어졌다. 활동 초기 '목도리 한 줄 뜨기' 나눔리더십을 실천하던 학생들은 과연 사람들이 취지에 공감하고 동참을 할 것인지 걱정하고 우려하는 모습을 보였다. 타인에 대한 돌봄에 얼마나 관심이 있는지 사람들과 함께 소통하고 상호작용하는 경험이 없었기 때문이다. 이러한 우려와 걱정은 실천 활동을 진행하며 해소할 수 있었다. '돌봄에 대한 실천적 관심'을 공유하는 시간이었다.

우리의 예상과는 다르게 많은 분들께서 기쁜 마음으로 실과 바늘을 나눔해 주셨고 목도리 뜨기도 많이 참여해 주셨고 더 나아가 격려의 응원도 받을 수 있었다. 처음 한 코를 뜨고 한 줄을 뜰 때는 느끼지 못했지만 그 한 코와 한 줄이 모여 어느새 목도리의 모습을 갖추어 갈 때, 목도리와 더불어 따뜻한 마음까지 늘어나는 듯했다. 평소에 캠퍼스라는 틀 안에 있으면서도 서로에게 무심했고 쉽게 말을 건네기 어려웠는데, 이 실천 활동을 하면서 우리는 모두 '함께'한다는 하나의 명목으로 도란도란 대화도 나눌 수 있었다. 짧았지만 서로 간의 따뜻한 마음이 느껴지는 소통이었다. (2014년 2학기 수강생)

독거 할머니들과의 만남을 주선해 주었던 이화여대 종합사회복지관에서는 학생들의 창의적이고 참여적인 활동을 보면서 자원봉사 위주로 설계되었던 복지 프로그램에 대한 새로운 가능성을 발견할 수 있었다고 전했다. 활동을 기획한 팀원들만의 활동이 아니라 목도리를 뜨기 위한 활동에 사람들을 참여시키는 과정에서 독거 어르신들에 대한 생각을 많은 사람들이 공유할 수 있었고 나눔의 의미와 함께 보살핌의 경험이 더 넓게 확장되는 기회였다.

공감의 시대, 여성과 나눔리더십

누군가를 이해해 보려는 시도와 새로운 상상은 우선 관심과 공감을 필요로 한다. 아마도 자신의 주변 사람들에 대한 관심이 그 출발점이 될 수 있다. 자신이 살아가고 있는 세상의 주변 사람들이 자신과 같은 생각을 하고 있을까, 서로에게 관심이나 있을까 숱한 의구심이 들 수 있다. 리프킨은 《공감의 시대》에서 크리스마스 캐롤을 듣고 참호 밖으로 나와 축구를 함께 했던 영국군과 독일군의 이야기를 전하고 있다.[12] 플랑드르 병사들이 보여 준 것은 보다 심오한 인간적인 감정이었다. 그리고 그것은 인간의 실존적 상황에서 드러난 감정으로 시대와 사상을 초월하는 것이었다. 이제 우리는 그 병사들의 모습에 왜 감동을 받는지 자문해야 한다. 그들은 인간이기를 택했다. 그들이 드러낸 인간 능력의 한복판에 자리 잡고 있었던 것은 서로에 대한 공감이었던 것이다. 실천 활동을 기획하고 진행하는 학생들에게도 나눔은 그동안 무관심했던 타자에 대한 인

식을 새롭게 하는 계기였고, 나눔리더십 실천을 통한 공감의 경험
은 삶의 이기적인 울타리에 균열이 가고 있음을 인지하는 계기가
되었다.

> 나눔은 이기주의의 원칙을 깬다. 이 원칙은 우리 주변에 다른
> 사람들이 존재한다는 것을 기억하게 한다. 나눔은 다른 사람들
> 도 우리와 같은 욕구가 있다는 사실을 인식하게 한다. 그들도
> 우리처럼 잠을 자고, 밥을 먹고, 기본적인 문화를 향유할 필요
> 가 있다. (2014년 2학기 수강생)

어떤 주제가 가능할까, 실천 활동으로 적절할까, 이렇게 주제
의 선택도 쉽지는 않다. 왜냐하면 그동안 공감하지 못했던, 생각도
하지 못했던 부분이기 때문이다. 나눔리더십을 듣는 학생들은 장
애인과 공감하는 실천 활동들을 많이 하고 있으며 이 경우 역시 마
찬가지이다.

> 솔직히 장애인에 대해 많은 인식을 하지 않았고 그들이 살아가
> 는 방법에 대해서는 완전히 무지했다. 그러나 그 무지함이라는
> 것이 결국에는 그들에 대한 외면에서부터 출발했다는 것을 깨
> 달았다. 따뜻한 시선을 가지지는 못하더라도 무관심하지는 말
> 았어야 했는데, 같은 시대, 같은 사회를 살아가면서 그들에게
> 참으로 무관심했다. (2016년 1학기 수강생)

나보다 단 하나의 불편함을 더 가졌다고 해서 다른 세상을 살아가는 것은 아닐 텐데, 이제까지 나는 마치 다른 세상을 살아가는 것처럼 생각했었나 보다. 실천 활동의 주제를 잡고, 또 고치는 과정을 반복하면서 시각장애인들의 삶에 대해 조금이나마 고심해 볼 수 있었다. (2015년 1학기 수강생)

'장애 체험'을 직접 해 보는 실천 활동을 기획하기도 한다. 학생들은 안대를 하고 지하철에서 학교까지 직접 걸어가 본다. 옆에서 보조해 주는 친구가 동반하지만 그럼에도 불구하고 아무것도 보이지 않는 세상은 공포스럽다. 이제까지 하지 못했던 경험 속에서 이제까지 피상적으로 이해했던 장애인의 세상이 나의 일상이 되는 체험이다. 말을 하지 못한다는 설정을 기획한 다른 학생은 햄버거 가게에 들어가 핸드폰에 문자로 적은 주문 내용을 보여 준다. 장애인을 바라보는 사회적 시선을 체험하고, 소스와 음료 등 추가 주문을 하는 점원의 질문에 당혹해 하기도 했다. 휠체어를 타고 직접 경사로를 오르기도 한다. 휠체어의 바퀴를 굴리는 일이 얼마나 힘든지 잠깐 놓쳤을 때 뒤로 굴러떨어질 것만 같은 아찔한 생명의 위기를 경험한다. 이러한 체험들이 장애인에 대한 이해를 깊이 하고 진정한 공감대에 다가가게 하는 계기가 된다.

실천 활동을 통해 관점을 공유해 보고자 했다. 사회가 만들어 낸 '장애인'이라는 시선과 틀 안에 갇혀 수많은 차별을 몸소 겪

었어야 했을 장애인의 일상과 세계를 이해하고 공감하고 싶었기 때문이다. (2015년 1학기 수강생)

이때의 공감은 수동적 입장을 의미하는 동정과 달리 적극적 참여를 의미하며 기꺼이 다른 사람의 경험 가운데 일부가 되어 장애인의 경험에 대한 느낌과 문제를 공유한다는 의미를 갖는다. 나눔은 공유이며, 이러한 공유와 새로운 이해를 만들어 가는 기획, 그리고 그 실천 과정에서 학생들은 자신의 기획력과 자기 안에 숨어 있는 역량을 발견한다. 리더십의 형성 과정이다.

소액 벌금을 내지 못한 사람들이 감옥에 가는 것을 안타깝게 여긴 학생들이 '장발장 은행'을 지원하는 실천 활동을 기획하였다. 경제적인 능력이 넉넉한 사람들에게는 아무것도 아닐 수 있는 가벼운 벌금이 누군가에게는 감옥에 가야만 할 정도로 감당하기 어려운 부담이 될 수 있다. 경제적인 조건들을 고려하지 않는 일반화된 벌금 체계의 문제점들이 그것이다. 이러한 문제의식을 갖고 시작된 장발장 은행은 가난한 사람들에게 소액 대출을 해 주는 기관이다. 이 기관에 대한 조사를 통해 사회의 불합리한 단면을 체험하고 인식하게 된다. 또한 문제의식으로 발견된 과제를 해결하기 위한 대안적인 모색을 법적·제도적 차원에서도 모색해 본다. 이러한 대안적인 시도들이 사회의 관심을 환기시키고 문제 해결로 다가가는 새로운 통로를 만들어 내는 힘이 될 것이다. 대안을 모색하며 새로운 소셜 픽션을 상상해 보는 학생들의 리더십이 그 과정 속에서

페미니즘, 리더십을 디자인하다

형성되어 간다.

우리가 가장 깊게 문제의식을 가졌던 부분은 벌금제였다. 처음에는 '재산이 10억 원인 사람과 하루 3만 원 벌어 하루살이하는 사람에게 동일하게 500만 원이라는 벌금이 공평한 것일까?'라는 물음에서 시작됐다. 그리고 이렇게 죄목에 따라 동일한 벌금을 선고하는 제도를 총액벌금제라고 부른다는 것과 그것의 문제점들, 그 문제점들을 해결하기 위해 있었던 노력들에 대해 조사했다. 우리는 결국 일수벌금제(총액벌금제와 달리 피고인의 경제적 사정을 고려하여 벌금을 산정하는 제도)가 근본적인 문제 해결의 실마리라고 생각했고, 이를 우리나라에 도입하기 위해 고려할 것은 무엇인가 함께 고민했다. (2015년 2학기 수강생)

함께 모색하는 과정 속에서 인식을 공유하고 사회를 보는 시각을 함께 넓혀 간다는 것은 "장발장은 죽고 번호만 남았다, 빵 하나 훔친 죄로"라는 포스터 문구에서 감지할 수 있는 우리 시대의 문제를 공유하는 깊은 공감의 과정이다. 적어도 장발장이 '나의 무관심' 속에 죽어 가서는 안 된다는 자기 인식은, "하나의 바뀐 시각이 또 다른 사람의 시각을 바꿀 수 있는" 변혁적 능력을 가지게 될 것이라는 믿음으로 발전할 수 있다. 이러한 나눔리더십의 변혁적 잠재력은 여성주의 리더십의 맥락에서 이해될 수 있는데, 허라금은 "약자의 입장에서 지배적이고 억압적인 현실의 권력 질서에 저항하고 그런 권력관계의 변화를 이끌어 가는" 그런 "정치적 의식과 목표 아래 발휘되는 리더십"이 여성주의 리더십임을 설명하고 있다.[13]

우리 사회에서 소외되어 있는 소수자의 문제들과 함께 대학 내에서 소수자의 고통을 주목하고 그 삶에 대한 공감과 대안 공유의 실천 활동도 이루어진다. 그중 하나가 편입생들에 대한 공감에서 시작되었다. 대학에서 편입생들은 부정적인 시각을 경험하고[*] 불평등한 교내 시스템과 제도들을 감수해야 한다. 편입생이 느끼는 차가운 대학 생활은 소외감과 기대만큼의 절망으로 다가오기도 한다. 편입생들의 불합리한 학습 조건과 편견에 대한 문제의식 속에서 시작된 동명의 '나눔리더십' 실천 활동팀은 처음부터 스스로의 주제 제안과 함께 자발적 참여를 통해 꾸려졌으며, 그 학기 가장 많은 팀원들로 구성되었다. 편입생들이 소외되는 자가 아니라 환대받는 공동체의 일원으로 공존해 가야 한다는 문제의식으로 팀원들은 고심 끝에 팀명을 페르소나 그라타Persona Grata로 선택한다. '환대받는 사람'이라는 뜻이다. 편입생의 의견을 듣는 간담회를 마련하고, 학제 개편의 대안을 제시하는 소책자와 온라인 커뮤니티를 구성하고, 멘토링제를 직접 실험해 보는 일련의 실천 활동 과정은 편입생의 경험을 통해서 사회적 소수자에 대한 실천적 인식을 확장해 가는 기회가 되었다. 페르소나 그라타 팀원들은 소책자에서 "학

---

[*]   편입생에 대한 재학생 인식 설문조사의 결과에 따르면 편입생을 긍정적으로 보는 비율은 40.2 퍼센트로 절반을 넘지 않았고 상당수는 관심이 없었다(〈Persona Grata: 이화여자대학교 내 편입생 대학 생활 적응 조사〉 소책자).

페미니즘, 리더십을 디자인하다

내 소수자인 편입생도 입학한 순간부터 재학생"이며 "심리적 소외와 불합리한 제도로 인한 차별을 겪지 않도록 해야 한다"고 강조하며, "진정한 소통이란 모두가 하나 되는 소통이며 그동안 소통에서 제외되었던 편입생을 전면에 내세움으로써 진정한 의미의 소통을 실현"하고자 함을 밝히고 있다.

'나눔리더십'을 통해 이루어지는 위와 같은 실천 활동은 사회적 소수자와 주변인에 대한 공감에서 출발하지만 그것에 머물러 있지 않는다. 예컨대 장애 체험 실천 활동이라는 실험적 실천들이 가져온 장애인에 대한 인식의 확장은, 세상을 장애인의 관점에서 바라보는 것에 그치지 않고 실천적 대안을 모색하고 새로운 비전을 제시한다. 지하철역에 점자 지도를 마련하고, 중앙도서관 장애학생 열람지원실이 3층에 있는 문제점을 제기하며, 평면적인 장애인 편의시설 지도에 경사를 표시해 넣는 리더십의 실천을 이끈다. 이것은 시장경제의 합리성이나 상품화된 나눔의 한계를 벗어난 공존을 상상하는 연대적 실천이라 할 수 있다. 또한 나눔리더십의 이러한 실천은 문제를 야기한 원인과 주체를 "분명하게 비판하기보다는 피해자의 고통이나 억압을 논하는 것에 편안함을 느끼는" 차원을 넘어서 대안적 공동체에 대한 상상을 이끄는 여성주의 리더십과 맞닿아 있다고 할 수 있다. 자본의 교환관계를 중심으로 형성되는 '나눔 소비'처럼, 여성주의는 "여성 및 주변부 사회 그룹을 중심으로 한 재현의 정치와 공감의 문제를 통해, 제도화된 지식 체계가 인종, 계급, 젠더 위계적으로 구성되며 타자를 위한다는 명분 속에서 타

자의 고통이 소비되는 상황"을 경계하기 때문이다.[14]

4. '상자' 밖에서 만나는 나눔 사회와 여성 리더의 이야기

경쟁 원리에 기반한 신자유주의 시장경제의 확대로 나라마다 겪게 되는 고용 불안과 사회적 격차의 증가는 사적 부문이 풍부해지는 반면 공공 부문이 약화되는 사회적 불균형 속에서 새로운 빈곤의 문제를 양산했다. 세계화의 동일한 압력하에 놓여 있는 한국 사회도 여성과 88만 원 세대라고 불리는 청년 세대의 불안정 고용과 실업 문제, 비정규직 증가로 새로운 사회적 불안에 직면해 있다. 또한 국가 중심적 복지제도와 정치 역량의 한계 속에서 해답을 찾을 수 없는 기로에 놓여 있다. 이런 문제들을 극복하고 좀 더 나은 삶의 환경을 만들기 위해서는 기존의 문제들을 뛰어넘는 상상력과 실천이 필요하다.

사회 구성원의 제반 권리와 평등을 보장하는 법 제도와 사회정책을 마련하는 것도 중요하지만 그런 보장은 사실상 사회적 삶에 대한 인식과 사람들 간의 관계 양태를 바꾸지 않고는 미봉책에 불과할 것이다. 나눔리더십은 이런 삶의 과정에서 공존하는 관계의 형성과 그것을 통한 새 삶의 판을 짜는 주체들을 살려 내는 동력이 될 수 있으며, 사회 구성원들로 하여금 스스로 만들어 내는 질서에 대한 확신을 갖게 하는 힘이 될 것이다. 경쟁과 효율성의 가치가 지

페미니즘, 리더십을 디자인하다

배하는 사회 체제에서 수용되기 어렵더라도 나눔과 공존의 사회적 가치를 인정하면서 동시에 모든 것이 적자생존의 결과로만 환원되지 않는 사회 체제를 만들어 가는 것이 나눔리더십이 지향하는 사회의 중요한 비전이 될 것이다.

나눔리더십은 나눌수록 더 커지는 공유의 개념을 바탕으로 새로운 것을 창출해 내는 창조적 상상력을 발휘하는 리더십이다. 불평등한 구조를 수용하는 것이 아니라 모두가 공존하는 질서를 꿈꾸는 여성주의는 나눔리더십으로부터 또 하나의 실천적 가능성을 발견할 수 있다. 나눔리더십을 기획하고 실천한다는 것은 나눔을 통해 이루어지는 연대와 공존의 관계망을 구축하는 것이기도 하다. 나눔의 호혜성에 대한 이해와 경험을 통해 공존의 사회에 대한 믿음을 구축하고 나눔의 선순환 구조에 참여하는 계기를 만날 수 있기 때문이다.

이 과정은 나눔리더십을 실천하는 여성 리더가 스스로 생각하고 성찰하는 깨달음의 과정이며, 그 안에서 자신의 인식과 가치관을 세워 가는 과정이기도 하다. 더불어 이 과정은 여성 리더가 '나눔'에 대한 일반적 통념을 넘어서 나눔의 개념과 범위를 스스로 확대해 가는 과정이기도 하다. 즉 선행이나 증여, 기부, 봉사와 같이 기부자와 수혜자가 분명하게 구분되는 일방적인 나눔의 실천이 초래할 수 있는 '나눔의 상징적 지배 구조'를 비판적으로 인식하면서 새롭게 요구되는 나눔의 개념을 스스로 고민하고 기획하는 성찰적 리더십의 발전 과정인 것이다. 이런 점에서 나눔리더십은 여성 리더의 성장을 이끄는 리더십이며, 여성 리더를 비롯한 사회 구성원들이 스스로 만들어 내는 '공동체적 삶의 디자인design for community living'을 이루는 여성주의 리더십의 동력이 될 수 있다.

'나눔리더십' 수업을 통해 학생들이 진행하는 실천 활동은 대학에 들어오기 전까지 학교와 매체에서 수동적인 교육을 받았던 여학생들을 주체적으로 키워 가고, 타인을 경쟁에서 이겨야 하는 대상이 아니라 함께 공존해 가는 존재로 깨닫게 하는 계기가 되고 있다. 성실하게 실천 활동을 진행한 학생들은 이러한 새로운 인식과 깨달음을 얻게 되며, 자신을 가두고 있는 협소한 세상의 울타리를 벗어나 자신을 상자 밖으로 힘껏 내보내는 스스로의 역량, 즉 자신의 리더십을 체험하게 되는 것이다. 또한 공존이란 아픔도 희망도 함께하는 '관계'라는 믿음 속에서 여성 리더의 셀프리더십은 자기 안의 한계를 벗어나 공동체를 위한 실천적 리더십으로 전환될 수 있을 것이다.

> "소유론적 관계가 상자 속에서 다른 사람을 이해하는 것이라면, 존재론적 관계는 상자 밖에서 다른 사람을 이해하는 것과 같다. 항상 나의 존재가 남보다 우월하다고 생각하고, 자신의 입장을 타인의 입장보다 우선시해 정당화한다." 이 말이 많이 와 닿았다. 마치 평소의 나를 겨냥하고 한 말처럼 들렸다. 나뿐만 아니라 현대사회의 많은 사람들이 이 상자 안에 포함될 것이다. 예를 들자면 '그게 아파 봤자 얼마나 아프다고, 내가 더

페미니즘, 리더십을 디자인하다

아파 봤어.'처럼 말이다. (2015년 1학기 수강생)

이제 여성 리더가 경험하는 '상자' 밖 세상은 여성 리더의 상
상과 실천을 통해 또 다른 세상으로 변화해 갈 것이다.

8장

변화를 만드는
'글로컬 여성주의 리더십'

이 명 선

이화여자대학교 아시아여성학센터 특임교수. 아시아 지역의 여성학 제도화를 목적으로
하는 '아시아여성학' 프로젝트에 관여해 왔으며, 현재 아시아 아프리카 여성활동가
교육인 이화 글로벌 임파워먼트 프로그램Ewha Global Empowerment Program을 맡고 있다.
여성학자이자 여성교육 활동가로서 그동안 섹슈얼리티, 여성에 대한 폭력, 성인지적
성교육, 개발 협력과 젠더, 한국의 여성운동과 젠더 거버넌스 등에 관심을 갖고 연구
및 교육, NGO 활동에 참여해 왔다. 저서로는《나의 페미니즘 레시피》(공저),《우리들의
목소리: 아시아 페미니즘과 여성운동의 현장 1·2》(편저) 등이 있으며, 주요 논문으로는
〈Asian Feminist Pedagogy and Women's Empowerment: A Preliminary Analysis of
Ewha Global Empowerment Program〉이 있다.

1. '글로벌 리더', 그 불편함에 대하여

언제부터인가 '지구화(글로벌라이제이션globalization)'라는 말이 더이상 새롭지 않게 되었다. 지구화는 이제 기업뿐 아니라 대학 사회에서도 대학의 '발전'과 '수월성'을 평가하는 지표나 성과로, 혹은 더욱 확대해 가야 하는 비전이나 가치로 받아들여진다. 대학 발전 계획에서 '글로벌 인재 양성' 혹은 '글로벌 브랜드 파워 재고'라는 수사가 포함되고, 외국인 교수 영입, 외국인 학생 수, 국제 학술지 논문 게재 비율 등 '글로벌화'를 '객관적'으로 측정할 수 있는 지표들이 중요하게 고려된다. 대학생들 역시 '글로벌 인재'임을 증명할 수 있는 스펙을 만들기 위해 분투한다. 한두 학기는 교환학생으로 외국 대학에 다녀오거나 최소한 어학연수나 해외 봉사활동에 참여한 경력을 만들어 놓아야 마음이 놓인다. 2000년대 초반 한국 사회에 몰아친 조기유학 붐과 기러기 가족의 양산도 크게 보면 자녀들에게 '글로벌 경쟁력'을 갖추게 하고 싶은 부모의 열망이 반영되어 있다.

흥미로운 점은 한국 사회에서 '글로벌 인재' 혹은 '글로벌 리더'의 개념이 일종의 긍정적 롤 모델이나 지향 가치로 인식되고 있는 반면, 여성주의 관점에서 '글로벌 리더'라는 개념은 여러 측면에서 갈등적이거나 불편한 쟁점들을 내재한다는 것이다. 무엇보다 '리더' 개념은 평등과 공동체의 가치를 강하게 지향하는 여성주의 가치와 충돌한다. 이화여대에서 아시아-아프리카 여성활동가 교육인 이화 글로벌 임파워먼트 프로그램(이하 EGEP)*을 처음 시작하던 2012년 당시 주위의 여성학자나 여성활동가들로부터 많이 받은 질문 중의 하나가 이 교육이 소위 '국제 엘리트 여성 양성'을 목적으로 하는가 하는 점이었다. 이 교육이 "아시아-아프리카 차세대 여성 리더 양성"을 표방했으니 이런 질문을 받는 게 어쩌면 당연했다.

한국의 여성학계에서 소위 여성 리더십 또는 여성주의 리더십에 대한 논의가 시작된 지 10여 년이 넘었고,** 그동안 몇몇 여성학자들이 여성주의 리더십을 이론화하려는 노력을 경주해 왔다. 그

★　EGEP는 이화여자대학교 아시아여성학센터가 운영하는 국제 교육 프로그램이다. '여성 교육을 통한 대학의 사회적 책무와 나눔 정신 확산'을 목적으로 기획되었으며, 아시아-아프리카 여성활동가 역량 강화 및 차세대 여성주의 리더 양성을 목적으로 한다. 2주간 레지덴셜 프로그램으로 진행되며, 매번 약 20-25명이 참여한다. 1년에 2차례 운영되며, 2012년 1기 개최를 기점으로 현재까지 9차 교육을 수행해 총 40개국에서 온 190명의 여성활동가들이 교육을 수료하였다. 이 교육 참가자들은 여성활동가로서 최소 3년 이상 현장 경험, 여성주의에 대한 이해, 공동체 기여 능력, 리더로서의 가능성 등을 기준으로 공고와 심사 과정을 통해 선발된다.

★★　한국 여성학계에서 여성주의 리더십 담론이 처음 제기되던 2000년대 초반에만 해도 '리더십' 개념이 여성주의와 병행될 수 있는가라는 질문이 제기되었음은 주지의 사실이다. '여성적 가치와 여성 리더십'을 주제로 개최된 이화리더십개발원 1주년 학술대회 당시 이 개발원의 설립에 주도적으로 참여했던 몇몇 여성학자들의 논의 속에 '여성주의와 리더십은 양립 혹은 통합이 가능한가? 만약 그렇다면 그것은 구체적으로 어떤 리더십 개념을 말하는 것인가?'라는 물음에 대답해야 하는 과제가 담겨 있었다. (이상화, 〈여성주의 관점에서 본 리더십과 권력〉; 정대현, 〈성기 성물: 리더십에서의 여성주의적 가치〉; 장필화, 〈여성 리더, 여성적 리더십, 여성주의 리더십〉 이화리더십개발원 개원 1주년 학술대회: 여성적 가치와 여성 리더십, 2004.)

러나 여전히 여성주의 현장에서 리더 혹은 리더십은 흔히 개인주의적이고 자유주의적인 개인의 성취 혹은 기존의 남성들이 구축한 무한 경쟁 사회에서 권력을 쟁취한 명예 남성이 되려는 욕망은 아닌지 의심을 받는다. 더구나 아시아-아프리카 여성들이 참여하는 '국제 교육'이라는 특성으로 인해, 기존의 리더 개념이 바탕에 깔고 있는 경쟁주의/성공 프레임에 '글로벌'이라는 화려한 리본까지 치장한 것처럼 받아들여지기도 했다. 한국 사회에서 기업이나 교육 영역에서 표방하는 '글로벌 리더 양성'이라는 표현은 글로벌 체제가 요구하는 경쟁력을 갖춘 인재 양성이라는 메시지를 강하게 전달하는 게 사실이다. 우리에게 익숙한 글로벌 리더에 대한 이미지는 흔히 성공한 개인 혹은 국제적 명망가와 겹쳐진다. 한국인으로서 국제사회에서 영향력을 미치는 지위에 있는 사람, 즉 '성공 신화'를 떠올리게 하는 글로벌 리더에 대한 상상과 기대는 흔히 경쟁 사회와 성공 패러다임을 전제한 리더 개념의 '글로벌 버전'이라고 인식된다.

국제 사업에 대한 여성활동가들의 인식, 즉 국제 사업이나 국제적 여성운동은 한국 안에서 진행되는 '지역운동'과는 별개의 영역이라는 인식도 여성활동가들이 갖고 있는 소위 글로벌 리더에 대한 불편한 지점을 드러내 준다. 주변의 여성주의자나 활동가들과 이야기를 하다 보면, 대부분 "국제 사업의 필요성은 인정하지만 당장 한국의 여성 문제를 해결하기도 급급한데 다른 나라 여성 문제까지 신경 쓸 여유가 없다"고 대답한다. 이러한 대답 속에는 한국의 여성 문제와 다른 나라의 여성 문제는 현실적으로 분리되어 있다는 인식이 포함되어 있다. 또한 국제 사업은 영어 등 특정한 전문성을 요구하는 소수의 '국제 전문가'의 영역이라고 간주된다. 특히 '영어' 능력은 국제 사업과 지역 사업의 경계를 분명하게 만드는 장애이자 장벽이다. EGEP 교육생 참가자 모집 시 선발 비율이 10:1에 가까울 정도 지원자가 많은 것과 비교해, 한국 지원자는 모집 자체가 용이하지 않다. 주변 NGO 기관이나 활동가들에게 적극적으로 지원을 권해도 "관심이 있지만 영어가 부족해서 어렵다"거나 "좀 더 영어 공부를 해서 다음에 지원하겠다"는 대답이 돌아오고는 한다.

　　최근 들어 국제 개발 협력 사업의 성공적 수행을 위해 젠더 관점의 통합이 중요한 요소로 부각되고 있다. 얼마 전 코이카 교육에서 '개발 협력과 젠더'를 주제로 강의를 한 적이 있다. 일정 기간 교육을 받은 후 전 세계로 파견되어 국제 개발 협력 현장에서 일을 시작한다는 교육생들은 대부분 20대의 대학 재학생 혹은 대학 졸업생 여성들이었다. 아시아뿐 아니라 중동 그리고 이름도 생소한 먼 아프리카 지역으로 파견되는 교육생들의 성별이 대부분 여성인 이유가 궁금했다. 참가자들은 개발 협력 사업 즉 저개발 국가를 지원하는 프로젝트를 담당하는 일선의 현장 업무는 직업으로서의 미래와 안정성을 확신하기 어렵고 업무의 성격상 보살핌이나 배려, 헌신과 같은 '여성적' 특성이 요구되는 일이기 때문인 것 같다고 대답했다. 강의를 마치고 돌아오는 내내 몇몇 질문들이 머릿속에 맴돌았다. 소위 '글로벌'하다고 간주되는 직업의 영역에서도 여성적 직업과 남성적 직업의 분리와 위계가 여전히 작동하는 현실을 어떻게 변화시킬 수 있을까? 국제 개발 협력에 참여하는 기업이나 정부의 정책 담당자들은 어떤 인재, 어떤 리더십을 필요로 하고 있을까? 미래의 안정적 직업에 대한 확신도 없으면서 막연한 가능성만을 갖고 낯선 외국에 나가서 돌봄과 헌신을 요구하는 말단 업무에 종사해야 하는 이 여성들에게 리더십은 어떤 개념으로 다가올까?

일련의 경험을 통해 필자는 지구화 시대에 필요한 여성주의 리더십에 대한 더욱 적극적인 개념화와 논의가 필요하다는 생각을 하게 되었다. 이는 기본적으로 '여성주의 리더 혹은 여성주의 리더십은 무엇인가?'에 대한 답을 찾아 가는 하나의 과정이면서, 동시에 기존의 글로벌 리더십에 대한 여성주의적 대안을 이론화해 가는 과정이 될 것이다. 이러한 목적을 염두에 두고 이 글에서는 '글로컬 여성주의 리더십'의 개념을 제시해 보고자 한다. 여기서 '글로컬'은 '글로벌'과 반대되거나 대립적 개념이기보다는 글로벌 개념에 내재된 제1세계 중심의 개발 중심성과 서구 중심성에 대한 비판적 관점을 반영한다.

이 글은 EGEP에 참가한 아시아와 아프리카의 여성활동가 200여 명의 경험을 기반으로 한다. 글로컬 여성주의 리더십에 대한 논의가 아직 시론적인 단계임을 고려할 때, 국제적 여성활동가 역량 강화 및 리더십 고양을 목적으로 하는 이 교육에 참가한 여성활동가들의 경험은 글로벌 시대를 살아가는 우리들에게 리더십이 어떤 의미를 갖는지, 여성주의 리더십은 어떤 요소를 가져야 하고 그것은 어떤 경험과 과정을 통해 길러질 수 있는지, 그리고 더 나아가 어떻게 여성들을 임파워먼트하고 여성주의를 실천할 수 있는 공동체의 힘을 만들어 낼 수 있는지 들여다볼 수 있는 유용한 사례*를 제공해 줄 것이다.

2. 지구화와 '글로컬 여성주의 리더십'

지구화에 대한 여성주의의 이해를 한마디로 혹은 분명하게 정리하기는 어렵다. 다만, 지구화의 기저에 깔린 제1세계 중심, 서구 중심, 개발중심주의가 여성에 대한 차별과 억압을 심화할 수 있다는 점에 대한 우려와 비판을 공유한다는 점은 분명하다. 지구화에 대한 여성주의의 비판은 1980년대 등장한 초국적 페미니즘 transnatioanl feminism을 통해 본격적으로 제기되기 시작했다. 무엇보다 초국적 여성주의의 대두는 지구화가 초래한 변화에 대한 비판적 인식과 밀접히 연관된다. 초국적 여성주의는 기존의 다양한 페미니즘의 가치와 역사성을 공유하면서, 지구화로 인한 전 지구적 자본화, 다국적 자본의 지배, 북반구와 남반구의 불평등과 위계, 제3세계

---

* 이 글에서 인용된 EGEP 관련 사례나 참가자 인용 글은 필자의 참여 관찰, 참가자들과의 인터뷰, 그룹 토크, 참가자 보고서, 평가 리포트, EGEP 관련 출판물(이소정 외, 《변화를 만드는 초국적 여성운동》, 이화여자대학교출판부, 2015.; 장필화·이명선 엮음, 《우리들의 목소리 1》, 이화여자대학교출판부, 2015.; 《우리들의 목소리 2》, 이화여자대학교출판부, 2016.)을 기초로 한다.

의 빈곤화 등에 관심을 갖는다. 이들은 세계화, 지구화가 상호적인 단일 체계로 통합하는 것이 아니라 제1세계나 강대국 중심의 세계로 재편되고 있는 현실 인식을 공유한다. 초국적 페미니즘과 뿌리를 같이하고 있는 후기구조주의 페미니스트들 역시 급속히 진행된 지구적 자본주의화와 제1세계 중심의 개발development이 제3세계의 빈곤화와 환경 파괴, 이주, 인신매매, 여성에 대한 폭력 등의 문제를 심화시키고 있는 현상들을 분석한다. 지구화로 인해 제3세계 여성이 제1세계의 돌봄 노동을 책임지는 '세계화의 하인'으로 전락하고 있다는 비판[1]은 지구화로 인한 불평등의 심화와 여성의 빈곤화를 단적으로 설명한다.

동시에 여성주의자들은 지구화가 단지 서구화의 일방적인 확산이 아니라 다양성과 이질성이 접촉하고 충돌하는 새로운 공간들을 생산해 낸다는 점에 주목한다. 이상화는 지구화가 진행됨에 따라 다양한 국가, 민족, 문화들 간의 접촉이 증가하고, 이 공간 안에서 서로 다른 관점들의 갈등과 불일치와 충돌도 더 빈번해질 수 있다고 설명한다.[2] 또한 지구화와 지역화는 분리된 개념이 아니라 오히려 상호적이며 구성적인 개념으로 이해해야 한다. 이에 대해 모한티Chandra Talpade Mohanty는 지구화와 지역화의 관계는 단지 지리적 혹은 영토의 의미로 규정되는 것이 아니라 개념적이고 맥락적이며, 상호적으로 구성된다고 보았다.[3]

사실상 현실 세계에서 지구적인 것과 지역적인 것은 이분법적으로 분리될 수 있는 것이 아니라 동시적이며 중첩적이다. 이 둘은 물리적으로 분명하게 구분되거나 서로 다른 영역에서 존재하고 있는 것이 아니라 서로 연관되어 있으며 상호적으로 영향을 미치는 유동적 관계 안에서 구성된다. '나'라는 주체는 물리적, 지역적으로 서울 혹은 대한민국에서 살아가는 개인이지만, 그 존재성 자체가 지역성으로 구성되는 것이 아니라 지구촌 안에서 대한민국이나 서울이 규정되는 문화적, 정치적 방식, 그리고 아시아인이라는 정체성, 나의 성별과 계급, 섹슈얼리티 등이 끊임없이 교차하면서 구성된다. 특히 IT나 통신, 대중매체의 발전과 지구화의 빠른 속도감 안에서 나는 친구나 지인, 가족뿐 아니라 지구촌의 다양한 사람들과 '친구 맺기'를 하고, 뉴욕에 있는 지인의 점심 메뉴를 보며 '좋아요'를 누르고, 아프리카의 아이들을 위한 후원에 참여하기도 한다. 나는 로컬한 존재이며 동시에 글로벌한 사회 속에 살고 있고, 나의 삶과 정체성은 글로컬, 즉 지구 지역적인 관계 속에서 구성된다. 이런 점에서 지구화는 지구지역화glocalization로 재개념화해서 이해하는 것이 보다 적합한 접근일 것이다.

그렇다면 글로컬 여성주의 리더십의 개념적 특성은 무엇인가? 무엇보다 글로컬 여성주의 리더십은 여성주의 리더십의 한 유형으로서 페미니즘 사유의 공통적 특성을 공유하면서, 또한 지구지역적 맥락에서 여성 문제를 이해하고 연대를 바탕으로 이를 해결하고 변화시키려는 지향성을 갖는다.

좀 더 구체적으로 설명하면, 첫째, 글로컬 여성주의 리더십은 한 개인의 권력의 양태가 아니라 여성주의 실천의 일환으로서 여성들의 역량 강화와 공동체적 변화를 지향하는 여성주의 리더십의 개념에서 출발한다. 여성주의 리더십에 대한 다양한 개념 정의들이 있지만, 가장 핵심적이고 공통적인 측면은 그것이 억압적 인권과 불평등으로부터의 해방을 지향하고 여성주의 목표와 가치를 실현해 내려는 주체적 의식과 실천이라는 점이다.[4] 그런 점에서 여성주의 리더십은 여성의 임파워먼트와 세력화를 위한 하나의 실천전략이기도 하다. 여성주의 리더십 논의에서 무엇보다 주목해야 할 점은 전통적 리더십, 남성적 리더십에 대한 대안적 가치로서 여성주의 리더십을 제시하면서 기존의 '권력' 개념을 재개념화하고 있는 점이다.[5] 이들의 논의를 좇아가면, 권력은 수평적 위계질서 안에서 어느 특정한 사람에게만 귀속되거나 고정된 힘이 아니라 수평적 관계에서 누구에게나 편재되어 있는 힘이며, 어느 일방에 의해 다른 일방을 억압하거나 통제하는 힘이 아니라 공동체 구성원이 상생하고 성장할 수 있도록 하는 생산적인 힘이다.

이런 맥락에서 여성주의 리더는 단순히 그 팀이나 조직, 공동체의 장을 의미하기보다 '여성주의 목표를 공유하며 이를 달성하기 위해 공동체적인 팀워크와 관계를 갖고 일하는 주체들'이다. 다만 각각의 역할과 임무, 직위에 따라 리더십의 구성 요소와 형태는 달라질 것이다. 가령 한 여성 단체의 모든 구성원은 각각이 리더십을 갖는 주체이지만, 프로젝트나 조직 구성에 따라 어떤 사람은 조직의 대표로, 어떤 사람은 팀원으로 각기 다른 리더십을 발휘할 수있다. 각각의 구성원은 자신의 역할과 일을 수행하는 주체로서 자율성을 갖는 리더이며 동시에 팔로어가 될 수 있다. 여성활동가들이 여성주의 리더를 어떻게 인식하고 있는지를 살펴보면 이런 설명이 보다 현실성을 갖는다. 리더의 개념과 역할에 대해 여성활동가들은 "리더란 추진력을 갖고 밀고 나가는 사람이 아니라 사람들의 마음을 읽고 보듬어 주면서 일의 과정을 함께하는 사람", "주체적으로 일하는 모든 사람은 리더"이고 "구성원들이 리더가 되도록 임파워먼트하는 것이 리더의 역할"이라고 말한다.[6] 여성활동가들의 리더에 대한 인식이나 리더십 문화는 기존의 다른 조직들이 내포하고 있는 가부장적 관행에 대한 비판적 의식이자 공동체 지향성에 대한 성찰을 기반으로 한다. 이러한 공동체 가치들은 지금도 여전히 여성주의 조직을 구성하고 운영하는 중요한 요소로 작동하고 있으며, 여성주의 조직의 정체성을 유지해 주는 핵심 요소이기도 하다.

둘째, 글로컬 여성주의 리더십은 지구 지역적 맥락에서 여성 문제와 억압의 구조를 이해하고, 이를 해결하거나 변화시키려고 하는 실천의 특성을 갖는다. '지구적으로 사고하고 지역적으로 실천하라think global, act local'는 슬로건은 지구지역화, 즉 지구적 보편화와 지역의 특수성을 통합적으로 이해하는 실천 전략을 잘 보여 준다. 여기서 지구적으로 사고하고 지역적으로 실천한다는 말은 사고는 지구적으로, 실천은 지역적으로 한다는 이분법적 접근이 아니라 보다 지구 지역적으로 통합된 관점의 사고와 실천을 의미한다. 이 슬로건은 환경 위기가 국제적으로 논의되기 시작한 1970년대부터 회자된 것으로 알려져 있다. 한국 사회의 경우 1990년대 이후 환경운동이

페미니즘, 리더십을 디자인하다

시민사회운동으로 자리 잡아 가면서 언급되기 시작해서 지금은 정치가나 교육자들의 단골 멘트로, 청소년들의 국제 워크숍이나 리더십 교육 주제로 다방면에서 널리 활용되고 있다. 이 슬로건은 지구적 수준에서 생태, 평화, 인권 등 미래 가치를 고려하면서 지역적 실천을 통해 변화를 도모해야 한다는 인식을 담아내고 있다. 즉 생태, 빈곤, 에너지 등 지구적 차원의 문제를 해결하기 위해서는 지역사회의 새로운 실험과 작은 실천들, 풀뿌리 운동들을 통해 해결해 가야 한다는 메시지를 전달한다.

지구화 시대 여성 문제 역시 그 어느 때보다 더 빠르고 광범위하게 '국가의 경계를 넘어서' 상호적 영향을 미치며 구성되고 작동한다. 한 예로 한국 사회에서 다문화 가족이나 국제결혼 비율의 급속한 증가는 국제 이주 문제가 가족 구조나 학교, 노동시장, 사회제도 등에 영향을 미치고 우리의 사적·공적 삶에 많은 변화를 야기하고 있다. 국제 이주는 지구촌의 경제적 불평등, 자본의 이동과 결부된다. 특히 필리핀, 베트남, 아프리카 등 제3세계 국가들에서 여성들의 이주는 지구화와 더불어 빈곤 문제와 연결되어 있는 대표적 이슈의 하나이다. 또한 여성 이주는 사기 결혼이나 매매혼, 가정폭력 등 여러 인권 문제와 중첩되어 있는 여성 문제이기도 하다. 그러나 여성들이 왜 이주를 하게 되는지를 지역적·개별적으로 들여다보면 빈곤이나 경제적 문제, 전쟁이나 분쟁 등 생존을 위해 불가피한 사례뿐 아니라, 더 나은 삶을 위한 여성들의 주체적 결단이나 새로운 삶에 대한 도전 등 좀 더 다양한 맥락이 나타날 수 있다. 좀 더 지역적인 수준으로 들어가 보면 같은 아시아권에서도 필리핀 같은 송출국과 싱가포르나 말레이시아, 한국 같은 목적국이 서로 다른 이해관계를 갖는다. 따라서 여성 이주 문제에 관여하는 활동가나 정책 전문가, 학자들은 지구화의 맥락에서 이주의 발생과 과정, 결과에 대한 거시적 분석과 더불어 지역적, 개별적 수준에서 이주가 여성의 개인적 삶과 젠더 관계에 어떤 영향을 미치는지 상호적, 교차적으로 볼 수 있어야 한다.

또 다른 사례를 살펴보자. 아시아 지역의 인신매매나 성매매는 단지 한 국가나 지역의 문제가 아니라 전 지구적 자본의 이동과 아시아 지역의 빈곤, 그리고 여성의 성 상품화 등의 문제와 중층적으로 결부되어 있다. 메콩강 주변의 캄보디아, 베트남, 미얀마, 태국 등에서 발생하는 인신매매나 성매매는 일차적으로 빈곤이나 계층 불평등과 밀접한 연관을 갖지만, 동시에 가족의 생계를 위해 아동이나 여아의 거래를 용인하는 성차별적 관습, 가족 구조, 이주, 그리고 더 넓게는 전 지구적으로 퍼져 있는 남성 중심적 성 문화와 자본의 이동을 배경으로 한다.[7] 실제로 이들 지역의 성매매 수요자들은 서구의 백인 남성들뿐 아니라 한국이나 중국·일본 등 상대적으로 경제적으로 부유한 아시아 국가의 남성들도 포함된다. 때문에 이들 지역의 인신매매나 성매매와 같은 인권 문제의 해결을 위해서는 기후나 환경문제와 마찬가지로 '지구적으로 사고하고 지역적으로 실천'하는 통합적인 접근이 필요하다.

지구화 시대 많은 문제들은 복합적이고 중층적인 구조적 요

페미니즘, 리더십을 디자인하다

인들이 결합되어 있고 상호적으로 연결되어 있다. 따라서 어떤 문제에 접근하기 위해서는 그 문제가 일어나는 구조에 대해서 지역적 요인과 지구적 요인을 교차하는 통합적 분석이 필요하고, 문제 해결을 위해서 역시 지역의 주체들뿐 아니라 인접 국가나 국제사회와의 협력과 연대가 필요하다. 이러한 관점을 갖고 실천 방안을 모색할 수 있는 능력이 바로 글로컬 여성주의 리더십의 핵심 요소이기도 하다. 즉 글로컬 여성주의 리더십이란 성평등과 여성 인권이라는 목표와 가치를 위해 지구 지역적 맥락에서 사고하고 실천하는 리더십이다.

3. 차이를 이해하기 그리고 연대하기

여성주의 리더십의 구성 요소는 그것이 어떤 맥락과 현장에서 요구되는 리더십인가에 따라 강조점이 다를 수 있다.[*] 글로컬 여성주의 리더십에 대한 논의는 여성들 간의 차이와 연대를 강조하는 '현장 여성주의' 이론에서 유용한 통찰을 가져온다. 글로컬 여성

---

[*]   가령 NGO 여성활동가 리더십을 연구한 김엘리는 비전, 일 추진, 사회적 관계, 개인적 관리 등의 측면을 주요 요소로 보며(2015), 심영희는 문화적 이해 능력, 루드만과 오롯은 네트워킹 능력 등을 강조한다. (김엘리, 《기업과 NGOs 여성들의 리더십 사례 연구》, 이화리더십개발원, 2015.; 심영희, 〈글로벌 여성 리더십의 구성 요소와 성장 요인: 여성 NGO 리더십을 중심으로〉, 《아시아여성연구》, 제49권 2호, 2010.; 마리안 N. 루드만·패트리샤 J. 오롯 지음, 구지숙 옮김, 《21C 여성 리더십: 성공하는 여성들의 5가지 테마》, 위즈덤아카데미, 2003.)

주의 리더십은 현장 여성주의 이론으로부터 차이의 정치학과 연대의 실천력을 리더십의 핵심적 구성 요소로 제안한다. 이상화에 의하면 현장 여성주의는 지구적 여성주의global feminism를 비판하며, 여성들 간의 차이에 토대를 둔 연대를 주장한다. 포스트모던 사상에 뿌리를 두는 현장 여성주의는 여성들이 단일하고 보편적인 공통성을 갖는 주체가 아니기 때문에 여성들이 겪는 억압의 다양성과 차이를 고려해야 한다고 주장한다. 현장 여성주의자들은 동시대인과 같은 시간성의 수사학에서 공간성이라는 새로운 수사학으로 전이를 시도한다. 즉 여성들이 같은 시간 속에 살면서 사실상 상이한 공간 속에 존재하기 때문에 국제적으로 맥락화된 억압에 노출되면서 이와 관련된 문제의 의식화와 대응이 존재할 수 있다고 보고, 이를 현장location이라는 공간적 개념을 통해 전달한다. 현장은 "역사적 사회적 맥락 속에서 결정되는 다수의 시공간성과 그 안에서 살아가고 실천하는 여성 주체들을 드러내는 개념"[8]이다.

여성들 간의 동질성과 보편적 억압을 인정하지 않으면서 연대가 가능한가라는 물음에 대해 현장 여성주의는 오히려 '차이의 정치학'을 이야기한다. 구체적인 현실 속에서 존재하지 않는 여성들 간의 보편적 억압에 기반하는 여성주의 이론과 실천은 여성의 정체성을 단순히 성별 체계에 의해 규정하는 잘못된 전제에서 출발한다는 것이다. 한 개인이나 집단으로서 여성의 정체성은 성별뿐 아니라 인종, 계급, 연령, 성적 선호 등 여러 사회적 요소들의 상호 작용을 통해 형성되고, 시공간적인 교차점들 속에서 생성된다. 이런

페미니즘, 리더십을 디자인하다

맥락에서 현장 여성주의는 차이의 존재론을 바탕에 깔고, 차이를 기반으로 한 실천적 연대의 가능성을 모색한다. 차이는 연대의 위험 요소가 아니라 연대를 실천할 수 있는 자원으로 간주된다. 여성들 간의 차이를 긍정할 때 오히려 다양한 여성주의 운동 사이의 연대적 실천을 실행할 수 있는 현실적인 가능성과 지평이 열릴 수 있다. 지구화의 진전은 여성들 간의 차이를 더 가시화하고 두드러지게 하지만, 동시에 연대의 현실적 기회와 가능성을 더 확장하기도 한다. 이렇게 본다면 차이는 연대를 방해하는 요소가 아니라 연대의 자원이다.[9] 실제로 IT의 발전, 이메일이나 SNS 사용, 교통의 발전 등은 여성 이슈의 확산과 공유, 신속한 정보의 교류를 통해 협력과 연대의 방식을 다원화하고 가능하게 만들어 주고 있다.

차이에 대한 이해는 글로컬 여성주의 리더십을 수행할 수 있는 실천 능력과 결부된다. 타인이나 다른 공동체, 다른 지역, 다른 영역의 여성운동에 대한 이해는 새로운 배움으로 체득되고 이를 통해 자신의 분야에서 새로운 비전하에 구체적인 의제를 설정하거나 연대할 수 있는 능력으로 확장된다. 차이에 대한 이해는 단지 수용이나 받아들임이라는 일차적 수준에서 머무는 것이 아니라 변혁적 배움transformative learning의 과정이며, 연대의 실천을 동기화한다. 변혁적 배움은 권위를 가진 사람의 일방적 가르침을 통해서가 아니라 상호적 관계 안에서 생산되는 지식이며 실천 과정이기 때문이다.[10]

EGEP 참가자들의 경험은 차이에 대한 이해의 과정이 여성 문제에 대한 이해로 확장될 수 있음을 보여 준다. 국제 교류의 장은 새로운 여성 의제들을 새롭게 접하고 배우는 과정이지만 동시에 여성운동이나 의제들 간의 차이를 확인하는 갈등과 충돌의 경험이기도 하다. 성소수자 문제는 EGEP에 참가한 여성활동가들 간의 경험과 인식의 차이를 극명하게 보여 주는 대표적 사례이다. 참가자들은 대부분 여성 문제와 관련한 영역에서 일을 하고 있지만, 성소수자 인권에 대한 이해의 정도와 문화적 배경에 따라 다양한 반응을 나타낸다. 성소수자 인권에 대한 발표에 대한 어떤 참가자들은 "성소수자 문제가 왜 여성 문제인가?", 혹은 "나는 이런 발표를 듣는 게 불편하다"고 토로하기도 한다. 이런 경우 성소수자 인권 운동가들은 동료들의 부정적인 피드백에 크게 상처받거나 좌절한다. 평소 성소수자에 대한 사회적 편견과 혐오주의에 익숙하지만, EGEP가 여성활동가들의 커뮤니티라는 기대 때문에 실망과 갈등은 오히려 더 증폭되기도 한다.

이들은 "어떻게 여성주의자가 성소수자 인권 운동에 대해 그런 부정적 발언을 할 수 있는가(그녀는 여성주의자가 아니다!)?" 혹은 "어떻게 성소수자 인권 문제도 제대로 이해하지 못하면서 여성활동가로서 일을 할 수 있는가?"라고 되묻는다. 서로의 차이를 처음 인지했을 때, 그것도 같은 목표와 지향성을 갖는다고 믿고 있던 공동체 안에서 서로가 다르거나 심지어 상반된 가치를 갖고 있음을 알게 되었을 때 흔히 실망, 분노, 불신과 같은 부정적 감정과 갈등이 노출된다. 갈등과 불편함은 교육이나 적극적 토론을 통해 해소될 수도 있지만, 오랜 시간의 성찰이나 숙고의 시간이 필요하기도 하

페미니즘, 리더십을 디자인하다

다. 한 성소수자 인권 운동가는 "처음에는 당황스러웠지만, 그 경험을 통해 성소수자 문제를 처음 접하는 여성활동가가 있다는 것을 알게 되었고, 내가 대중과 소통할 때 어떻게 이 문제를 더 잘 다룰 수 있을 것인가에 대한 구체적인 전략을 좀 더 생각하게 만드는 계기가 되었다"고 이야기한다. 차이와 다양성에 대한 이해는 일차적으로 새로운 것에 대한 배움에서 시작되지만, 그 차이를 체화하는 과정은 인식론적 충격, 갈등, 불편함을 수반한다. 여성들 간의 차이에 대한 '이해'는 단지 '내가 그 문제를 알고 받아들인다'는 정도가 아니라 치열한 자기 성찰, 여성 문제에 대한 의식의 성장, 타인이나 타 문화에 대한 정치적 분석을 수반하는 과정이다.

여성운동 전략이 지역적 특성이나 환경에 따라 다르게 적용될 수 있음을 알게 되는 것도 차이에 대한 이해의 한 예이다. 한국의 여성활동가가 환경 운동의 일환으로 면 생리대 운동을 제안하자, 그 자리에 있던 아프리카에서 온 참가자가 "물이 귀한 지역의 경우 빨래할 물을 길으러 가는 것이 여성들의 가사 노동 가운데 많은 비중을 차지하는데 면 생리대가 과연 적절한 대안이 될 수 있는가?"라고 반문했다. 이 질문은 참가자들 스스로 여성들의 삶의 조건이나 이해가 지역이나 국가에 따라 매우 다르며, 하나의 여성운동 방식이나 전략이 모든 지역에서 동일한 방식으로 적용될 수 없다는 것을 현실적으로 깨닫게 해 준다.

여성들 간의 연대는 하나의 동일한 의제와 공통적 이해 아래 여성들이 조직화된다는 의미가 아니라, 차이와 다름을 서로 받아들이고 신뢰와 파트너십을 만들고 네트워킹을 확장해 가는 실천 방식이다. 그럼에도 여성들 간의 차이를 전제할 때 현실적으로 차이를 바탕으로 한 연대가 어떻게 가능한가라는 질문이 제기된다. 더구나 국가 간의 경계를 넘어서 여성 문제에 대한 공통 이해를 토대로 함께 연대하고 해결하려는 초국적 여성 연대의 경우 여성들 간의 차이의 문제는 개인의 차이를 넘어서 사회적, 국가적 이해와 충돌할 수 있다. 그러나 연대를 고려할 때 차이에 대한 이해만큼 여전히 중요한 부분은 여성의 공통적 억압에 대한 이해이다. 여성들 간의 억압의 경험에 차이가 분명 존재하지만, 즉 억압의 방식과 종류가 다양하고 그 억압이 제도화된 역사적, 문화적 구조도 각기 다르지만 성별 체계로서 여성에 대한 '억압이 있음'은 가부장적 역사를 갖는 사회에서 공통적이다. 그런 점에서 여성들은 억압의 차이와 공통성을 함께 갖는다. 연대가 여성들 간의 공통성만을 보편적으로 전제한다면 여성의 정체성에 대한 오류가 발생할 수 있지만, 차이와 공통성을 동시에 인지하게 되면 여성들 간의 연대는 오히려 더 확대될 수 있다.

초국적 연대는 매우 거시적 개념이지만 현실 세계에서 시작은 서로에 대한 만남, 이해, 공감과 같은 개별적 교류에서 출발한다. 초국적 연대는 가상의 국제적 공간이 아니라 현실 세계에 뿌리를 둔 사람들 간의 관계이며 상호작용이다. 초국적 연대의 주체는 국제기구나 국제 전문가들뿐 아니라 각각의 지역에서 실천되는 풀뿌리 운동 조직과 지역 운동 활동가들 모두를 포함한다. 그러나 이들이 연대를 시작하기 위해서는 서로의 존재에 대한 이해와 연대의식이 필요하다. EGEP 참가자들은 교육에 참가하고 싶었던 이유 중 하나로 "다른 나라에서 활동하는 여성활동가들을 만나보고 싶었다"는 이야기를 한다. "이런 일을 하면서 외롭다고 생각한 적이 많다. 그런데 여기 와서 이들을 만나 보니 이제 더 이상 내가 혼자가 아니라는 생각이 든다. 나는 그들과 '연결'되어 있음을 느낀다"고 이야기한다. 서로 연결되어 있다는 느낌은 비록 물리적, 지역적으로는 멀리 떨어져 있지만, 여성주의 공동체의 일원으로서 소속감의 표현이자 상호 연결되어 있다는 인식이다.

이 연결됨에 대한 인식은 세대 간, 국가 간, 여성 의제 간의 시공간성을 넘어서는 연대 의식과 실천으로 확장된다. 교육 기간 중 참가자들과 '군 위안부' 수요 시위에 참여해 보면, 참가자 대부분이 수요 시위에서 매우 강렬한 인상을 받고는 한다. 특히 이들은 수요 시위의 역사에서 여성들 간의 초국적 연대에 대한 통찰을 얻고, 한국 생존자들의 경험에서 여성활동가로서의 자신의 삶을 이해하고 새로운 비전을 찾아내기도 한다. 인도네시아의 한 참가자는 수요 시위 현장에서 자신의 할머니에 대한 기억을 떠올린다. 그녀는 '군 위안부'였던 할머니들의 경험과 기억을 통해 수하르토 정권하에서 독재에 저항했던 자신의 할머니의 삶과 기억을 비로소 이해할 수 있게 되었다고 말한다. 그녀는 또한 '군 위안부' 이슈를 접하면서 여성의 섹슈얼리티에 대한 이중 잣대를 가진 가부장제 사회가 피해자인 여성들에게 어떻게 침묵을 강요했는지를 알게 되었다고 말한다. "한국과 인도네시아 두 지역의 여성들의 경험이 얼마나 밀접히 연결되어 있는지, 그리고 나의 삶과 내 할머니의 삶이 어떻게 연결되어 있는지"를 생각했다는 그녀의 말은 연대가 시공간성의 경계를 넘어 어떤 방식으로 시작될 수 있는지를 보여 준다. 베트남에서 온 한 여성활동가 역시 "자신의 나라 역시 전쟁 피해국의 일원으로 같은 문제가 있는데도 그동안 일제하 군 위안부 문제를 잘 알지 못했거나 지나간 역사의 한 부분으로만 치부했다고 안타까워하며, 돌아가면 지금 하고 있는 활동과 이 문제를 어떻게 연결시켜야 할지 고민해 보겠다"는 계획을 말한다.[11] 이들은 가부장적 사회와 전쟁이 야기한 성적 폭력과 고통, 모욕을 이겨 내고 진정한 여성 리더로서 삶과 용기를 보여 준 '할머니'들의 모습을 보면서 여성활동가로서 힘과 연대의식을 갖게 되었다고 이야기한다.

4. 현장 경험을 통한 리더십 역량의 성장

여성 경험과 억압의 차이에 대한 이해, 그리고 문제 해결을 위해 연대로 나아가는 실천 능력이 글로컬 여성주의 리더십의 주요한 구성 요소라면, 이 요소들은 어떻게 학습되고 어떤 과정을 통해 글로컬 여성주의 리더로서 힘과 역량을 기를 수 있을까?

무엇보다 타 문화에 대한 이해 능력과 국제 감각은 직접적인 현장 경험이나 사업 참여를 통해 키워진다.[12] 국제 사업이나 회

페미니즘, 리더십을 디자인하다

의, 교육 등을 통해 타 문화를 직접 경험함으로써 한국인을 기준으로 하던 방식에서 벗어나 다양성에 대한 열린 마음과 새로운 비전을 갖게 된다는 것이다. 차이와 연대의 정치학은 지식이나 이론을 통해서 배울 수 있지만, 그 구체적인 실천 역량은 현실 세계에서의 경험과 만남, 현장에서의 부딪침을 통해 성장한다. EGEP 교육의 경우만 해도 2주간의 짧은 기간이지만 참가자들은 많은 변화를 경험한다고 이야기한다. 새로운 배움과 지식이 생산되고, 우정과 연대, 그리고 변화가 만들어진다. 참가자들이 자신의 변화의 경험을 표현한 단어들을 분석해 보면, 배움, 감정적 지지, 배려 받음, 자신감, 리더십 향상, 의식 고양, 긍정적 태도, 힘, 재충전, 용기, 희망, 연결됨, 차이와 공통점 등과 같은 것들이다. 이런 경험을 공통적으로 관통하는 개념이 임파워먼트이다. 참가자들은 "교육을 통해 여성활동가로서 자신감을 갖게 되었다.", "내가 더 크고 강한 사람이 되었다."고 말한다.[13]

이들이 경험한 임파워먼트는 개인에 따라 교육과정 중 일어나는 다양한 경험이나 관계, 성찰들과 연관된다. 여성학 지식을 습득해서 얻은 힘일 수도 있고, 동료들이 보여 준 지지나 위로와 같은 정서적 경험일 수도 있다. 액션 플랜에서 나온 실천 전략이 새로운 힘이 될 수도 있고 여성에게 금지된 관습을 깨는 첫 경험이나 새로운 도전을 통해 자신이 좀 더 강한 사람이 되었다고 느끼기도 한다. 가족의 반대를 무릅쓰고 집을 떠나 처음으로 한 여행과 교육 참가를 통해 새로운 일에 도전할 수 있는 용기를 배웠다는 파키스탄 참

가자의 이야기, 처음으로 축구를 해 본 경험이 가장 인상적이었다
고 말한 중동의 한 참가자 이야기, 편견 없이 자신의 손을 잡아 준
다른 참가자들과의 만남에서 새로운 희망을 찾았다는 인도의 불가
촉천민 여성활동가의 이야기들은 여성의 임파워먼트가 책 속에 있
는 이론이 아니라 만남과 부딪침이 있는 현장 경험을 통해 이루어
질 수 있음을 드러내 준다. 미얀마에서 온 한 참가자는 오픈 포럼
발표자로서의 경험을 되새기며, "많은 청중들 앞에서 내 경험을 이
야기하고 그들이 내 말에 귀를 기울이는 경험은 두려웠지만, 정말
놀라웠다. 나는 작은 마을에서 활동하고 있는데 지역에서 난 그저
'젊고 어린 여자'에 불과했다. 그러나 이곳에서 나는 전문가로서 인
정받는 걸 느꼈고, 다른 참가자들과 함께 토론하면서 새로운 지식
과 정보를 더 많이 갖게 되었다. 이 경험들이 내가 리더라는 인식과
자신감을 갖게 해 주었다. 이제 돌아가면 지역의 시니어 남성들에
게도 좀 더 당당히 내 의견을 이야기할 수 있을 것 같다."라고 이야
기한다.[14] 이런 사례들은 여성의 임파워먼트와 리더십이 일차적으
로 현장의 경험 혹은 참여의 경험을 통해 학습되거나 성장할 수 있
다는 것을 보여 준다. 여기서 현장은 여성운동의 현장일 수도 있지
만, 교육이나 교류 등 다양한 활동 공간을 포함한다. 참여와 교류의
경험에서 여성들 간의 차이, 여성 문제의 다양성을 단지 이론이 아
닌 몸과 마음으로 체감하고, 새로운 충격과 갈등, 배움의 경험을 바
탕으로 지금 하고 있는 활동에 신선한 에너지를 보충하고 새로운
의제를 확장해 갈 수 있다.

페미니즘, 리더십을 디자인하다

한국의 여성운동은 그 의제의 다양성과 실천 역량, 정부와의 협력과 협상을 통한 정책 개입 등의 면에서 매우 주목할 만한 발전을 이루었다고 평가받는다. 반면 한국의 여성 단체들의 사업이나 활동은 대부분 지역 사업 중심으로 진행되고 있고, 국제 협력 사업이나 국제 연대는 상대적으로 미약하거나 제한적이다. 유엔이나 국제사회 혹은 다른 나라 현장에서 활동하는 여성활동가나 전문가들도 소수이다. 몇몇 전문가의 국제적 경험이나 리더십조차 한국 내 여성운동 조직이나 후배들에게 전수될 수 있는 구조가 축적되지 못한 점도 한계로 지적된다.[15] 이러한 문제들은 비단 몇 사람의 개인 리더십 문제라기보다는 국제 사업 접촉 빈도나 경험의 부족, 지역 사업과 국제 사업에 대한 이분법적 접근, 국제 사업에 대한 두려움과 거리 두기 등 한국의 여성활동가들이 처해 있는 구조적 특성들과 연관된다.

앞에서, 한국 여성활동가들이 "영어 울렁증" 혹은 "영어를 못해서" EGEP 교육 참여를 망설인다고 말했듯이, 국제 사업에 대한 거리감 혹은 지역 사업과의 분리를 만들어 내는 가장 큰 요소 중 하나는 '언어'이다. 글로컬 여성주의 리더십 역량 중에 국제 공용어로서 영어 혹은 다른 지역어의 사용 능력은 분명 중요한 요소 중 하나이다. 그러나 외국어 능력 역시 글로컬 여성주의 리더십이 요구하는 다른 요소들과 마찬가지로 현장 경험을 통해 학습되고 성장할 수 있는 요인이지 리더십의 전제 조건이나 필요충분조건은 아니다. EGEP 교육에서도 영어는 분명 효율적으로 교육에 참여하고 동료들과 의사소통하는데 필요하지만, 영어 능력만이 최우선 요소는 아니다. 영어 이외에도 여성주의에 대한 이해, 현장 경험과 경력, 타인에 대한 배려와 팀워크, 공동체 의식, 긍정적 태도와 적극적인 행위성 등이 복합적으로 교육의 효과를 만들어 낸다. 영어를 유창하게 하는 참가자가 지나치게 토론을 지배하거나 질문을 독점해서 다른 동료들에게 불만을 사는 경우도 있고, 그 반대로 영어를 잘 못해서 처음에는 의사소통에 어려움을 겪는 듯 보였지만 교육을 마치면서 많은 동료들로부터 "그 사람한테 많은 도움과 배움을 얻었다"는 긍정적인 평가를 받는 참가자도 있다. 또 처음 시작할 때는 영어 때문에 주눅 들어 하던 사람이 교육을 마칠 때쯤 보다 자신감을 갖고 의사소통을 하거나, 한 한국 참가자의 경우 외국에서 온 참가자들에게 교육 프로그램 이외의 여성운동 현장을 안내하고 음식 때문에 어려움을 겪는 동료들에게 맛집을 안내하는 등 훨씬 적극적으로 관계를 만들어 가는 사례도 있었다. 또한 교육 참가 시에 영어가 가장 어려운 문제였다고 한 한국인 참가자가 이후 다른 관련 국제 컨퍼런스나 공동 연구, 연대 활동 등에 지속적으로 참여하면서 영어는 물론 리더십과 전문성이 점점 발전하게 된 경우도 직접 볼 수 있었다.

여성주의 리더십의 출발점이자 가장 핵심적인 요소는 사실상 여성주의 의식 혹은 여성주의자로서의 정체성이다. 여성운동이나 사업 현장에 직접 참여하는 것은 단지 리더십이나 업무 능력, 전문성뿐 아니라 여성주의자로서의 정체성에 대한 성찰이나 의식 고양의 경험과 밀접히 연관된다. 여성주의자로서 정체성은 자신의 일에 대한 자신감을 강화하고, 조직의 실천 전략과 비전을 만드는 원동력이다. 흔히 리더십 교육은 비전 만들기, 커뮤니케이션, 갈등 해결 등 다양한 프로그램으로 구성된다. 그러나 정작 어떤 비전을 공유할지, 무엇을 위한 커뮤니케이션인지, 어떤 해결을 지향할 것인지가 분명하지 않으면, 리더십 교육은 현실과의 접합 지점을 상실한 채 그저 이론이나 피상적이고 기계적인 '리더십 스킬'에 머무르게된다. 그런 점에서 여성주의자로서의 관점과 정체성에 대한 성찰은 여성주의 리더십의 전제 조건이자 실천 능력이다.

일견 모순적인 것 같지만, 현장에서 만나 보면 여성운동이나 여성 단체에서 일하고 있는 활동가들이 모두 스스로 여성주의자라는 정체성을 갖고 있지는 않다. EGEP 오리엔테이션에서 참가자들에게 짐짓 "당신은 여성주의자입니까?"라고 물으면 그중 몇 명은 "물론이죠!" 하고 자신 있게 대답하지만, 대부분은 멋쩍은 웃음으로 대답을 대신한다. 그중 일부는 당혹감이 묻어나는 표정으로 시선을 돌리기도 한다. 어떤 활동가는 "난 여성 인권 향상을 위해 일하고 있지만 인권 운동가이지 여성주의자는 아니에요."라고 대답한다. 그리고 여성운동은 지나치게 여성의 권리만을 주장하지만 인권운동은 보다 보편적인 가치를 지향한다는 설명을 덧붙인다. 한국의 NGO 여성활동가 교육에 가서 같은 질문을 던져도 크게 다르지 않다. 생각보다 많은 여성활동가들이 자신은 여성주의를 (이론적으로) 잘 모른다는 불안감, 여성운동에 참여하고 있지만 스스로 여성주의자라고 표방하기에 자신의 비전이 아직은 분명하지 않다고 대답한다.

　　자신을 여성주의자로 정체화하지 않는, 혹은 못하는 이유는 사람마다 각기 다른 이유가 있겠지만, 가부장적 사회에서 여성주의자라는 정체성을 갖는 것은 생각보다 쉬운 일이 아니다. 얼마 전 유엔에서 배우 엠마 왓슨Emma Watson이 여성주의자로 커밍아웃하는 게 얼마나 어려운 일인지 이야기하는 영상이 화제가 되기도 했다. 여성주의자가 '공격적이고, 늘 비판적이며, 불만에 가득 차 있고, 성 해방을 지지하며, 열등감에 가득 찬 여성'일 거라는 흔한 고정관념과 낙인은 거의 전 세계적으로 공통적이다. 특히 아시아나 아프리카, 중동 지역에서 여성주의자는 '무분별하게 서구 문화에 도취되어 전통을 파괴하는 여성'이라는 편견까지 덧붙여진다. 여성주의자에 대한 편견은 단지 편견에 그치지 않고 실제적인 위험이나 사회적 공격의 대상이 되기도 한다. 인도네시아의 경우 수하르토 정권하에서 수많은 여성주의자들이 체포 및 구금, 고문을 받은 역사를 갖고 있다. 지난해에는 중국에서 LGBT 및 여성에 대한 폭력 반대운동을 하는 젊은 여성활동가들이 공안에 체포되기도 했었다. 아시아나 중동 지역에서 가부장적 규범이나 통제를 벗어나 한 인간으로서의 삶을 주장하는 여성이나 여성주의자들에 대한 테러나 폭력, 명예 살인, 국가 권력이나 공권력에 의한 통제 등은 매우 빈번히 보도되고 있는 뉴스들이다. 인터넷 공간이나 대중매체에서 여성이나 여성주의에 대한 혐오발언이 난무하는 한국의 현실도 예외는 아니다.

당신은 여성주의자인가라는 질문에 아니라고 대답하거나 머
뭇거리던 참가자가 돌아가면서 "나는 이제 여성주의자예요!"라고
밝게 웃으며 말하거나, "내가 여성주의자인 것이 자랑스럽다"고 말
하기도 한다. 참가자들은 다른 여성주의자들과의 만남과 경험 나
누기, 여성활동가로서 존중받음, 그리고 어떤 말을 해도 되는 안전
한 공간에 대한 신뢰 등이 여성주의자로서의 정체성을 재발견하고
드러낼 수 있게 해 주었다고 이야기한다. 여성주의 공동체 혹은 '공
간'에서 참가자들은 여성주의자로서의 의식 성장을 경험하고, 여성
주의자로 산다는 것이 정치적으로 어떤 의미인지 성찰하고, 이러한
정체성이 조롱받거나 위험시되지 않는 동료들 사이에서 더 큰 자신
감을 가질 수 있다. 국제 협력과 연대는 단지 '국제 사업'이 진행되
는 물리적 현장이 아니라 여성주의자로서의 의식을 고양하고 공동
체를 만들어 가는 실천의 공간이다. 이러한 현장에 적극적으로 참
여하고 도전해 보는 것은 글로컬 여성주의 리더십을 배울 수 있는
중요한 기회이고 경험이다.

5. 변화를 만드는 나비의 날갯짓

이제 우리가 사는 일상 어느 것도, 우리가 속한 어느 사회도
더 이상 지구화의 영향에서 자유롭지 않다. 한국이 OECD에 가입

한 이후 한국 사회의 정치, 문화, 사회, 경제는 점점 더 빠르게 점점 더 깊숙이 국제사회 체계 안으로 편입되고 있다. 국제사회에서 한국의 위상이나 한국에 대한 기대도 예전과는 사뭇 다르다. 한국은 공적개발원조(이하 ODA로 표기)의 수혜국에서 공여국으로 지위가 변화되었고, 정부는 더 적극적으로 지구촌의 발전과 평화를 위해 기여하겠다고 공언하고 있다. 특히 2015년 유엔개발정상회의에서 한국 정부는 개발도상국의 여성 청소년들을 위한 ODA 사업에 향후 5년간 총 2억 달러 규모의 사업을 지원하고, 교육 및 보건 분야, 직업 훈련 등을 통한 역량 강화 사업을 진행할 계획이라고 밝힌 바 있다. 이러한 국제적 흐름의 급속한 변화와 더불어 한국의 시민사회에 대한 기대와 요구도 급격히 변화하고 있다. 국제사회나 한국 정부는 한국의 시민사회와 NGO들이 아시아나 아프리카와 같은 저개발국을 지원하는 국제 개발 협력 사업의 파트너가 되어 줄 것을 기대한다. 사실상 UN 등 국제기구에서는 이미 오래전부터 보다 성공적이고 지속 가능한 국제 개발 협력 사업 및 정책 수행을 위해서 정부뿐 아니라 기업이나 시민단체가 함께 참여하는 거버넌스의 강화가 필요하다고 역설해 왔다. 또한 지구촌의 지속 가능한 발전을 위해서 성평등과 여성의 임파워먼트가 점점 더 중요한 요소로 간주되고 있고, 특히 젠더에 대한 관심과 전문가의 참여 필요성도 증대되고 있다.

공식적이고 선언적인 수준에서의 정책 변화와 달리 실제 정책 수행 과정에서의 변화는 매우 더디거나 정부와 기업, 시민 단체

등 수행 주체들 간의 협력이 원활하지 못하다는 비판도 제기되고 있다. 무엇보다 급변하는 국제 정세와 한국의 정책 변화는 한국의 시민 단체나 활동가들에게는 다소 당혹스럽다. 특히 한국의 시민 단체나 여성 단체들의 경우, 지난 수십 년간 서구 사회로부터 지원 받아 오던 지원 기금이나 사업들은 거의 중단된 채, 국제 개발 협력 관련 전문 인적 자원이나 경험의 축적도 충분하지 않은 상황에서 다소 갑작스럽게 정부와 함께 개발도상국을 지원하는 일에 참여해야 하는 위치성을 부과 받게 되었다. 다른 한편 그동안 ODA 등 국제 개발 협력 사업에 종사해 오거나 전문가로 참여해 온 인력이나 기관들의 경우 여성 문제에 대한 이해나 젠더 전문성이 부족하다는 점이 주요 한계로 드러나고 있다. 그러다 보니 열정과 기대를 가진 많은 젊은이들, 특히 젊은 여성들이 이러한 영역에 관심을 갖고 뛰어들고 있음에도, 정작 이들이 국제적인 리더십을 가진 전문가로 혹은 젠더 전문가로 성장할 수 있는 기반은 여전히 취약하다.

이런 시점에서 글로컬 여성주의 리더십은 비단 시민사회나 NGO 영역뿐 아니라 정부나 관련 정책 기관·기업·마을·대학 등 모든 영역에서 인적자원 훈련 시 활용할 수 있는 가치이며 실천 전략이 될 수 있을 것으로 기대한다. 엄밀히 말해서 여성주의 리더십이 기존의 가부장적 사회, 남성 중심 사회, 위계적이고 경쟁 중심의 사회와 조직에 균열을 내고 여성주의 가치와 목표를 실현함으로써 보다 평등한 관계와 공동체 형성을 지향하는 것이라면, 그것은 인간이 사는 조직과 사회 어느 곳에서나 작동할 수 있는 리더십이어야 한다. 글로컬 여성주의 리더십은 우리의 일상과 거리가 있는 특정한 맥락이 아니라 오히려 내가 지금 서 있는 여기 이 자리에서 필요한 리더십이다.

'군 위안부' 생존자 할머니들의 수요 시위에 가보면 나비 피켓을 볼 수 있다. 할머니들이 그린 그림 속에서도 나비가 날아다닌다. 생존자 할머니들에게나, 수요 시위 현장에서나 나비는 '희망'의 상징이다. 수요 시위에 참가한 참가자들이 손에 들고 흔드는 나비 모양의 손 피켓을 볼 때마다 '나비효과'를 떠올린다. 작고 미약한 나비들의 날갯짓이 저 멀리 바다 건너 다른 대륙의 태풍을 만들 수 있다는 나비효과 이론은 할머니들뿐 아니라 우리 모두에게 희망을 만드는 힘power에 대한 새로운 상상과 비전을 전해 준다. 글로컬 여성주의 리더십은 나비의 날갯짓처럼 변화를 만드는 주체들의 비전이자 가치이며 실천 전략이다. 여성활동가들을 위한 가치로 시작한 글로컬 여성주의 리더십이 점차 전 세계 각지에서 일하는 젠더 전문가, 개발 협력 전문가, 국제기구 종사자들, 공공 영역의 정책 전문가들, 그리고 더 나아가 지구촌에 대한 사회적 책무를 생각하는 기업인들 모두에게 유용한 개념이 될 수 있기를 기대한다. 지금 이 자리에서 시작된 여성주의 실천이, 만남이, 연대가 언젠가 더 나은 사회, 더 평등한 지구촌을 만드는 커다란 에너지와 힘이 되는 날을 상상한다.

1장　새로 쓰는 여성주의, 리더십

1　배러니스 에이머스, 〈여성과 리더십Women in management〉, 《관리직 여성 능력 개발을 위한 워크숍》, 이화 창립 112주년 기념 워크숍, 한국여성연구원·아시아여성학센터·주한영국문화원, 1998, 26쪽.

2　배러니스 에이머스, 같은 글.

3　조형, 〈리더십에 관하여〉, 《여성적 가치와 리더십 워크숍 자료집》, 이화리더십개발원, 2004.10.20. 미간행, 1쪽.

4　이미경, 〈성폭력과 맞서기 : 내가 경험한 여성학, 반反성폭력 운동과 정책〉, 장필화 외, 《나의 페미니즘 레시피》, 서해문집, 2015.

5　한국정신대문제대책협의회 편찬위원회 엮음, 《한국정신대문제대책협의회 20년사》, 한울, 2014.

6　장필화 외, 같은 책.

7　김경희, 〈페미니즘의 새로운 패러다임: '성 주류화'와 성별영향분석평가〉, 장필화 외, 같은 책.

8　김정희, 〈자연, 사람, 마을의 상생을 꿈꾸는 '가배울' 이야기〉, 장필화 외, 같은 책.

9　이안소영, 〈여성주의와 생태주의의 행복한 만남〉, 장필화 외, 같은 책.

10　같은 글.

2장　'스펙' 아닌 '일상'의 치열함으로: 여성주의와 알파걸

1　조앤 W. 스콧 지음, 공임순·이화진·최영석 옮김, 《페미니즘 위대한 역설》, 앨피, 2006.

2　캐롤 타브리스 지음, 히스테리아 옮김, 《여성과 남성이 다르지도 똑같지도 않은 이유》, 또 하나의 문화, 2010.

3　조경순·이신자·김호원, 〈성차와 리더십: 문헌 고찰〉, 《아시아여성연구》 43(1), 2004, 269-311쪽.

4　G. Powell, Leadership and Gender, *Women, Men, and Gender*, Yale University Press, 1997.

5　나윤경, 〈남성 전용직에 있는 여성 지도자들: 리더십 스타일에 영향을 미치는 성 그리고

그들의 다양한 상황〉,《한국여성학회 추계 학술대회 자료집》, 1999.

6 신옥희, 〈한국 여성의 삶의 맥락에서 본 여성주의 윤리학〉,《한국여성학》 15(1), 1999, 5-37쪽.

7 J. S. Bohan, Regarding Gender: Essentialism, Constructionism, and Feminist Psychology, M. M. Gergen and S. N. Davis (Eds.), *Toward a New Psychology of Gender*, Routledge, 1997.

8 강내희,《신자유주의 금융화와 문화정치경제》, 문화과학사, 2004.

9 이갑두·김대규, 〈대학에서의 리더십 교육의 현황과 방향〉,《創意力開發硏究》 15권, 2001, 111-132쪽.

10 장필화, 〈여성 리더, 여성적 리더십, 여성주의적 리더십〉,《여성적 가치와 리더십》, 이화 리더십개발원 1주년 기념 학술대회, 2004.

11 이화리더십개발원,《기업과 NGOs 여성들의 리더십 사례 연구》, 이화여자대학교출판 부, 2015.

12 《중앙일보》2004. 05. 31. 〈亞 여성 지도자 공통점, 아버지나 남편 후광 입어〉, 참조.

13 Y. Nah, Korean Women Leaders in Male-Dominated Professions, University of Wisconsin-Madison, Doctoral Thesis, 1998.

3장   권력을 다시 생각하다: 여성·여성주의 리더십

1 Synthia L. Miller and A. Gaye Cummmins, An Examination of Women's perspectives on Power, *Psychology of Women Quarterly*, 16. 1992, 415-417쪽 참조.

2 Edward Aronson, "Intergrating Leadership Styles and Ehical Perspectives", *Canandian Journal of Administrative Science* Vol.18. (4), 2001. 245쪽.

3 Florence L. Denmark, Women, Leadership, and Empowerment, *Psychology of Women Quarterly*, 17, 1993. 349쪽.

4 Hershey Friedman, Transformational Leadership, *National Public Account* May 2000. Vol. 45 Issue 3. 8쪽./Edward Aronson, Integrating Leadership Styles and Ethical Perspectives, *Canadian Journal of Administrative Sciences*, vol.18.(4), 244-256 쪽 참조.

4장   공동체 리더십과 감정 커뮤니케이션

1 에리크 쉬르데주 지음, 권지현 옮김,《한국인은 미쳤다!》, 북하우스, 2015.

2 마거릿 휘틀리, 〈명령과 통제로부터의 해방〉, 피터 드러커 외 지음, 한근태 옮김,《21세 기 리더의 선택》, 한국경제신문, 2000, 193쪽.

3 유선경,《꽃이 없어서 이것으로 대신합니다》, 동아일보사, 2014, 96-97쪽.

4 파커 J. 파머 지음, 홍윤루 옮김,《삶이 내게 말을 걸어올 때》, 한문화, 2011, 137-138쪽.

5   〈美 경제 수습하고 GM 부활 이끌고… 여성 리더의 시대〉, 《조선일보》, 2016. 02. 13.
6   김남인, 《태도의 차이》, 어크로스, 2013.
7   대니얼 골먼 지음, 박세연 옮김, 《포커스》, 리더스북, 2014, 339쪽.
8   위 책 341-342쪽.
9   아빈저 연구소, 《리더십과 자기기만: 상자 안에 있는 사람 상자 밖에 있는 사람》, 위즈
    덤아카데미, 2006.

5장   공유감정으로 소통하다: 마을만들기 여성 리더십

1   박기찬·심주연, 《소통하는 팀, 소통하는 회사 만들기》, 네임북스, 2011.
2   에바 일루즈 지음, 김정아 옮김, 《감정자본주의》, 돌베개, 2013.
3   한병철 지음, 김태환 옮김, 《심리정치》, 문학과지성사, 2015.
4   홍성태, 〈리더십의 사회학: 리더십, 권력, 사회적 관계〉, 《경제와 사회》, 겨울호 통권 제
    92호, 2011, 158쪽.
5   엄기호, 《단속사회》, 창작과비평사, 2015, 168-169쪽.
6   제프 굿윈 외 지음, 박형신·이진희 옮김, 《열정적 정치》, 한울, 2012, 37쪽.
7   김양희, 《여성 리더 그리고 여성 리더십》, 삼성경제연구소, 2006, 95-97쪽 참조.
8   제프 굿윈 외, 앞의 책, 38쪽.
9   Lee, D. M., & Alvares, K. M. (1977), Effects of Sex on Descriptions and
    Evaluations of Supervisory Behavior in a Simulated Industrial Setting, *Journal of
    Applied Psychology*, 62; 강형철 외, 《여성 리더십의 재발견》, 숙명여자대학교출판국,
    2005, 83쪽 재인용.

6장   '여성' 리더와 리더 사이: 대기업 여성 중간 관리자들의 융합 리더십

1   해나 로진 지음, 배현·김수안 옮김, 《남자의 종말》, 민음인, 2012.
2   김정운, 《남자의 물건》, 21세기북스, 2012.
3   대표적으로 전여옥, 《여성이여 테러리스트가 돼라》, 푸른숲, 1995가 있다.
4   엄혜진, 〈신자유주의 시대 여성 자아 기획의 이중성과 속물의 탄생〉, 《한국여성학》
    32(2), 2016, 31-69쪽.
5   나널 코헤인 지음, 심양섭, 이명우 옮김, 《성공하는 리더십의 조건》, 명인문화사, 2012,
    127-130쪽, 161-162쪽.
6   김양희, 《여성, 리더 그리고 여성 리더십》, 삼성경제연구소, 2016, 52-53쪽.
7   조형 엮음, 《여성주의 가치와 모성 리더십》, 이화여자대학교출판부, 2005.
8   Rosen L. N., Durand D. B., Bliese P. D., et al.(1996), "Cohesion and Readiness in
    Gender Intergrated Combat Service Support Units: The Impact of Acceptance
    of Women and Gender Ratio," *Armed Forces & Society*, Vol.22, No.4, 537-553쪽.

9 　샌드라 하딩 지음, 조주현 옮김, 《누구의 과학이며 누구의 지식인가? : 여성의 삶에서 생각하기》, 나남, 2009, 202쪽. 이에 관해서는 185쪽-204쪽을 참조하라.

10 　이 표현은 조한혜정의 《성찰적 근대성과 페미니즘》, 또하나의문화, 121-136쪽에서 따왔다.

11 　패트리샤 힐 콜린스 지음, 박미선 주해연 옮김, 《흑인 페미니즘 사상》, 여이연, 2009, 440쪽.

7장　나눔리더십, 여성 리더가 만드는 상상과 실천

1 　로랑 베그 지음, 이세진 옮김, 《도덕적 인간은 왜 나쁜 사회를 만드는가》, 부키, 2014, 232쪽.

2 　김형용, 〈포용적 사회와 나눔 문화의 현실: 소비주의 나눔에 대한 비판적 해석〉, 《한국사회복지행정학》 15권 제4호, 2013, 94쪽.

3 　김양희, 〈여성주의 정치학과 리더십〉, 《여성주의 리더십과 권력》, 2006, 15-16쪽.

4 　양민석, 《글로벌 시민사회의 나눔 가치와 여성 리더십》, 한국학술정보, 2012, 12쪽.

5 　강용수, 〈연대와 공존을 위한 리더십 연구〉, 《해석학연구》 제29집, 2012.

6 　황수연, 〈19세기 사족 여성의 빈곤 경험과 대처에 관한 연구〉, 《여성문학연구》 제32호, 2014.

7 　양민석, 〈여성주의 리더십의 '문화적 토대'로서의 사회자본과 네트워크〉, 《여성주의 리더십 새로운 길 찾기》, 이화여자대학교출판부, 2007, 89쪽.

8 　대학내일20대연구소, 《20대를 읽어야 트렌드가 보인다》, 하다, 2012, 118쪽.

9 　성대골 착한 에너지 지킴이들, 《지은이네 절전 일기》, 2013, 14-15쪽.

10 　성대골 착한 에너지 지킴이들, 《'착한 에너지 지킴이' 이야기》, 2013, 52쪽.

11 　조한혜정, 〈여성 정책의 '실질적' 패러다임 전환을 위한 시론-여성의 경험과 관점에서 사회를 재편한다〉, 《한국 여성 정책의 뉴 패러다임 정립》, 여성부, 2004, 69쪽.

12 　제레미 리프킨 지음, 이경남 옮김, 《공감의 시대》, 민음사, 2010, 11-13쪽.

13 　허라금, 〈여성주의 리더십 이해를 위한 시론〉, 《지구화 시대의 현장 여성주의》, 이화여자대학교출판부, 2007, 354쪽.

14 　김미덕, 《페미니즘의 검은 오해들》, 현실문화, 2016, 213쪽.

8장　변화를 만드는 '글로컬 여성주의 리더십'

1 　라셀 살라자르 파레냐스 지음, 문현아 옮김, 《세계화의 하인들》, 여이연, 2009.

2 　이상화, 〈지구화 시대의 현장 여성주의: 차이의 존재론과 연대의 실천론〉, 《지구화 시대의 현장 여성주의》, 이화여자대학교출판부, 2007.

3 　Chandra Talpade Mohanty, *Feminism without Boarder: Decolonizing Theory, Practicing Solidarity*, Duke University Press, 2003.

4   양민석, 〈여성주의 리더십의 '문화적 토대'로서의 사회자본과 네트워크〉, 윤혜린 외, 《여성주의 리더십》, 이화여자대학교출판부, 2007.

5   이상화, 〈리더십 권력에 대한 여성주의적 재개념화〉, 《여성학논집》, 제22집, 제1호, 2005; 장필화, 〈여성 리더, 여성적 리더십, 여성주의 리더십〉, 이화리더십개발원 1주년 학술대회, 2004.

6   김엘리, 《기업과 NGOs 여성들의 리더십 사례 연구》, 이화리더십개발원, 2015, 78쪽.

7   장필화 외, 〈개도국 인신매매 피해자 지원 ODA 사업 평가〉, 여성가족부 용역 연구 사업, 2015.

8   이상화, 〈지구화 시대의 현장 여성주의: 차이의 존재론과 연대의 실천론〉, 《지구화 시대의 현장 여성주의》, 이화여자대학교출판부, 2007, 37쪽.

9   같은 글.

10   이명선, 〈아시아 여성활동가 교육과 임파워먼트〉, 《나의 페미니즘 레시피》, 장필화 외, 서해문집, 2015.

11   이명선, 같은 글; 〈아시아 여성주의 페다고지: 아시아 여성활동가 교육 사례를 중심으로〉, 장필화 외, 《글로컬 시대 아시아 여성학과 여성운동의 쟁점》, 한울, 2016.

12   심영희, 〈글로벌 여성 리더십의 구성 요소와 성장 요인: 여성 NGO 리더십을 중심으로〉, 《아시아여성연구》, 제49권 2호, 2010.

13   이명선, 같은 글, 2015; 같은 글, 2016.

14   이명선, 같은 글, 2015.

15   심영희, 같은 글.